历史记忆与考古发现

李 零 主编

图书在版编目（CIP）数据

历史记忆与考古发现 / 李零主编. —北京：商务印书馆，2022（2023.7重印）
ISBN 978-7-100-20727-0

Ⅰ.①历⋯　Ⅱ.①李⋯　Ⅲ.①祭祀遗址—考古发现—中国—秦汉时代　Ⅳ.①K878.6

中国版本图书馆CIP数据核字（2022）第025912号

权利保留，侵权必究。

历史记忆与考古发现

李　零　主编

商　务　印　书　馆　出　版
（北京王府井大街36号　邮政编码100710）
商　务　印　书　馆　发　行
北京市白帆印务有限公司印刷
ISBN 978-7-100-20727-0

2022年5月第1版	开本 787×1092　1/16
2023年7月北京第2次印刷	印张 17½

定价：88.00元

前　言

2019年3月23—24日，李零代表北京大学人文社会科学研究院邀请考古学界的专家举办过一次别开生面的学术研讨会，会议主题是考古发现中的祭祀遗址。现在，蒙商务印书馆领导的大力支持，我们将会议论文结集成书，题目作"历史记忆与考古发现"。集中共收论文14篇。

"历史记忆"是个有趣的话题。以往学者多认为，考古研究的对象是人类活动的"物质遗存"或"物质文化"，对这些发现背后的精神活动往往束手无策、望而生畏，不得已，只好以"考古工作的局限性"自我解嘲。大家相信，"历史记忆"最难存续，无法成为考古研究的对象。精神层面的东西，据说只有艺术，勉强可以探讨一下，比如阿尔塔米拉和拉斯科的岩洞绘画。格林·丹尼尔曾说："人类经济的研究是考古学上的第一个人文的影响，其次是艺术研究的发展。"[①]

人类的记忆是个真实存在，但如何探讨它却是个很大的难题。考古学探讨的问题都是人类历史的大问题：旧石器时代是"人类起源"，新石器时代是"农业起源"，青铜器时代是城市、文字、冶金术、社会分工和社会组织的复杂化，是"人类文明"和"人类不平等"的起源。

中国的考古体制，一向把旧石器考古划归中国科学院古脊椎动物与古人类研究所，新石器时代以来的考古划归中国社会科学院考古研究所。前者研究"伊甸园"，后者研究"走出伊甸园"。

20世纪的考古学大师柴尔德，人称"史前学家"，但他的关注点不是"伊甸园"，而是"走出伊甸园"。通常，大家都知道，他是"两个革命"的倡说者。他的"两个革命"，一个是"新石器革命"，一个是"城市革命"。大家很少注意，他还有一个革命，即"知识革命"。柴尔德是个马克思主义者，他和教条主义的马克思主义者不同，非常重视精神、思想、观念层面的东西，但他一辈子不信教，对宗教的看法很负面。

[①] 格林·丹尼尔著、黄其煦译、安志敏校：《考古学一百五十年》，文物出版社2009年版，第378页。

其实，本书讨论的祭祀遗址和遗物，恰恰是个与古代宗教有关的问题。古人认为，子子孙孙绵延不绝的祭祀活动恰好是传递"历史记忆"的重要线索。

如今的中国，考古学家的关注点不光是城邑，不光是宫庙，不光是陵墓，还包括与山川祭祀有关的广泛分布的祭祀遗址。这是个日益引起关注且不容忽略的话题。

本书所收文章，正如目录所示，偏重东周秦汉的祭祀遗址（如李零文），特别是山东半岛的八主祠（如王睿文、林仙庭文）、陕甘宁地区的雍五畤和西畤（如梁云文、游富祥和陈爱东文、张晓磊和范雯静文、田亚岐和田原曦文），以及湫渊祠、要册湫等遗址的研究（如罗丰文、梁彦斌和秦博文文）。李旻文把问题追溯到西周，黄晓芬把视野扩大到东亚，王宣艳则延续沙畹曾经涉猎的话题，对年代偏晚的五代、北宋的投龙简做了深入研究。

万事开头难。我们的讨论，只是开始，不是结束。

2021 年 12 月 23 日

目　　录

秦汉祠畤的再认识
　　——从考古发现看文献记载的秦汉祠畤 ················· 李零　1
西周社会历史记忆的传承与失散 ····················· 李旻　29
东亚文明视野下的都市景观 ······················· 黄晓芬　67

"八主"祭祀研究 ····························· 王睿　93
山东半岛秦汉祭祀遗址的发现与调查 ··················· 林仙庭　116

"秦子"再议 ······························· 梁云　128
秦汉雍五畤的发现与研究 ················· 游富祥　陈爱东　146
雍畤文化遗存的新线索 ················· 张晓磊　范雯静　168
由血池遗址新发现复原西汉雍地祭天礼仪 ········· 田亚岐　田原曦　181

秦汉朝那湫渊遗址与万年以来东海子气候变迁 ············· 罗丰　190
甘肃正宁要册湫调查报告 ················· 梁彦斌　秦博文　207

秦汉祭祀玉人的发现与形制演变 ·············· 张晓磊　范雯静　218
吴越国钱氏银简考释 ·························· 王宣艳　236
浙江省博物馆藏北宋帝王金龙玉简考释
　　——兼谈北宋时期帝王投龙简 ·················· 王宣艳　258

秦汉祠畤的再认识

——从考古发现看文献记载的秦汉祠畤

李 零

1999年，为了纪念王国维说的"五大发现"和迎接新世纪的到来，应《文物》杂志之邀，我曾写过一篇文章，叫《入山与出塞》[①]，后来扩展为一部书。[②]我说的"入山"就是指寻找中国古代的祭祀遗址。这是我的一个梦。

中国古代祭祀遗址是个大有前途的研究课题，我对这个问题关注有年，曾经写过一批文章[③]，并指导王睿写博士论文[④]；带田天做田野考察，参与指导田天的博士论文[⑤]。她们的论文都是围绕这个有趣的话题。

八主祠是山东最有代表性的祭祀遗址群。20世纪末21世纪初，我曾三赴山东，考察有关地点。记得当年，好像是2004年吧，我在孔望山跟王睿说，要是能对八主祠做点考古调查和发掘，那该多好。2007年和2009年，我跟栾丰实、王睿再次考察这些地点，让我们对八主祠有了进一步认识。2008年，项目正式启动。到如今，十年的时间转瞬即逝，一部很有分量的考古报告已经出版，想不到梦已成真。[⑥]

[①] 李零：《入山与出塞》，《文物》2000年第2期，第87—95页。
[②] 李零：《入山与出塞》，文物出版社2004年版。
[③] 如李零《秦汉礼仪中的宗教》《秦汉祠畤通考》《"太一"崇拜的考古研究》《"三一"考》，收入氏著《中国方术续考》，中华书局2006年版，第100—191页。凡旧说与此文矛盾处，请以此文为准。
[④] 王睿：《"八主"祭祀研究》，博士学位论文，北京大学中国语言文学系，2011年。案：论文经改写，即将出版。
[⑤] 田天：《秦汉国家祭祀史稿》，生活·读书·新知三联书店2015年版。案：此书是据博士论文改写。
[⑥] 山东大学历史文化学院等编著，王睿、林仙庭、聂政主编：《八主祭祀研究》，文物出版社2020年版。

一、祠、畤二字的含义

秦汉大一统，疆域辽阔。封禅、郊祀是皇帝巡游天下，在全国范围内定期举行的祭祀活动。《史记·封禅书》以封禅为题，《汉书·郊祀志》以郊祀为题，都是两者并叙。二书提到很多祠畤，《汉书·地理志》记载了它们的地理分布。①

祠、畤是郊祀之所。这两个字，古音相近，但用法不同。《史记》《汉书》讲郊祀，祠很多，畤很少。

祠和畤的含义是什么，它们有何不同，我想用最简短的话概括一下。

我们先说祠。这个字，含义比较明确：作动词，指郊祀；作名词，指郊祀之所。秦汉时期，祠是郊祀之所的泛称。《封禅书》和《郊祀志》偶尔以庙称祠，有时可以互换，含义好像差不多②，但汉代的庙，多指宗庙、陵庙。宗庙在宫里，陵庙在陵前，是祭祖的地方，而祠是郊祀之所，祭祀对象是天地五帝、名山大川和各种鬼神，两者又有区别。

畤，有点不同，概念窄一点。这个字，先秦稀见③，主要流行于秦代和西汉。王莽罢汉武大郊祀、改行小郊祀后，这个字很少出现，后人已不太了解它的具体含义。畤是什么？《说文解字·田部》："畤，天地五帝所基址祭地。从田寺声。"小徐本址作止。畤的声旁是从止得声，古人多以止、阯训畤，以畤为神灵之所止，当作降神的地方。畤的意思是祭天地五帝的基址或场所。

从《史记》《汉书》归纳，畤有以下特点：

（一）畤的最初含义是郊祀上帝之所。④ 所谓上帝，乃各族血缘所出的始祖，即各族的族神，如太昊、少昊、黄帝、炎帝、颛顼。五帝配天而祭，至为尊崇，

---

① 《史记》是从上古到汉武的大历史，《封禅书》从"自古受命帝王，曷尝不封禅"讲起，故以"封禅"为题。《汉书》是西汉史，侧重的是汉代郊祀，故以"郊祀"为题，宣帝以前，《郊祀志》几乎全抄《封禅书》。

② 如《史记·封禅书》有渭阳五帝庙（在陕西咸阳）。《汉书·地理志上》有泰山庙（在山东泰安）、太室山庙（在河南登封）、少室山庙（在河南登封）、沛庙（在山东东阿）、淮庙（在河南桐柏）、天子庙（在山西平陆）。

③ 段玉裁《说文解字注》说"畤"字"不见于经"，但先秦古籍还是提到过这个字，如下引《左传》。《韩非子·外储说左上》："庸客致力而疾耘耕者，尽巧而正畦陌畴畤者，非爱主人也，曰：如是，羹且美，钱布且易云也。"孙诒让认为"畦畤"是"畦塍"之误，参看陈奇猷《韩非子集释》，上海人民出版社1974年版，下册，第638—640页。

④ 古书讲祭祖之礼，有禘、祖、郊、宗等不同层次，见《国语·鲁语上》展禽语，《史记》《汉书》统称郊祀。

不但规格高于普通的祠,属于屈指可数的祭祀中心,而且有时会聚拢很多祠,带有综合性。

(二)畤分早晚。《史记》《汉书》提到吴阳武畤、雍东好畤、西畤、鄜畤、密畤、吴阳上畤、吴阳下畤、畦畤、北畤、泰畤,凡十畤。吴阳武畤和雍东好畤是秦文公立鄜畤以前就有,可能是西周晚期的畤,其他八畤,前六畤是汉代因袭秦代的畤,后二畤是汉代新立的畤。①

(三)上述十畤,皆在西土,与周、秦关系更密切。吴阳武畤和雍东好畤荒废后,沦为地名,如好畤就是保留至今的地名。《左传》襄公三十年、昭公二十二年提到平畤,哀公四年提到逆畤,都是地名,它们可能是从西土东传,最初也是郊祀之所。

(四)畤用于野祭,故从田。野祭多在郊野,有别于宫中。《史记》《汉书》讲栎阳畦畤,据说形如菜地,有一道道沟垄(估计是成行成列的祭坎)。卫宏《汉官旧仪》说,陇西西县人先山下也有这种畤。②秦六畤,畦畤最晚,汉代的畤可能与之相似。

(五)王莽改大郊祀为小郊祀,以兆称畤,以畤称兆,也叫兆畤。如太一兆为泰畤,后土兆为广畤,五帝及从祀诸神的五个畤为未坠兆、东郊兆、南郊兆、西郊兆、北郊兆(《汉书·郊祀志下》),可见畤就是郊兆,也就是郊祀天地五帝的坛场和坛壝圈定的范围。

司马迁讲八主祠,说地主"祠泰山梁父。盖天好阴,祠之必于高山之下,小山之上,命曰'畤';地贵阳,祭之必于泽中圜丘云"(《封禅书》。《郊祀志上》"下"下多"畤")。③学者多把此语当畤的定义,不一定合适。

我理解,这段话是针对禅梁父,并不是给畤下定义。古代封禅,祭天在泰山上,封土为坛,叫封;祭地在泰山下,除地为场,叫禅。④这话主要是讲禅礼

---

① 《史记·封禅书》:"或曰:'自古以雍州积高,神明之隩,故立畤郊上帝,诸神祠皆聚云。盖黄帝时尝用事,虽晚周亦郊焉。'其语不经见,缙绅者不道。"司马迁对黄帝发明说持保留态度。

② 《封禅书》提到"作畦畤栎阳而祀白帝"(《郊祀志上》同),《集解》引晋灼说:"《汉注》在陇西西县人先祠山下,形如种韭畦,畦各一土封。"《索隐》引《汉旧仪》:"祭人先于陇西西县人先山,山上皆有土人,山下有畤,埒如菜畦,畤中各一土封,故云畤。"又引《三苍》:"畦,埒也。"《汉注》《汉旧仪》即卫宏《汉官旧仪》,也叫《汉仪注》。

③ 《集解》引徐广说:"一云'之下(上)畤命曰畤。'"《索隐》:"此之'一云',与《汉书·郊祀志》文同也。"

④ 汉武帝第一次登泰山,先在泰山下东方,后在山上,两封。

的选址。所谓"畤"就是司马迁两言"泰山下阯"的"阯"。[①]"天好阴"句,指除地为场,与登封报天相应,应该把行禅礼的地点选在高山之下、小山之上;"地贵阳"句,也是说祭地要与天相应,虽在低地,照样应该选高一些的地方,如泽中圜丘就是这样的地方。禅要选在高山之下、小山之上,但畤未必都在高山之下、小山之上,畤也不仅是禅地之所。

在我看来,畤是一种特殊的考古遗址,既不同于城址或宫庙,也不同于陵墓或窖藏。从物质形态讲,畤是除地为祭的坛场。所谓坛场,往往坛、墠、坎兼具。[②] 墠是芟夷草莱,清理地面,辟出的一块场子,也叫场。坛设其中,用以陈放牌位、祭品,举行仪式,只占一小块,周围是空地。坎是在这块空地上挖的祭祀坑,一排排,一行行,用来埋牲牢、玉帛、车马等祭品。坛也好,坎也好,都是设于场中,关键是要有一块场子。这块场子就叫畤。

二、文献记载和地理分布

秦汉祠畤,数量很大,秦代有二百多所,西汉有683所。《封禅书》《郊祀志》加《地理志》所载,可考者仍有二百多所。[③]

(一)陕西

祠畤最多,首先是汉三辅之地,即关中地区。三辅即京兆尹、左冯翊、右扶风。《郊祀志》的"郊"就是指汉代的三辅之地。

1. 京兆尹

京兆尹是长安所在,辖境略相当于今西安市和渭南市的渭水以南部分,并延伸到河南灵宝县。周秦故祠有杜陵(在西安市三兆村)的五杜主祠、寿星祠[④],沣、镐(在西安市长安区)的昭明祠、滴池君祠[⑤],蓝田(在蓝田)的虎候山祠[⑥],下邽(在渭南)的天神祠,湖县(在灵宝)的周天子祠。西汉新祠,多

---

① 一作"禅泰山下阯东北肃然山",一作"石闾者,在泰山下阯南方",见《封禅书》。
② 李零:《中国方术续考》,第103—106页。
③ 同上书,第142页。
④ 杜陵有五杜主,而非三杜主,参看田天《秦汉国家祭祀史稿》,第52—53页。寿星祠,祭南极老人。
⑤ 昭明祠,祭昭明星。滴池君,见《史记·秦始皇本纪》。滴池,《封禅书》作"周天子璧池","璧池"是"璧池"之误,即辟雍。
⑥ 虎候山祠,虎候山即今蓝田虎头山。

在长安，有汉高祖的蚩尤祠、灵星祠和七巫祠①，汉文帝的渭阳五帝庙和长门五帝坛②，汉武帝的亳忌太一坛和太一五祠③，以及汉宣帝的白虎、随侯、剑宝、玉宝璧、周康宝鼎五祠（在未央宫）和岁星、辰星、太白、荧惑、南斗五祠（在长安城旁）。④ 华阴（在华阴）有太华山祠，亦汉宣帝立。

2. 左冯翊

左冯翊是咸阳所在，辖境略相当今咸阳、铜川二市和渭南市的渭水以北部分。秦人的祠畤有秦献公畦畤（在西安市阎良区）和临晋河水祠（在大荔），而霸（灞）、产（浐）、长（荆谷水）、沣、涝（潦水）、泾、渭七水，近咸阳，秦亦有祠。⑤ 西汉新祠主要有两组，一组是汉武帝泰畤，在云阳（在淳化）；一组是汉宣帝谷口四祠⑥，在咸阳到云阳的途中（在三原）。泰畤包括宽舒太一坛、太一祠（在甘泉宫）和越巫䄏（䄏）䄏（禳）祠、通天台（在甘泉宫南）。⑦ 后来，汉宣帝在云阳还增修了径路神祠、休屠祠、金人祠。⑧ 鄠县（在户县）有劳谷、五床山、日月、五帝、仙人、玉女祠，亦汉宣帝立。

3. 右扶风

右扶风是陈仓、雍城所在，辖境略相当于今宝鸡市。不仅周人的故土在这一带，秦人的祖庭也在这一带。非子邑秦，秦在汧渭之会，即今宝鸡。秦文公自西犬丘重返汧渭之会，先作鄜畤，后作陈宝祠（在陈仓北阪），都在宝鸡。其

---

① 高祖七巫祠，即梁巫、晋巫、秦巫、荆巫、九天巫、河巫、南山巫所祠。前五祠在长安，但河巫祠在临晋，南山巫秦二世在南山，秦中，临晋在大荔，南山指终南山，不在长安。《集解》引应劭说，以晋巫为范会仕晋者，秦巫为范氏留秦者，梁巫出大梁刘氏，荆巫出丰县刘氏，不详何据。刘氏、范氏俱出祁姓。应劭强调，四巫同祖，都是刘氏的远亲。

② 渭阳五帝庙在灞渭之会，长门五帝坛在霸陵，都在长安。

③ 亳忌太一坛在长安东南郊。太一五祠是围绕此坛续修。亳忌即谬忌，谬氏即缪氏，其名为忌。亳忌亦作薄忌，不一定是安徽亳县人。薄也可能是博县的博（今泰安）。薄忌可能是齐人。

④ 这十祠是两套祭祀，前五祠祠宝物，后五祠祠星象。白虎是白虎皮。《汉书·宣帝纪》云，元康四年"南郡获白虎、威凤为宝"；《郊祀志下》说，"时，南郡获白虎、献其皮、牙、爪、上为立祠"。随侯是随侯之珠，剑宝是高祖斩蛇剑，玉宝璧是和氏璧，周康宝鼎可能是周康公或周康侯鼎。

⑤ 霸水即灞水，产水即浐水，长水即荆谷水，涝水即潦水。

⑥ 谷口四祠是天齐公祠、五床山祠、仙人祠、五帝祠。

⑦ 宽舒是黄锤史，齐人。黄是黄县（今龙口），锤是锤县（今烟台），皆属东莱郡。《封禅书》载，汉武帝灭南越、东越后，"越人勇之乃言'越人俗鬼，而其祠皆见鬼，数有效。昔东瓯王敬鬼，寿百六十岁。后世怠慢，故衰耗'。乃令越巫立越祝祠，安台无坛，亦祠天神上帝百鬼，而以鸡卜。上信之，越祠鸡卜始用。"

⑧ 径路神祠，径路是匈奴宝刀，也叫径路刀，径路神是司匈奴宝刀的神。休屠祠，是祭匈奴休屠王。金人祠，是祭掳自休屠的祭天铜人。

后，秦宣公作密畤（在渭水南），秦灵公作吴阳上下畤（在吴山），也在宝鸡。汉高祖作北畤，合秦四畤，号称雍五畤。

雍，指凤翔原及其附近。①凤翔原上有雍山、雍水。《封禅书》说，秦时雍地"百有余庙"②，而岐山、吴山、垂山、鸿冢和汧水，亦各有祠。③《地理志上》说，"雍：秦惠公都之，有五畤，太昊、黄帝以下祠三百三所"，《郊祀志上》作"本雍旧祠二百三所"。秦汉祠畤，雍地几乎占一半，至少也占三分之一。④

三辅以北是上郡，即陕北高原，辖境略相当于今延安、榆林二市。上郡治肤施（在横山西境）。肤施有汉宣帝的五龙山仙人祠、黄帝祠、天神祠、帝原水祠。⑤阳周桥山有黄帝冢（在子长县高柏山），在肤施南。西河郡鸿门县（在横山境内）有天封苑火井祠（当地富产天然气），在肤施东。天封苑火井祠也是汉宣帝立。

三辅以南是汉中郡，即陕南山区，辖境略相当于今汉中、安康、商洛三市。西汉南郑县（在汉中市）有沔水祠。汉中以汉水名，沔水即汉水陕南段。

（二）山东

山东的祭祀活动，以封禅泰山和祭祀八主最有名。

1. 封禅泰山

封禅泰山，在西汉的泰山郡，辖境略相当于今泰安市，并包括新泰、莱芜与泰安交界的地方。封在泰山上，禅在泰山下的小山上。

西汉泰山庙在博县（在泰安市泰山区旧县村），汉武帝明堂在奉高（在泰安市岱岳区范镇故县村），都在泰安市。

泰山下有很多小山，石闾、社首、高里（蒿里）三山在泰山脚下，属西汉博县；亭亭山在泰安大汶口镇马家大吴村，属西汉钜平县（在泰安西南），在泰

---

① 广义的雍是九州之一的雍州，狭义的雍是凤翔原，有时也包括凤翔原的周边。《封禅书》："自未作鄜畤也，而雍旁故有吴阳武畤，雍东有好畤，皆废无祀。"注意，宝鸡是"雍旁"，而永寿、乾县一带是"雍东"。

② 《封禅书》："而雍有日、月、参、辰，南北斗、荧惑、太白、岁星、填星、二十八宿、风伯、雨师、四海、九臣、十四臣、诸布、诸严（诸庄）、诸逑（诸遂）之属，百有余庙。"

③ 《封禅书》的岳山是垂山之误。垂山是武功山，参看田天《秦汉国家祭祀史稿》，第284—285页。案：岐山在周原，吴山在宝鸡，垂山在武功，鸿冢在凤翔，各有祠。汧水下游有汧水祠，在郁夷（宝鸡的汧渭之会），汧水上游（一说源出甘肃张家川，一说源出甘肃华亭市）有汧渊祠。

④ 《地理志上》，隃糜（在千阳）有黄帝子祠，陈仓（在宝鸡）有上公、明星、黄帝孙、舜妻育冢，虢（在宝鸡）有黄帝子、周文武祠。

⑤ 《郊祀志下》作"宣帝立五龙山仙人祠及黄帝、天神、帝原水，凡四祠于肤施"，《地理志下》作"（肤施）有五龙山、帝原水、黄帝祠四所"，脱"天神"。

安市南。梁父、云云二山在泰山东南、徂徕山下。梁父山（今名映佛山）属西汉梁父县（在新泰天宝镇古城村），云云山属西汉柴县（在新泰楼德镇柴城村），在新泰西境。泰山东北，还有肃然山（今名宿岩山）。肃然山属西汉嬴县（在莱芜莱城区城子县村），在莱芜西境。

上古帝王封泰山，传统的禅地之所是梁父、云云、亭亭、社首，见《管子》佚篇《封禅篇》。肃然、高里（蒿里）、石间是汉武帝所禅。

2. 祭祀八主

据《地理志上》，齐地有八主祠：一曰天主祠，在淄博市临淄古城南的天齐渊，属西汉临淄县；二曰地主祠，在新泰市天宝镇的映佛山，属西汉梁父县；三曰兵主祠，在汶上南旺镇，属西汉东平陆县；四曰阴主祠，在莱州市三山岛，属西汉掖县；五曰阳主祠，在烟台市芝罘岛，属西汉腄县；六曰月主祠，在龙口市莱山，属西汉黄县；七曰日主祠，在荣城县成山头，属西汉不夜县；八曰四时主祠，在青岛市黄岛区琅琊台，属西汉琅琊县。临淄县属齐郡，梁父县属泰山郡，东平陆县属东平国，掖、腄、黄、不夜四县属东莱郡。

此外，西汉临朐县（在莱州）有海水祠（后世有海神庙）[①]，曲城县（在招远）有万里沙祠和参（三）山八神祠（大概是一种缩微版的八主祠），在阴主祠附近；黄县有莱山松林莱君祠，腄县（在龙口）有百支莱王祠，在月主祠附近；不其县（在青岛市城阳区）有太一祠、仙人祠和明堂（据说是汉武帝立，可能在崂山），昌县（在诸城）有环山祠，长广县（在莱阳）有莱山莱王祠，在四时主祠附近。这些祠，几乎全在胶东半岛上，不属东莱郡，就属琅琊郡。[②]

（三）陕西以西

1. 甘肃

商末周初，嬴姓西迁，大骆族居西犬丘（在礼县），周围是西戎所居。周封非子于汧渭之会，号称秦。秦是从大骆族分出的。大骆灭于戎，秦襄公伐戎，收复西犬丘，曾作西畤。西犬丘，西汉叫西县，属陇西郡。西县有很多秦祠，

---

① 西汉有两临朐，齐郡临朐和东莱郡临朐，此系东莱郡临朐。
② 山东境内的西汉旧祠还有：临邑县（在东阿）的济庙，成阳县（在菏泽）的尧冢灵台，蒙阴县（在蒙阴）的蒙山祠，临朐县（在临朐）的蓬山祠（蓬，一作逢），朱虚县（在临朐）的凡山祠（凡山即丸山，今名纪山）、东泰山祠（东泰山即沂山，后世五镇的东镇）、三山祠和五帝祠，即墨县（在平度）的天室山祠，下密县（在昌邑）的三户山祠，驺县（在邹城）的驺峄山祠，以及执期（地点不明）的明年祠。蓬山、天室山、三户山三祠是汉宣帝立。

《封禅书》说，"西亦有数十祠"。

2. 宁夏

西汉朝那县（在彭阳）有端旬祠、湫渊祠，属安定郡。端旬祠是胡巫祠，湫渊即固原东海子。朝那是乌氏戎所居之地。

3. 青海

西汉临羌县（在湟源）有西王母石室、仙海、盐池、弱水、昆仑山等祠[①]，临羌在青海湖东，属金城郡，从地名就能看出，周围是羌人所居。

（四）陕西以东

1. 山西

西汉蒲阪县（在永济）有秦首山祠、尧山祠，汾阴县（在万荣）有后土祠，大阳县（在平陆）有天子庙，皆属河东郡。首山，即雷首山，在永济东南。尧山，在永济南，与首山连麓而异名。二山皆属中条山脉，位于汉武帝东巡的路上。

2. 河南

西汉缑氏县（在偃师）有延寿城仙人祠，属河南郡；密高县（在登封）有太室山、少室山、夏后启母石三祠，属颍川郡；平氏（在桐柏）有淮庙，属南阳郡。延寿城仙人祠是公孙卿为汉武帝候神处，即缑氏县治。汉武帝东巡，去嵩山，这里是中转站。

3. 河北

西汉絫县（在昌黎）有秦碣石祠，属辽西郡；容城（在容城）有秦鸣泽祠，属涿郡；上曲阳（在曲阳）有恒山祠，属常山郡。

（五）南方

1. 江苏

西汉丰县（在丰县）有枌榆社、蚩尤祠，属沛郡；海陵县（在泰州）有江海会祠，属临淮郡；无锡县（在无锡）有楚春申君历山祠，属会稽郡；江都县（在扬州）有江水祠，属广陵国。枌榆社是丰县当地的神社，蚩尤祠是汉高祖起兵所祭。

2. 浙江

西汉山阴县（在绍兴）有秦会稽山祠，山上有禹冢、禹井，属会稽郡。今

[①] 1975—1982年，青海省天峻县二郎洞附近发现汉代遗址，有人推测即西王母石室，但天峻县在青海湖西北，湟源县在青海湖东，相距甚远。

大禹陵在会稽山下。

3. 安徽

西汉灊县（在霍山）有天柱山祠，属庐江郡。天柱山是汉武帝立的新南岳。

4. 湖南

西汉益阳（在益阳）有湘山祠，属长沙国。湘山即湘阴县青草山（也叫黄陵山），而非洞庭君山。[①] 湘山是秦始皇南巡的最南点。

5. 四川

西汉湔氐道（在松潘）有渎山祠，成都县（在成都）有江水祠，皆属蜀郡。西汉江水祠有二，成都江水祠在上游，江都江水祠在下游。渎山即岷山。

6. 云南

西汉青蛉县（在大姚）禺同山有金马碧鸡祠，属越巂郡。禺同山，今名紫丘山。金马碧鸡祠为汉宣帝立。滇池县（在晋宁）有黑水祠，属益州郡。黑水，今名黑龙潭。

三、祭祀系统和祭祀对象

秦汉祠畤分东西二系，主要集中在陕西、山东二省。陕西又以宝鸡地区最集中。

（一）西系

西土有三大中心：甘泉泰畤、汾阴后土祠和雍五畤。甘泉泰畤是祭天中心，居中；汾阴后土祠是祭地中心（属河东郡，但挨着左冯翊），在东；雍五畤是祭帝中心，在西。其他祠畤围绕这三大中心。

1. 甘泉泰畤

秦人的祭祀活动是以郊祀为主，所谓郊祀是以帝配天，祭祀各族血缘所出的族神，最最古老的老祖宗。秦六畤，西畤、鄘畤、畦畤祭白帝，密畤祭青帝，吴阳上畤祭黄帝，吴阳下畤祭炎帝。

泰畤是汉武帝的发明，它也祭帝，但五帝围绕太一，只是太一的佐神，与所有秦畤都不一样。汉武帝有两个太一坛：亳忌太一坛先立，在长安；宽舒太一坛后立，在云阳，都是以太一为主，五帝为辅。

[①] 参看田天《秦汉国家祭祀史稿》，第280页。

亳忌太一坛，祭太一、三一、五帝、冥羊、马行、赤星，以及从祀的群神，如泽山君地长（《郊祀志上》作"皋山山君"）、武夷君和阴阳使者等。坛作八边形，广三十步（直径约合42米），估计太一、三一在坛上，居中，五帝环列其外，其他神在更外一圈。它有八个台阶，八条辐射状通道，号称"八通鬼道"。

宽舒太一坛（也叫紫坛），模仿前者，坛亦八边形，也有八通鬼道。坛三层，估计最上一层是太一、三一所居；第二层，五帝坛环列，青、赤、白、黑四帝坛分置四方，各如其方色，黄帝坛偏居西南（属十二辰的未位）；第三层是四方地，祭从祀群神，亦各有坛。又有赤日白月，可能也在顶层。

宽舒太一坛后立，比亳忌太一坛更显赫。泰畤是从这个坛发展而来，并与汾阴后土祠相配，地位最高。

亳忌所立，宽舒所兴①，太祝亲领，比所有祠畤都重要。

2. 汾阴后土祠

汉代祭地有后土祠。立祠与祠河有关，祠河是为了塞河，平水患。

新垣平望气汾阴，预言出鼎，是第一步。汉文帝治庙汾阴南，祠河求鼎，是第二步。汉武帝从宽舒议，正式立汾阴后土祠，是第三步。

宽舒设计的后土祠，是在"泽中圜丘为五坛，坛一黄犊太牢具，已祠尽瘗，而从祠衣上黄"（《封禅书》，《孝武本纪》同），显然是个坛、墠、坎兼具的坛场，因为土为黄色，牲牢、祠衣皆尚黄。

汾阴后土祠在山陕之间，本来是魏地的一个民祠。汉武帝立汾阴后土祠，把它拔高为最高等级的祭祀，目的是以后土配太一，统领群祀。这也是汉代的发明。

3. 雍五畤

西土十畤，秦居其六。秦人奉少昊为始祖，最尊白帝。他们从西犬丘到陈仓，从陈仓到雍城，从雍城到栎阳，不管把都城迁到哪里，都要祭白帝。秦襄公作西畤，最早；秦文公作鄜畤，其次；秦献公作畦畤，最晚。这三个畤都祭白帝。

秦文公都陈仓，作鄜畤，鄜畤祭少昊，少昊是秦人始祖，最尊；秦宣公作密畤，密畤祭太昊，太昊与少昊是兄弟氏族，其次；秦灵公作吴阳上下畤，上

---

① 《封禅书》："薄忌太一及三一、冥羊、马行、赤星，五，宽舒之祠官以岁时致礼。凡六祠，皆太祝领之。"这段话怎么理解，历来存在争论。我怀疑，薄忌五祠，不大可能去五帝不数，"五"下可能脱"帝"字，薄忌所立，太一、三一是一祠，冥羊、马行、赤星、五帝各一祠，凡五，而宽舒所兴，包括汾阴后土祠和甘泉泰畤，这里是合并言之，如舍其一，当是汾阴后土祠，而不是甘泉泰畤。

時祭黄帝，下畤祭炎帝，是为周遗民而设，又其次。秦人伐戎继周，不仅接收周的地盘，也包括留居当地的百姓。黄帝是姬姓始祖，炎帝是姜姓始祖，姬姜联姻，统治雍岐之地二百多年。秦人要想在西土站稳脚跟，离不开周遗民的支持。这四个畤都在宝鸡，是为雍四畤。

汉高祖作北畤，北畤是祭颛顼。秦四畤加汉北畤，即著名的雍五畤。

汉武帝三年一郊祀，主要就是指这三类祭祀。

（二）东系

东土的祭祀，以封禅泰山最隆重。封禅是山东地区祭祀天地的形式，与西土看重族神的传统不一样。泰山是五岳之首，统领天下的名山大川，在秦汉祀谱中地位最高，有如西土的太一。

泰山是山东的祭祀中心，有如太一为众星所拱，八主祠是环绕这个中心的。

1. 天主祠，在山东淄博市临淄古城南牛山脚下的天齐渊，旧属齐地。

2. 地主祠，在山东新泰市天宝镇的梁父山。自古禅地，都是在泰山下的小山上。泰山下，小山很多，东南的梁父、云云最有名。地主祠在梁父，位于天主祠的西南，旧属鲁地。

3. 兵主祠，在山东汶上县南旺镇，又位于地主祠的西南，旧属鲁地。

4. 日主祠，在山东荣成县成山头，位于胶东半岛北岸，旧属莱地。

5. 月主祠，在山东龙口市莱山上，位于胶东半岛北岸，旧属莱地。

6. 阳主祠，在山东烟台市芝罘岛上，位于胶东半岛北岸，旧属莱地。

7. 阴主祠，在山东莱州市三山岛上，位于胶东半岛北岸，旧属莱地。

8. 四时主祠，在山东青岛市黄岛区琅琊台上，位于胶东半岛南岸，旧属莒地。

这八个祠，前三祠在西，后五祠在东。西三祠，东北－西南，略呈一线。《鹖冠子·近迭》："人道先兵"，兵是代表人。西三祠代表三才（天、地、人）或三一（天一、地一、太一）。东五祠，日主祠与月主祠，迎日拜月，东西相对，呈一轴线；阳主祠在其左，阴主祠在其右，左为阳，右为阴。这四个祠在胶东半岛北岸。四时主祠在胶东半岛南岸，象征四时的起点。

山东半岛四分，齐居西北，莱居东北，鲁居西南，莒居东南。正如王睿指出，这四个地区各有各的祭祀传统，它们最终被整合成一个模仿宇宙模式的大系统，恐怕是战国晚期齐人统一山东半岛后的杰作。齐人航海，最具海阔天空的想象力，这片三面环海的土地，充满寻仙访药的神秘传说，对秦人有巨大的吸引力。

秦始皇东巡，沿海北上，先后登会稽山、峄山、泰山、芝罘山、碣石山，刻石铭功，就是被这片沿海地区所吸引。

此外，汉代修明堂，也与山东地区有关。汉武帝初立，曾打算在长安南郊建明堂，但没见过真正的明堂，后来封泰山，有人说"泰山东北阯有明堂处"（《孝武本纪》），地势险要、不宽敞，所以按公王带（《封禅书》作"公王带"，《郊祀志下》作"公玉带"）的明堂图，令奉高县作明堂于汶上。这种明堂，"祠太一、五帝于明堂上坐，令高皇帝祠坐对之。祠后土于下房"（《封禅书》），既有点像渭阳五帝庙、长门五帝坛，也有点像亳忌太一坛、宽舒太一坛，特点是"麻雀虽小，五脏俱全"。

汉武帝五年一封禅，主要就是指以泰山为中心，围绕山东半岛和北中国海沿岸的祭祀活动。

上述祠畤，从祭祀对象看，可以分为四类。

第一类是祭天地。

上古天官，见《史记·天官书》，是以日月五星绕斗极旋转、巡行二十八宿为特点。《封禅书》说，雍地"百有余庙"，其中祭"日、月、参、辰、南北斗、荧惑、太白、岁星、填星、〔辰星〕、二十八宿"就属这一类[①]，各地差不多。

秦俗祭星，有一大特色，是祭陈宝。秦文公在陈仓北阪（宝鸡贾村塬）作陈宝祠，"其光景动人民唯陈宝"（《封禅书》）。陈宝是流星坠地的陨石，号称若石。今地宝鸡就是得名于此。

汉高祖起事，在丰县祷枌榆社，祠蚩尤，入关后，除令丰县觐治枌榆社，在长安立蚩尤祠，所兴唯二事：一是立北畤，祭黑帝，与雍四畤相配；二是令郡国县立灵星祠，祭后稷。所谓灵星，指龙星左角，即天田星，所以兴农。

汉武帝立甘泉泰畤和汾阴后土祠，以太一为祭天中心，后土为祭地中心，凌驾于雍五畤之上，这是汉代祭祀的最大发明。

第二类是祭五帝。

五帝是先秦固有。一种是黄帝、颛顼、帝喾、尧、舜，见《大戴礼记·帝系》和《国语·鲁语上》；一种是青帝（太昊）、赤帝（炎帝）、黄帝、白帝（少

---

① "填星"下，《封禅书》无"辰星"，中华书局校点本据《郊祀志下》补"辰星"。

昊）、黑帝（颛顼），见《吕氏春秋·十二纪》和《礼记·月令》(《左传》昭公二十七年郯子语已具雏形）。前者是周帝系，后者是秦帝系。①汉代的雍五畤是继承秦四畤，显然属于后一种。

司马迁说，高祖二年，"东击项籍而还入关，问：'故秦时上帝祠何帝也？'对曰：'四帝，有白、青、黄、赤帝之祠。'高祖曰：'吾闻天有五帝，而有四，何也？'莫知其说。于是高祖曰：'吾知之矣，乃待我而具五也。'乃立黑帝祠，命曰北畤。"(《封禅书》）或说五色帝是汉高祖立北畤后才有，显然不对。高祖说"吾闻天有五帝"，显然早就知道，天下有五帝，对话者"莫知其说"，只是不明白秦人为什么没有为黑帝立畤。②

汉文帝重五帝。他祭五帝，分两种，一种是去雍地祭五帝，一种是在长安祭五帝。他立渭阳五帝庙、长门五帝坛是从赵人新垣平说。渭阳五帝庙不是五帝各居一庙，如雍五畤，而是"（五帝）同宇，帝一殿，面各五门，各如其帝色"(《封禅书》），等于五畤的缩微版，有点像后起的明堂。及诛新垣平，交祠官致祭，不再去。

汉武帝祭五帝，也分两种，一种是亲往雍地祭五帝，一种是在太一坛上或明堂类的建筑内，与太一相配祭五帝。

第三类是祭山川。

司马迁讲巡狩封禅，有所谓五岳四渎。五岳是东岳泰山、南岳衡山、西岳华山、北岳恒山、中岳嵩山，四渎是江、河、淮、济，历代祭祀不绝。这是秦系的五岳。

秦合天下为一，东土（殽山以东）以嵩山、恒山、泰山、会稽山、湘山（青草山）为名山，济水、淮水为名川；西土（华山以西）以华山、薄山（即《诗》《书》之终南山，今太白山）、岳山（岳是垂之误，垂山即武功山）、岐山、吴岳（吴山）、鸿冢、渎山（岷山）为名山，河水、沔水（汉水）、湫渊、江水为名川（湫渊是湖，不是河），皆有祠。③此外，陕西关中的灞、浐、泾、渭诸水，

---

① 李零：《帝系、族姓的历史还原——读徐旭生〈中国古史的传说时代〉》，《文史》2017年第3辑。
② 凤翔南指挥秦公一号大墓出土石磬，铭文提到"高阳有灵"，高阳即颛顼。或说铭文证明，秦人出自颛顼，不对。女脩出颛顼，生子大业，她只是秦人的女祖先。秦出少昊，并不属于颛顼系统。秦人不为颛顼立畤，恐怕是因为颛顼之后多在东方，当地很少。当地不祭颛顼，也就没必要立畤。
③ 这一名单中的会稽山是后世的南镇，吴山是后世的西镇。其中没有后世的医巫闾山（北镇）、霍山（中镇）和沂山（东镇）。但沂山也叫东泰山，见于《封禅书》讲汉武帝的部分。

因为地近咸阳，亦有祠，很多小山小水也有祠。

汉武帝时期的五岳是以天柱山为南岳，与秦代不同。

天下名山，汉武方士有不同说法。

公孙卿说："天下名山八，而三在蛮夷，五在中国。中国华山、首山（雷首山）、太室（嵩山太室山）、泰山、东莱（莱山），此五山，黄帝之所常游，与神会。"（《封禅书》）所谓"三在蛮夷"，疑指衡山、湘山、潜山；所谓"五在中国"，没有恒山和衡山，加了东莱山。

公玉带说："黄帝时虽封泰山，然风后、封巨、岐伯令黄帝封东泰山（沂山），禅凡山（丸山），合符，然后不死焉。"（《封禅书》）这是他另立的封禅说，汉武帝并未采纳。

秦始皇巡游天下，除封泰山、禅梁父，还祠祭会稽山、峄山、芝罘山、碣石山。

汉武帝巡游天下，除登封泰山，在梁父祠地主，在肃然、高里（蒿里）、石闾禅地，还祠祭太室山、天柱山、恒山，东登东莱山，北登碣石山，西登崆峒山。封泰山"如郊祠太一之礼"，禅肃然"如祭后土礼"（《封禅书》）。

第四类是祭鬼神。

秦汉祠畤，鬼神很多，如秦时雍地祭风伯、雨师、四海、九臣、十四臣、诸布、诸严（诸庄）、诸述（诸遂）之属，汉高祖七巫祠有东君、云中、司命、九天诸神，汉武帝亳忌太一坛有泽山君地长、武夷君。

秦鬼，名气最大的当属杜主。杜伯被周宣王冤杀，化为厉鬼，本来是周人畏忌的鬼，周人走了，照样流行于秦地，如杜陵有五杜主祠，雍营庙和秦中也有杜主祠。司马迁说："杜主，故周之右将军，其在秦中，最小鬼之神者。"（《封禅书》）意思是秦中小鬼，属杜伯最灵验。此外，汉高祖七巫祠有"南山巫祠南山、秦中，秦中者，二世皇帝"（《封禅书》），南山是秦岭，秦中是关中平原。[①] 秦二世自杀，也是秦中著名的凶鬼。

汉鬼，则有汉武帝神君祠（在上林苑蹄氏观）的长陵女子。

物怪，秦文公"伐南山大梓，丰大特"，见《史记·秦本纪》。《水经注·渭

[①] "南山秦中"，南山是秦岭，秦中是关中平原，应该用顿号点开。秦中，本义是秦的核心地区，秦的核心地区是关中平原。秦人占领鄂尔多斯地区后，把该地称为新秦中。

水》引魏文帝《列异传》，说秦于故道县立怒特祠，就是祭这种牛怪。西汉故道县在陕西凤县，位于宝鸡西南。

此外，秦皇汉武迷求仙访药。武帝冀遇神仙，从公孙卿言，立缑氏延寿城仙人祠、长安蜚廉桂观和甘泉益延寿观、通天台，作为候神之所，也是祭祀活动的一部分。

四、考古发现和有待探索的地点

上述祠畤，很多仍有古代遗迹、自古沿用的地名，甚至香火不断，保持着带有复古性质的现代祭祀，值得深入调查，综合研究。下面，我举一些例子，供大家参考。

（一）好畤河遗址

西土十畤，吴阳武畤和雍东好畤年代最早。吴阳武畤可能在吴山遗址附近，现在没有任何线索。雍东好畤在雍地以东，是个从秦代到现在一直使用的地名。《汉书·地理志上》右扶风有好畤县，班固自注："垝山在东，有梁山宫，秦始皇起。"唐以前的好畤县治所在今陕西乾县东好畤村，梁山宫遗址在乾县西北梁山镇三合村的瓦子岗上。唐以来的好畤县治所，则在乾县西部永寿县的飞地，店头镇的好畤河村一带。

宋真宗咸平三年（1000），好畤令黄郓获方甗以献，宋代著录称"中信父甗"或"史信父甗"[1]，铭文摹写有误。1962年，永寿县好畤河村出土过仲枏父匕（同出还有鼎一、盉一和铜残块一）。[2] 1967年，永寿县好畤河村出土过三件仲枏父鬲、一件仲枏父簋（现藏陕西历史博物馆）。[3] 与出土铭文对照，宋人所说

---

[1] 吕大临：《考古图》卷二，第22页；薛尚功：《历代钟鼎彝器款识法帖》卷十六，第156页。见《宋人著录金文丛刊初编》，中华书局2005年版，第38、400页。

[2] 何汉南：《陕西省永寿县、武功县出土西周铜器》，《文物》1964年第7期，第20—27页。参看中国社会科学院考古研究所编：《殷周金文集成》（修订增补本），中华书局2007年版，第一册，第760页：00979。

[3] 吴镇烽等：《陕西永寿、蓝田出土西周铜器》，《考古》1979年第2期，第119页。参看《殷周金文集成》（修订增补本），第一册，第688、690—691页：00747、00749—00750；第三册，第2334页：04154。同样铭文的鬲还有西安市博物馆一件、上海博物馆一件、武功县文化馆两件，参看《殷周金文集成》（修订增补本），第一册，第687、689、692—693页：00746、00748、00751—00752。另外，故宫博物院还有一件仲枏父簋，与好畤河村所出相同，参看《殷周金文集成》（修订增补本），第三册，第2335—2336页：04155.1—2。

的"中信父甗"或"史信父甗"，其实是仲枏父甗。① 此外，1980年，好畤河村还出土过逆钟四件（现藏天津博物馆）。② 好畤河村位于羊毛湾水库北的台塬上，地势较高。该地频繁发现西周铜器，或与好畤有关。

2018年，曹玮陪我去过永寿好畤河一带。

（二）鸾亭山遗址

遗址位于甘肃礼县西北（城关镇后牌村北）。2004年，早期秦文化联合考古队发掘。据简报介绍，此山山顶有圆坛，圆坛上有夯土围墙1段（西南留缺口，与上山的路相接），房址4处，灰坑19个，灰沟4条，祭祀坑1个，柱洞22个，西南山腰有东西相对的两个夯土台，其中1号房址不晚于西周，4号房址可能属于东周，2、3号房址和围墙、祭祀坑属于汉代。出土遗物：玉器，以圭、璧组合和男女玉偶人为主，共十组，五组出于3号房址，五组出于4号灰沟；砖瓦，3号房址出土"长乐未央"瓦当九件；钱币，3号房址、4号灰沟和3号灰坑各出武帝后期五铢钱一枚，7号灰坑出王莽"货布"币一枚；1号祭祀坑，堆积兽骨，包括牛、羊、猪、鹿、狗和禽类。③ 发掘者判断，遗址较早的西周灰坑与祭祀无关，与祭祀有关的遗址主体和出土物属于西汉时期。遗址废弃于王莽时期。

秦畤，西畤最古老，年代可以早到春秋初年，但鸾亭山遗址却缺少春秋战国段的祭祀遗物。梁云认为，它是汉代西畤的一部分。④ 我想，这里是不是还有一种可能，鸾亭山遗址即卫宏《汉官旧仪》提到的人先祠。这个祠未必与西畤是一回事。

简报所说坛，与封土为坛的坛似乎不同，应属除地为场的墠，围墙即古人所谓壝，瘞埋牲牢等物的祭祀坑，古人叫坎。

秦公簋，旧传1917年礼县红河乡出土，现藏中国国家博物馆。⑤ 此器有汉代加刻的铭文，器铭作"西元器，一斗七升秦（登）簋"⑥，盖铭作"西，一斗七

---

① 李零：《铄古铸今：考古发现和复古艺术》，生活·读书·新知三联书店2007年版，第78—80页。
② 曹发展、陈国英：《咸阳地区出土西周青铜器》，《考古与文物》1981年第1期，第8—11页。参看《殷周金文集成》（修订增补本），第一册，第49—52页：00061—00064。
③ 早期秦文化联合考古队：《2004年甘肃礼县鸾亭山遗址发掘主要收获》，《中国历史文物》2005年第5期，第2—14页。
④ 梁云：《对鸾亭山祭祀遗址的初步认识》，同上，第15—31页。
⑤ 《殷周金文集成》（修订增补本），第四册，第2682—2685页：04315.1—3。
⑥ 铭文"拳"字，声旁与"朕"字同，相当于"拯"字，并非今"拳"字。

升大半升,盖",郭沫若认为,此器是汉代"西县宗庙之祭器"。[1]

1997年,礼县石桥镇瑶峪村出土一件铜豆,铭文作"西祠器䨻十,重一斤三两",铭文字体近于秦代或汉初,也是祠祭用品[2]。

红河乡在礼县东北与天水市交界处,离鸾亭山和西山坪较远,瑶峪村在礼县西南,离鸾亭山和西山坪较近。它们和西畤是什么关系,值得注意。

2005年,我和李水城、罗泰、傅罗文去过鸾亭山。

（三）西山坪遗址

遗址在礼县西,与鸾亭山南北相望。2005年,甘肃省文物考古研究所等单位组成早期秦文化调查、发掘和研究课题组,发掘了遗址东北部,发现春秋城址和祭祀遗址。

祭祀遗址包括马坑7座、牛坑1座、狗及其他动物坑3座。其中K404—K407位于遗址东部的一处夯土平台上。夯土台南北长约17.5、东西宽约18米。台近南沿处有四个长方形浅坑,每坑各埋一马。该组马坑旁有一直径1.6米的圆坑,编号为K408,坑中埋羊头、马肢骨与牛肢骨。K403是个大坑,坑底有两个小坑,各埋一马。经鉴定,这些马都是接近成年的马驹。[3]

有学者推测,城址即西犬丘,祭祀遗址即秦西畤。换言之,西畤是一畤两址,秦西畤在西山坪,汉西畤在鸾亭山。[4]问题存在争论。

（四）血池遗址

遗址在陕西凤翔柳林镇血池村东。2016年,陕西考古研究院雍城队对血池遗址进行发掘,被评为2016年度全国十大考古发现之一。[5]遗址包括夯土台和祭祀坑。发掘者认为,此即汉高祖北畤。

夯土台建在一个小山头上,台下土坡,呈梯田状,发掘者比为宽舒太一坛的"台三垓",但已经发掘的工作面只是夯土台所在的地面,下面的土坡是否属于坛台类建筑的台阶,还有待证实。其北侧还有一个比它高一点的小山头。发

---

[1] 郭沫若:《两周金文辞大系图录考释》,上海书店出版社1999年版,下册,第249页。
[2] 马建营:《"西祠器"铭铜豆考释》,《陇右文博》2013年2期,第43—45转39页。
[3] 赵丛苍、王志友、侯红伟:《甘肃礼县西山遗址发掘取得重要收获》,《中国文物报》2008年4月4日第2版。
[4] 王志友、刘春华:《秦、汉西畤对比研究》,收入《秦文化探研——甘肃省秦文化研究会第二次学术研讨会论文集》,甘肃人民出版社2005年版。
[5] 国家文物局主编:《2016中国重要考古发现》,文物出版社2016年版,第88—89页。

掘者认为，这正符合"高山之下，小山之上"的定义，以此定其所以为"畤"。这个定义，我们在前面讨论过。

祭祀坑分三类，A类为车马祭祀坑，大坑埋真车、真马，小坑埋偶车、偶马；B类埋牲，包括马、牛、羊三种；C类是空坑。出土物包括璧、琮、圭、璋、珩、玉偶人，以及青铜车马器、铜铃、弩机、铜镞等，很多都是小型明器。

这个遗址，我去过两次，一次是2015年，一次是2016年。

（五）吴山遗址

遗址在宝鸡陈仓区新街庙镇，可能与吴阳上下畤有关。中国国家博物馆和陕西考古研究院等单位组成联合考古队，2016年调查，2018年发掘。目前清理祭祀坑八座，每坑瘗埋一车四马，出土玉琮、玉偶人、箭镞和铁锸。①

吴山遗址与血池遗址隔河相望，形制规格、遗址内涵，彼此接近，年代也相近，都属于西汉时期，更早的遗址尚未发现。

比较鸾亭山、血池和吴山的发现，我有一个想法，秦汉祠畤，往往是在有关地点，除地为场，圈定兆域，掘地为坎，瘗埋祭品，祭品一如《封禅书》《郊祀志》所述。②这类祭祀活动往往定期举行，历年开掘的祭坎成行成列，有如田畴，一片占满，再开辟另一片，若今墓地。因此，早期的祠畤恐怕还在上述发现之外。

雍五畤，鄜畤、密畤尚未发现，据说正在调查。或说鄜畤在凤翔长青镇马道口村，主要是因为该处宫观密集。但祠畤和宫观是两个概念，多半不在人口密集区。文公都陈仓，我怀疑他立的鄜畤可能在宝鸡西山一带。

吴山，我去过两次，一次是2010年，一次是2016年。

（六）甘泉宫遗址

遗址在陕西淳化铁王乡凉武帝村，面积很大，陕西考古研究院对遗址进行了勘探，有很多重要发现。2014年，厘清了甘泉宫外墙的范围。2015年，完成了航拍、航测，确定了通天台和秦汉云阳城的位置。③

云阳是秦直道的起点，汉胡来往都走这条道，战略位置十分重要。汉武帝

---

① 《陕西考古发现战国时期大型祭祀遗址》，《文物鉴定与鉴赏》2018年第11期（上），第21页。
② 秦人用牲，主要是马、牛、羊，而不是牛、羊、豕，特别是驹。《封禅书》："春夏用骍，秋冬用骝。畤驹四匹，木禺（偶）龙栾（鸾）车一驷，木禺（偶）车马一驷，各如其帝色。""乃令祠官进畤犊牢具，色食所胜，而以木禺（偶）马代驹焉。独五月尝驹，行亲郊用驹。及诸名山川用驹者，悉以木禺（偶）马代。行过，乃用驹。"《郊祀志上》"禺"作"寓"。鸾车，或称鸾路，是送葬的车。
③ 肖健一等：《陕西咸阳秦汉甘泉宫遗址调查获重要发现》，《中国文物报》2015年12月18日第8版。

选择此地作汉代最高的祭祀中心，大有深意。秦杀义渠王，夺甘泉，作林光宫。汉甘泉宫是在秦林光宫的基础上修建，武帝在此朝会诸侯和匈奴使者，有如清代热河的避暑山庄和外八庙[①]，祠寿宫神君，寿宫也在甘泉宫。

2012 年，曹玮陪我和唐晓峰、赵丽雅去过这个遗址。

（七）天井岸遗址

遗址在三原县嵯峨乡天井岸村。1993 年陕西省文物保护技术中心文物调查研究室对该遗址进行调查，指出遗址即《汉书·地理志上》所记之谷口四祠。天齐公祠的天齐，是个南北 315、东西 260、深 32 米，北边带豁口的大坑，当地叫天井壕。五床山即该村西北的嵯峨山。[②] 五床山祠和仙人祠可能在嵯峨山附近。五帝坛即天井壕东面的五个夯土台。[③] 四祠皆在西汉谷口县境内。

2015 年，西北大学文化遗产学院、咸阳文物考古研究所对这一遗址进行考古调查和局部钻探，证明遗址年代确属西汉晚期。[④] 谷口四祠见《汉书·宣帝纪》，乃汉宣帝所立，年代吻合。

2012 年，曹玮陪我和唐晓峰、赵丽雅去甘泉宫遗址，先到这个遗址。

（八）联志村遗址

1971 年，西安北郊大明公社联志村出土玉器 85 件，包括璧、琮、圭、璋、虎、璜和男女玉偶人等，玉质和制作工艺与鸾亭山、血池、吴山等遗址所出相似，出土玉器的土坑坑底距地表约 80 厘米。[⑤] 梁云推测，这个祭祀坑属于长安东南的亳忌太一坛。[⑥]

（九）芦家口村遗址

1980 年，西安西北郊芦家口村出土 100 件玉器，种类与联志村相近，但多

---

① 李零：《避暑山庄和甘泉宫》，收入氏著《我们的中国》第四编《思想地图——中国地理的大视野》，生活·读书·新知三联书店 2016 年版，第 159—175 页。
② 此山五峰并峙，盖即所谓"五床"。汉宣帝在鄠县也立过五床山祠。
③ 秦建明：《陕西发现以汉长安城为中心的西汉南北向超长建筑基线》，《文物》1995 年第 3 期。
④ 西北大学文化遗产学院、咸阳文物考古研究所：《陕西三原县天井岸村汉代礼制建筑遗址调查简报》，《考古与文物》2017 年第 1 期。
⑤ 西安市文物保护考古所：《西安文物精华——玉器》，世界图书出版公司 2004 年版，第 11、14—16、26、45 页。刘云辉：《陕西出土东周玉器》，文物出版社 2006 年版，第 195 页：GW1；第 196 页：GW3；第 197 页：GW5；第 199 页：GW10；第 200 页：GW11—12；第 201 页：GW14；第 203 页：GW17；第 204 页：GW19；第 205 页：GW22。案：刘云辉把这批玉器定为战国晚期物，现在看来，似乎过早。
⑥ 梁云：《对鸾亭山祭祀遗址的初步认识》，第 24—27 页。

出一件用玉璧改制的玉猪。①出土玉器的土坑坑底距地表约1米。梁云推测，这个祭祀坑在未央宫遗址的范围内。②

汉代礼玉，与墓葬不同，多用玉璧改制，往往草率急就，有如冥币，推其原因，盖祭祀繁而用量大，不得不耳。

祭祀用玉，玉偶人是特色。年代较早的类似偶人，灵寿古城已有发现（图一）。

图一 出土偶人

1.灵寿古城出土石偶人　2—3.鸾亭山遗址出土玉偶人

---

① 刘云辉：《陕西出土东周玉器》，第195页：GW2；第196页：GW4；第197页：GW6；第198页：GW7—8；第199页：GW9；第200页：GW11—12；第201页：GW13；第202页：GW15—16；第203页：GW18；第204页：GW20；第205页：GW21。案：刘云辉把这批玉器定为战国晚期物，现在看来，似乎过早。

② 梁云：《对鸾亭山祭祀遗址的初步认识》，第27—28页。

（十）黄甫峪遗址

1995年，在华山脚下，黄甫峪口西侧，华山索道进口处附近，曾经出土过两件刻有战国秦文字的玉版（图二），铭文长达298字，内容是讲一个叫秦骃的人到华山祷病，同出的文物被村民瓜分。秦骃祷病玉版，曾在私人手里，现藏上海博物馆。我曾写文章介绍这一发现并考释其铭文①。同出玉璧，现藏西岳庙文物管理处。②陕西省考古所对出土地点做过调查，发现建筑遗址，出土"与华无极"瓦当，是为黄甫峪遗址。③

秦德公都雍，直到秦惠文王打到华山脚下方迁都，长达294年。华阴古称阴晋，秦惠文王六年（前332）占领华阴，改名宁秦。黄甫峪遗址可能即太华山祠所在。④

2010年，我带田天去过这个遗址。村民说，出土玉版的土坑在停车场的一棵树旁。

（十一）肤施四祠和桥山黄帝冢

肤施四祠有五龙山仙人祠。五龙山（图三）在陕西横山县殿市镇五龙山村东北，无定河支流黑木头川东岸，山上有五龙山庙（法云寺）。此山是肤施地标，其他三祠当在附近。阳周桥山黄帝冢在肤施南。汉武帝北巡朔方，"还祭黄帝冢桥山"（《封禅书》），就是这个黄帝冢。这五个地点很重要，值得今后探索。

2018年，我专门到横山跑过，去过五龙山。

（十二）朝那湫

宁夏固原市有两个海子，西海子在固原西南，原州区红庄乡；东海子（马场水库）在固原东南，原州区开城镇马场村。东海子即汉代湫渊，因为地近西汉朝那县（在今彭阳县古城镇古城村），也叫朝那湫（图四）。这个海子四面环山，很小，但《封禅书》以湫渊为华山以西的四大名川之一，与江、河、汉水并列，唐宋年间出土的秦《诅楚文》，其中的《湫渊文》就是祠告湫渊之神，可见湫渊很重要。海子东岸凉马台有宋元以来的庙址，2007年出土过一块残碑，

---

① 李零：《秦骃祷病玉版的研究》，收入氏著《中国方术续考》，第343—361页。
② 刘云辉：《陕西出土汉代玉器》，文物出版社2009年版，第94页：图版59、60。
③ 陕西省考古研究院、西岳庙文物管理处：《西岳庙》，三秦出版社2007年版。
④ 李零：《西岳庙和西岳石人》，收入氏著《万变》，生活·读书·新知三联出版社2016年版。

图二 黄甫峪遗址及其出土玉器

1. 黄甫峪 2. 玉器出土地点黄甫峪停车场 3. 出土玉璧 4. 秦驷祷病玉版

图三 五龙山

图四 朝那湫

1. 朝那古城 2. 湫渊（东海子） 3. 朝那湫龙神庙遗址 4.《湫渊文》

铭文提到"〔朝〕那之湫"①，元李政《重修朝那湫龙神庙记》说湫东有祠，祭"盖国大王"，即凉马台之庙。所谓"盖国大王"，即"齐天圣烈显应盖国大帝黑池龙王"②。早期的湫渊祠在哪里，仍值得探讨。

2009年，罗丰陪我、信立祥、王睿去过朝那古城和东海子、西海子。

（十三）要册湫

亚驼祠，《封禅书》未见，但《诅楚文》有《亚驼文》（图五，1）。亚驼即滹沱，乃要册湫之神。③要册湫（图五，2）在甘肃正宁县东南湫头乡。正宁县博物馆藏宋宣和三年《重修孚泽庙碑》即出土于要册湫（图五，3）。碑文云："县之部有镇，曰要册，镇有庙，曰孚泽，为昭祐显圣王之祠。"所谓"昭祐显圣王"，亦"齐天圣烈显应盖国大帝黑池龙王"。这个地点也值得注意。

2016年，王辉陪我和李水城在庆阳、平凉地区考察，顺便去过要册湫。④

（十四）嵩山三阙和中岳庙

秦汉封禅，主要是祭泰山。华山、雷首山、嵩山在东巡的路上。嵩山在河南登封东。登封有中岳庙。庙前有一对石翁仲，翁仲南有太室阙，太室阙西北有启母阙，启母阙西有少室阙，即太室山祠、少室山祠和夏后启母石祠的东汉遗迹。⑤

2004年，我去登封，专门跑过这三个地点。

（十五）汾阴后土祠（魏脽遗址）和阎子疙瘩遗址

汾阴后土祠（图六，1）是汉武帝郊祀的三大中心之一，至今香火不断。巫锦发现的鼎是从旧庙附近出土。旧庙位于汾水入河处，乃魏国墓地，河水冲刷，历代常有铜器发现。

2004年，我和唐晓峰、赵丽雅、马保春对庙址和1930年卫聚贤等人发掘的阎子疙瘩遗址（图六，2—4）进行考察，回来写过一份调查报告。⑥报告确认，

---

① 高万伟：《朝那湫考》，《宁夏社会科学》2005年第4期；张有堂、杨宁国：《湫渊探究》，《宁夏师范学院学报》2010年第4期；胡永祥、杨芳：《朝那湫与东海子遗址》，同上。
② 盖国大王，即民间祈雨供奉的"齐天圣烈显应盖国大帝黑池龙王"，俗称雷王保。西北地区，干旱少雨，类似湫池，也见于宁夏隆德、甘肃会宁、庄浪、平凉、华亭、镇原、泾川等地，有些也叫朝那湫。
③ 裘锡圭：《诅楚文"亚驼"考》，收入《裘锡圭学术文集》，复旦大学出版社2012年版。
④ 正宁县博物馆赐赠《重修孚泽庙碑》拓片和出土现场的照片给我，谨致谢忱。
⑤ 吕品：《汉中岳三阙》，文物出版社1990年版。
⑥ 李零：《汾阴后土祠的调查研究》，收入氏著《我们的中国》第二编《周行天下》，第177—265页。

图五　要册湫

1.《亚驼文》　2.宋重修孚泽庙碑　3.要册湫遗址

图六　后土庙和万岁宫遗址

1. 后土庙　2. 阎子疙瘩遗址　3. 遗址出土砖瓦　4. 聚贤亭

孤山东侧的阎子疙瘩遗址是一座汉代行宫遗址，很可能就是《三辅黄图》卷三、《水经注·河水四》提到的汾阴万岁宫。2016年，故地重游，我还对汾阴渡口和周边的地理形势做过考察，上过孤山。

（十六）东更道遗址

秦汉封禅泰山，禅地之所七，石闾、蒿里、社首在泰山南，最近。石闾在山脚下，蒿里在泰安火车站，社首在蒿里东。蒿里山出土过唐玄宗、宋真宗禅地玉册，现藏台北故宫。社首山1951年因修铁路被炸毁，现已不复存在。

1954年，泰安东更道村出土过六件盥缶和一件盘，现藏中国国家博物馆和山东博物馆。东更道在社首山以东，灵应宫南，今九州家园附近。当年，这七件器物出土于七个3.9米深的土坑，东西一横排，上面盖石板。

东更道七器是现已发现祭祀泰山的最早实物，但当年只有非常简短的报道，没有留下什么记录。很多年前，我去过出土地点，眼前是一片楼群。最近，我对这批器物及其出土地点做过详细调查。①

（十七）八主祠遗址群，详细情况可参看《八主祭祀研究》。②

（十八）秦皇岛—绥中遗址群和碣石山

秦始皇五次巡游，四次巡海。沿海巡行，路线分三段，绍兴到连云港是南段，八主祠一带是中段，碣石以北是北段，沿海有许多行宫遗址。秦刻石多沿途所立。今秦皇岛—绥中遗址群属于北段。

苏秉琦说，绥中遗址是碣石宫、秦东门，恐怕值得商榷。绥中岸边的海中礁石，沿海多有，恐怕不能指为碣石宫。文献记载，碣石山在河北昌黎，碣石宫在河北蓟县，秦东门在江苏连云港附近的赣榆县。我想，碣石祠还是应该在河北昌黎的碣石山附近。③

2009 年，我和叶南、颜涿、马保春，专门跑过昌黎、秦皇岛和绥中，上过碣石山。

五、总　结

综上讨论，我的总体印象是，秦汉祠畤分东西二系，《史记》《汉书》说的封禅主要指山东境内封禅泰山、祭祀八主和巡行海上的活动，郊祀主要指陕西境内围绕甘泉泰畤、汾阴后土祠和雍五畤的祭祀（汾阴后土祠已出三辅，但与陕西邻近）。

雍五畤是在西土故畤的基础上发展而来，是以雍四畤加汉高祖的北畤而形成，以帝为主，配天而祭，代表的是秦地的祭祀传统。汉武帝对这一传统的改造分两步走：第一，立汾阴后土祠，以地配天；第二，立泰畤，把天地、五帝和周秦故地的山川鬼神，围绕太一、三一，整合成一个大系统，这是受齐地儒生和燕齐方士的影响。④

---

① 李零：《东更道七器的再认识》，《中国国家博物馆馆刊》2017 年第 10 期。
② 山东大学历史文化学院等编著，王睿、林仙庭、聂政主编：《八主祭祀研究》，文物出版社 2020 年版。
③ 李零：《从船想到的历史——以东周、秦汉时期的考古发现为例》，收入氏著《我们的中国》第二编《周行天下》，第 267—301 页。
④ 李少君、谬忌、宽舒、少翁、栾大、公孙卿、丁公、公玉带，几乎全是齐人。

同样，受齐地儒生和燕齐方士影响，秦汉两代封禅泰山和祭祀八主的活动是继承齐地的祭祀传统。这个传统是战国晚期，齐人统一山东半岛后，整合齐、鲁、莱、莒四大传统而形成，特点是模仿宇宙模式，以三才配日月、阴阳、四时。明堂也是配合儒籍礼书的设计，发轫于齐地，后来移植到秦地。这种微缩式的设计，最终成为王莽郊祀改革之源头。

　　这两大系统的结合，便是《封禅书》《郊祀志》的主要内容。秦皇汉武候神西土，求仙海上，追求不死，也是这类祭祀活动的一部分。他们追求的不仅仅是个人的不死，也是秦汉帝业的垂之久远。

　　秦汉之天下，既是南北整合的结果，也是东西整合的结果，但宗教大一统主要是东西整合的结果。

西周社会历史记忆的传承与失散

李 旻

广义的西周社会接近吉德炜（David Keightley）用来描述殷商社会的蜂巢结构特征——许多商代的小国在周代都被留在原地或举族迁移安置，这当中有许多未曾完全融入周王朝的政治体系。[1]这种政治策略意味着周人没有刻意打乱被征服者的社会纽带，导致其历史传统的失散。因此，这些记忆群体的存在有助于我们理解西周的创建者如何在丰富多元的历史知识传统中营建支持周王权正当性的历史叙事。在新的知识版图中，社会记忆如何在广义的周代社会中传承？我们如何通过分析文献和考古材料来评估历史叙事的真实性？崛起于多元知识网络交汇处的周人，如何面对不同来源的历史遗产，并建立一套完整的文明叙事？西周末年关中的陷落又如何改变知识的网络结构与传承方式？这些是本文希望探讨的核心问题。

关于过去的知识通过口述传承、文字书写、有形的物体以及山川形胜得以体现，并被选择性地加以重构。祖先的遗产成为许多贵族家族的政治资本，使得相关历史叙事成为周文明的基石。通过在文献与考古证据之间讨论社会记忆在不同载体之间传承方式的变化轨迹，本文指出西周的建立与灭亡并不仅仅是政治史意义上王朝兴衰的事件，而且是两次影响早期中国知识版图的大规模重组。这对我们理解先秦文献中对三代与传说时代遗产的描述有新的启示。

口述与书写

《左传》中的很多故事在被书写记录下来之前，可能已经以口述的方式流传了几百年，其中描述的春秋贵族都很擅长通过讲述扣人心弦的故事来表达其

---

[1] David N. Keightley, 2000. *The Ancestral Landscape: Time, Space, and Community in Late Shang China (ca. 1200–1045 B.C.)*. China Research Monograph 53. Institute of East Asian Studies, University of California, Berkeley.

政治理念。对他们来说，充分掌握三代历史和贵族世系是周代社会政治表述的知识前提。在那些周人津津乐道的历史传说中，武王伐纣的故事尤为重要。《诗经·大雅》中《江汉》《韩奕》《崧高》等诗篇颂扬的纪念仪式与青铜器铭文所记基本一致——彰显祖先的美德，罗列因服务周王室而获得的赏赐，而带有这类铭文的青铜礼器在整个西周时代都陈列在周原和各诸侯国的宗庙里。祭祖仪式上会吟诵这些诗歌。武王翦商的事迹在当时也可能以战争史诗、英雄传奇的形式流传。

西周晚期铭文常以"王若曰"为开端来纪念周王封赏贵族时的场景，引文中记录时间、地点、参与者，以及赏赐品的类别、数量、颜色、质地等细节，记述者可能就是在场的世袭史官。受封者通过作器、举行祭祀仪式、燕享或陈列，使这些信息在子孙后代中得到流传、纪念。这些铭文礼器把公卿诸侯的荣耀与周王的威严紧密地结合起来，形成世袭贵族地位与身份的源泉——书写因此成为历史知识礼制化的重要环节。

对比安阳出土的殷商王室甲骨文，这种以作器者家族功业为核心的西周金文史料，具有传承脉络的连续性与多元化特征，因此有助于我们识别当时贵族社会共享的知识传统与价值观念。与西周早期铭文对封赏现场的细致描述相比，歌颂祖先荣耀的趋势日渐普遍，春秋铭文的韵文化趋势烘托了程式化的纪念仪式和庙堂祭祀的表演性："'陈述过往功绩'如今经常以祖先名录的方式出现；人们不再歌颂个人为其上司服务的功德，而代之以炫耀个人的血统，而且祖先本人也从受祭者降为献器者的社会地位和政治威望的见证人。"[①]铭文对祖先受封时的荣耀只是简略概括，因为那些封赏的细节与王室的光辉已经是古远的知识。从西周初年到春秋时代，这些世袭贵族已经延续数百年的历史，因此祭祀仪式中逐渐把各代祖先的事迹简化并贯穿在颂歌中来纪念——《诗经》中的"颂"就是这种作品。这种趋势不仅体现在青铜铭文的韵文化趋势，也与传世文献中《尚书》与《诗经》的差别相似，背后是历史知识与经典传统普及化的过程。

世袭贵族地位的多重来源会导致争执的发生，因此需要基于历史知识进行仲裁，主事者会通过重温周初封建时的场景来确认礼制秩序（《左传》定公四

---

① 罗泰著、吴长青等译：《宗子维城：从考古材料的角度看公元前1000至前250年的中国社会》，上海古籍出版社2017年版，第322页。

年)。《左传》描述了薛侯和滕侯因为赴鲁国朝会的次序发生争执，鲁隐公遣使引用"周之宗盟，异姓为后"（隐公十一年）的原则来确认滕先薛后的地位差别。这种诸侯之间频繁发生的地位争执是保持周代社会历史知识传承的重要动力，这些历史共识也因此成为周代贵族社会政治秩序得以维系的基础。

从考古学角度看，口述与书写知识的传承不因王朝更替而中断。商周知识传统的绵延导致传世文献中保存有上古断简残篇：《尚书·尧典》和《山海经》中提到的"东方曰析"等四方风名，也曾出现在殷墟甲骨文中（《合集》14295、14294）。殷墟卜辞中把"东方曰析"这种风名短语作为占卜对象、把这些四方风名表用于甲骨习刻的做法，表明这些风名口诀至晚在殷墟时代已经成为常识。商代甲骨文中的殷商祖先神帝俊，在传世文献中仅见于《山海经》，意味着这本战国志怪之书中收录了来自商代的宗教知识。显然，无论是通过口述还是书写，商代及以前各个方面的知识在周代的经典传统中都有所保存。来自传说时代的知识虽然不如西周青铜铭文详细，但在长达千年的时间跨度中，这只是一个渐变的过程。

入周的殷商贵族是古典知识的重要传承者，因此需要特别关注这个特殊的记忆群体。传世文献记载，周初王廷中辛甲（大史）、史佚（作册内史）等重要史官都曾是商臣，入周之后负责保存典籍、制作历法、册命诸臣、备王顾问等职责，并世代承袭史官的职位。他们所代表的殷商贵族的知识传统是周王室历史知识的重要来源之一。春秋贵族经常引用辛甲、史佚作为历史知识和政治智慧的来源。[①]《左传》襄公四年引用的《虞人之箴》传说就是辛甲的作品。

从考古学视角来看，周王室世袭史官中最著名的代表是殷商贵族微氏家族。由于西周末年的政治动荡，保存于宗庙中几代青铜礼器被掩埋于周原。1976年发现的扶风庄白一号坑可能是其中的一个窖藏坑，出土食器、酒器、乐器等103件，涉及大约七代、历时两百余年的家族传承。[②] 第一代青铜铭文纪念帝后赏赐商的妻子庚姬，商作器纪念亡父日丁，并使用"举"字徽记——带有这种族徽或职官标志的青铜器曾频繁出现于商的王畿与外服。在昭王时代，担任作册之

[①] 胡新生：《异姓史官与周代文化》，《历史研究》1994年第3期。
[②] 属于甲祖的铜器和瘐作铜鼎系在庄白窖藏缺失。宋代金石著录中有文王命瘐鼎，可能来自当时发现的微氏家族窖藏坑。宝鸡市周原博物馆编著：《周原——庄白西周青铜器窖藏考古发掘报告》，科学出版社2016年版，第127页。

职的折（祖辛）开始使用"木羊册"徽记，作为世袭史官的标志，并始终保持了殷商贵族使用日名的传统。

共王时期（约前922—前900年）的史墙盘铭文通过赞颂微氏自克商之后入周，世代担任作册之职辅佐周王的荣耀，把家族和王朝的命运编织在一起。随着时间的推移，史墙盘铭文表现出来的韵文化趋势在世袭贵族铭文礼器中更加普及——这些精通文律的史官可能是这个趋势的主要推动者。史墙盘追述的微氏高祖可能就是微子启，封地曾在殷畿的微国，武庚之乱后改封宋国。微史烈祖投奔周邦后，武王命周公将其安置在岐周，历经乙祖、亚祖祖辛（折）、丰、墙五代。作为王朝史官服务武、成、康、昭、穆、共六代周王。为癍和伯先父所作的青铜器铭文显示史墙的事业又由其子孙继承，直到西周末年。作册负责起草册命、代宣王命，传世文献和青铜铭文中描述的册命应当出自这种世袭史官之手。

如果说微史家族代表的是东方知识向关中的输入，封建诸侯则代表关中贵族知识向东方的扩散。南宫家族铜器铭文为我们从考古学角度了解西周社会历史知识的传承提供了一个历时七百年、跨越中原与江汉的个案。这个家族在中原的传承为一组第三代贵族南宫盂的铜器所代表。大盂鼎和小盂鼎于19世纪先后出土于岐山礼村，制作时间大约在武王伐纣之后约半个世纪的康王末年，在西周末年埋藏之前可能一直存放在位于周原的南宫家族宗庙。其中，大盂鼎（《集成》2837）铭文中的内容与《左传》定公四年记载对晋、卫和鲁国的分封和赏赐的内容与形式非常相似：

隹九月，王才宗周，令盂。王若曰："盂！丕显文王，受天有大令。在武王嗣文乍邦，辟氒匿，匍有三方，畯正氒民。在雩御事，虘，酉无敢酖。有紫烝祀，无敢醻。古天异临子，法保先王，□有四方。我闻殷述命，隹殷边侯、田，雩殷正百辟，率肆于酉，古丧师。已！女妹辰又大服，余隹即朕小学。女勿𠭯余乃辟一人，令我隹即井稟于文王正德，若文王令二三正。今余隹令女盂，䪞𤇾敬雍德经，敏朝夕入谏，享奔走，畏天威。"王曰："须！令女盂型乃嗣且南公。"王曰："盂！廼蘁夹死司戎，敏諫罚讼，夙夕蘁我一人烝四方，雩我其遹省先王受民受疆土，易汝鬯一卣、冂衣、市、舄、车、马；易乃祖南公旂，用𤞷；易汝邦司四伯，人鬲自驭至于庶人六百又五十又九夫；易夷司王臣十又三伯，人鬲千又五十夫，亟𢿛迁自厥土。"王曰："盂！若敬乃正，勿废朕令！"盂用对王休，用乍祖南公宝鼎，佳王廿又三祀。

铭文大意是：时年九月，王在宗周向盂颁布册命。王说："盂，英明的文王，得到天之护佑，膺受天命。武王继承文王创建周邦，清除邪恶，惠及四方，保佑管理人民。周之军事贵族在祭酒仪式上，没人敢喝醉。在举行禜、烝祭祀时，无人敢贪杯，所以上天翼护天子，大力保佑先王，普有四方。我听说殷商失其天命，因为从镇守边境的诸侯到朝中百官，都沉迷于酒，所以丧其王师。啊！你肩负大服之要职。自我年少之时，你始终辅佐效忠我一人。现在我得以效法文王的政令和德行发布册命，如文王任命两三个辅政重臣那样。你要敬顺天德，朝夕进谏，勤于祭祀，奔走王事，敬畏天威。"王说："命你盂，效法你的先祖南公。"王说："盂，辅助我统率军队，勤于赏罚诉讼，夙夜辅佐我一人治理四方，助我效法先王保有臣民与疆土。赐予你一卣鬯酒、头巾、朝服、蔽膝、木底之履、车、马；赐予你先祖南公的旌旗，用来作战。赐予你邦司宗伯四名，人众从驭者到庶人六百五十九人；赐予你夷司王臣十三名，人夫一千零五十人，迁自他们的土地。"王说："盂！你要敬重职责，勿废朕令。"盂颂扬王恩，作纪念先祖南公的宝鼎，时王在位第二十三年。[①]

铭文将商人的失政归咎于其贵族酗酒的说法，以及铭文的语言风格，都接近传世《尚书》中涉及西周王室早期禁酒的训诰，例如《酒诰》《康诰》。周王接着详细说明了盂身居大服之位的责任，并要求盂效法其祖先南公，忠心辅佐周王室。青铜铭文中详细记录了周王室赏赐的物品、臣民家族和土地，意味着这些是周代诸侯国的建国叙事中不可或缺的信息，由此可以想见《左传》中那些涉及分封的陈述意义重大。因为当时的外交辩论经常由各国地位的争议而引发，这些历史传统是辩论各方的共识基础。

大盂鼎高一米多，以非凡的尺寸和精湛的工艺彰显着作器者在西周王朝中

[①] 大盂鼎以及后面提到的毕加编钟和曾公𤰸编钟铭文中部分内容的释读都存在歧义，文中所提供的译文只代表诸多可能性之一。本文关注的是这些铭文的知识前提、叙事特征与基本结构。

的崇高地位。就像《左传》定公四年记载对晋、卫、鲁国的分封那样，这篇铭文的内容也强调了文物的历史联系，例如，把盂的祖父南公用过的旗帜赏赐给他，意在让盂的家族世代纪念其祖先的功勋。青铜礼器的铭文中记录这些细节，并系统使用韵文化的方式表达，使得南宫家族在周原宗庙中举行的祭祖仪式中得以世代传颂祖先的显赫功勋。涉及南宫贵族的南宫乎钟（《集成》181）、南宫柳鼎（《集成》2805）、善夫山鼎（《集成》2825）等铭文铜器时间延续到宣王时期（前827—前782年），显示畿内南宫家族始终在西周王朝中承担要职。①

宋代出土于孝感的安州六器铭文和晋侯墓M114墓出土的䵼甗都使用"南宫伐反虎方"这种事件纪年方式，说明是当时重大战役，其统帅南宫可能就是南宫盂。②盂爵铭文也涉及王在成周举行祭礼并派大夫盂慰问邓伯。③邓与虎方都在江汉周边地区，南宫盂的巡视与征伐可能都是昭王南征这个大背景之下发生的事件。南宫贵族在江汉的活动，通过随枣走廊发现的叶家山、义地岗和擂鼓墩等曾国公族墓地中得到进一步证实。这些墓葬涉及从始封曾侯谏到战国中期曾侯丙的前后近二十位曾侯。④他们与南宫盂所代表的畿内南宫一族可能同属南宫括的后裔，属于大小宗的关系。南宫家族在江汉留下的考古学遗产让我们了解三代历史知识如何伴随西周王朝的扩张到达中原文明的南部边缘。

灭商之后，周人推行的封建制度基本在中原政治传统的空间架构内完成。黄陂鲁台山周代遗址（面积约1.2平方公里）距离盘龙城遗址只有约30公里，显示西周对江汉的扩张可能以商代空间格局为蓝图展开。⑤曾国的核心区在鲁台山以北约160公里的随州。曾国公族墓地分别位于大洪山和桐柏山之间随枣走廊的南、中、北部三个聚落群，间距约60公里，可能代表曾国三个重要城邑。中部的随州墓区位于㵐水、㵍水与涢水合川之处为河道所分割的高地上，从东向西分别是㵍水东岸的叶家山墓地，㵐水、㵍水之间的义地岗墓地群，以及㵐水西岸的擂鼓墩墓地。

---

① 李学勤：《试说南公与南宫氏》，载《出土文献》第六辑，中西书局2015年版。
② 孙庆伟：《从新出䵼甗看昭王南征与晋侯燮父》，《文物》2007年第1期。
③ 徐少华：《邓国铜器及其历史地理与文化》，《华夏考古》1996年第1期。
④ 方勤：《曾国历史与文化：从"左右文武"到"左右楚王"》，上海古籍出版社2018年版，第129页。
⑤ 黄陂县文化馆、孝感地区博物馆、湖北省博物馆：《湖北黄陂鲁台山两周遗址与墓葬》，《江汉考古》1982年第2期。

叶家山西周贵族墓葬涉及两位早期曾侯，附近西花园及庙台子遗址发现西周早期大型建筑基址和遗存，显示西周早期曾国政治中心就在随州。① 叶家山墓地最早的高级贵族大墓 M1 年代在成康之际，墓中出土四件方鼎并有腰坑和殉狗。叶家山墓地 M2、M3、M28、M65 墓都出土曾侯谏铭文铜器，其中 M28、M65 各随葬七鼎四簋、二十多件青铜礼器，M28 可能是曾侯谏之墓。M2、M28 和 M65 共同出土"曾侯谏作媿宝彝"铭文铜器，显示曾侯谏与晋南倗、霸这种媿姓高地贵族存在联姻关系，与在晋南大河口与横水墓地铜器铭文见到的现象一致。② 这种在西周高级贵族与其高地联盟之间的政治联姻可能是王朝鼓励并系统执行的政策，因此西周早期社会中反复出现。黄陂鲁台山单墓道大墓 M30（康昭时期）出土方鼎上"公太史作姬丧宝尊彝"和"长子狗作文父乙尊彝"等铭文，也显示殷商高等级贵族参与了周王朝对江汉的扩张，并与西周王室重臣公太史联姻。

M111 大墓墓道长近 5 米，墓室面积达 143 平方米，深近 10 米，规模远比晋、卫、应、燕各国早期公侯墓室（约 30—40 平方米）壮观。③ 墓中出土 2800 多件（套）铜、原始瓷、玉、陶、漆木、金、象牙器物，包括一套完整的西周早期编钟组，以及三座马坑共二十二匹马，六件方鼎、十四件圆鼎、十二件簋等礼器五十件。"曾侯作父乙宝尊彝""曾侯犺作宝尊彝""犺乍剌考南公宝尊彝""作南公尊彝"等铭文显示出土铜器或为墓主曾侯犺用器，或为其父南公所作祭器。M111 大墓出土的祖辛鼎（高 56.3 厘米）可能是商末器，与康昭之际的大盂鼎造型、纹饰相似，或为同一个工匠群体的作品（图一）。作为二代曾侯的南宫犺与南宫盂可能都是南宫括的第三代后人。

在叶家山以西约 25 公里，羊子山鄂侯公室墓地的发现显示附近的安居古城（面积约 60 公顷）可能就是西周早期鄂国都邑。④ 汉水西岸的楚国与汉水东岸的曾、鄂等国成为西周早中期争夺江汉的主要政治势力。楚国的首都虽在汉西，其势力可能已经进入长江南岸的铜矿区，与西周王朝沿汉东随枣走廊南下控制

---

① 黄凤春、陈树祥、凡国栋：《湖北随州叶家山新出西周曾国铜器及相关问题》，《文物》2011 年第 11 期。
② 方勤：《曾国历史与文化：从"左右文武"到"左右楚王"》，第 97 页。
③ 湖北省文物考古研究所、随州市博物馆：《湖北随州叶家山 M111 发掘简报》，《江汉考古》2020 年第 2 期。
④ 武汉大学荆楚史地与考古研究室：《随州安居遗址初次调查简报》，《江汉考古》1984 年第 4 期。

图一

1. 大盂鼎（中国国家博物馆藏）　2. 祖辛鼎（湖北省文物考古研究所藏）

江汉、获取铜锡资源的战略目标发生冲突。这种张力可能是昭王两次南征的导火索。由于军事行动规模庞大，沿线地方势力也有参与，因此许多参与者作器纪念昭王的接见与封赏，以及俘获金属的战果。[①]中甗铭文显示曾和鄂都是昭王南征时的军事基地，因此在曾国历史上是值得纪念的大事。

在随枣走廊北口的滚水河谷，周台、忠义寨大型聚落群（面积约60平方公里）的发现显示这里是曾国北方重要城邑。附近的郭家庙墓地发现至少三位西周晚期曾侯规模的大墓和"曾子"墓等中型贵族墓。[②]郭家庙有曾侯为嫁入曾国的芈姓女子作鼎，显示曾、楚两国公室之间的政治联姻在西周晚期已经开始。[③]在随枣走廊南口附近的漳水河谷，位于叶家山正南约60公里的苏家垄发现两周之际至春秋早中期的大型聚落与公族墓地。出土的曾太师鼎、曾子单嚚等铜器显示这里从西周晚期开始已经是曾国南部重要城邑，并与黄、邓、番、宋、楚等江淮本地诸侯联姻，与西周早期政治联姻的对象有显著不同。[④]

---

① 李学勤：《由新见青铜器看西周早期的鄂、曾、楚》，《文物》2010年第1期；高崇文：《从曾、鄂考古新发现谈周昭王伐楚路线》，《江汉考古》2017年第4期。

② 襄樊市考古队、湖北省文物考古研究所、湖北孝襄高速公路考古队：《枣阳郭家庙曾国墓地》，科学出版社2005年版；方勤：《郭家庙曾国墓地的性质》，《江汉考古》2016年第5期。

③ 方勤：《曾国历史与文化：从"左右文武"到"左右楚王"》，第155页。

④ 同上书，第54、115页。

苏家垄 M1、M79、M88 三个大墓是春秋早期曾国高级贵族墓葬。① M1 大墓出土九鼎七簋等 97 件铜器，以及属于曾侯仲子斿父的铭文铜器。苏家垄发现的曾伯桼（M79）与夫人芈克墓（M88）为了解曾国的经济、政治格局提供了金文证据。芈克墓中出土的铜壶铭文颂扬曾侯祖先"克逖淮夷，抑燮繁汤，金道锡行，俱既卑方。"据此可知，曾国还肩负控制桐柏山以东的淮夷势力、保障中原铜锡矿及其交通线的政治使命。苏家垄发现三处大规模冶炼作坊，最大的达到 75 公顷，附近也有铜矿与锡矿分布。② 东周时代的繁汤（繁阳）位于淮河上游的新蔡，是南方铜锡等战略资源输入中原的枢纽。从随枣走廊南下，由当地杨越部族开采的大冶、阳新、瑞昌等江汉铜矿区都在曾国 300 公里的范围之内。③

春秋中期开始，中部的随州再次出现曾侯墓地——㵐水、漂水之间的义地岗墓地群包括枣树林、文峰塔、汉东东路三个墓地，与漂水东岸的叶家山西周早期曾侯墓地隔河相望。④ 枣树林、汉东东路墓地发现了曾侯宝夫妇、曾公𫘤夫妇、曾侯得（M129，甲字形单墓道）以及诸多曾子、曾叔、曾叔孙贵族墓葬。⑤ 几座贵族墓中出土的编钟铭文追溯南宫家族先祖建功立业、获封江汉的事迹，对我们了解春秋时代的贵族如何传承西周时代的历史记忆提供了重要材料。枣树林春秋中期墓 M169 曾侯宝夫人芈加墓出土编钟铭文：

> 隹（唯）王正月初吉乙亥，曰：白（伯）舌（括）受命，帅禹之堵（绪），有此南洍。余文王之孙，穆之元子，之（出）邦于曾。余非敢作（怍）聭（耻），楚既为忒（忒），虞（吾）徲匹之。密臧我猷，大命毋改。余虩小子加嬭曰：呜呼！龏（龚）公早陟，余匐其疆畺（鄙）行相曾邦，以长辥夏，余典册厥德殿，民之氏巨，攸攸骎骎，余

---

① 方勤、胡长春、席奇峰、李晓杨、王玉杰：《湖北京山苏家垄遗址考古收获》，《江汉考古》2017 年第 6 期。
② 方勤：《曾国历史与文化：从"左右文武"到"左右楚王"》，第 179—181 页。
③ 同上书，第 181 页。铭文可用东周时代的繁汤指代江汉铜矿，相关讨论见韩巍《历史记忆的"虚"与"实"——读曾公𫘤编钟铭文》，北大人文论坛"文以成政：中国政治文化传统的形成与早期发展"提交论文，2021 年 10 月 16 日。
④ 湖北省文物考古研究所、随州市博物馆、随州市曾都区考古队：《随州汉东东路墓地 2017 年考古发掘收获》，《江汉考古》2018 年第 1 期，第 34—39 页。
⑤ 方勤：《曾国历史与文化：从"左右文武"到"左右楚王"》，第 73 页。

[为妇]为夫，余燹頸（显？）下辟，覠（恭）畏侟公及我大夫，齟齟豫政，作辪邦家。

芈加首先以曾侯的语气纪念南宫家族获封南土的事迹："曰：'伯括禀受上天之命，处禹之迹，拥有南洍之地，我（祖）身为文王之子孙，穆侯之长子，前往曾地建邦。胆敢以楚为楷模，尽心辅佐。恭敬谋略，天命不改。'"之后以摄政者的口气宣示自己的贡献："我加嬭庄严宣告：呜呼！龚公（曾侯宝）早逝，我庇护其疆土，治理曾国，以发扬我夏。我将其德行载入典册，掌握治民之根本法度。不敢辱没祖先，作器用于龚公及已故历代曾侯的祭祀，愉悦先人，降福邦家。"①芈加墓中出土的铜缶和盘匜上铭文"楚王媵随仲芈加"显示这些铜器属于楚王嫁女入随所定制的嫁妆，并证明考古所见的曾国就是《左传》桓公八年中"汉东之国，随为大"的随国，为考古阐释与文献叙事之间搭建了关键的桥梁。②通过这些乐器铭文，我们可以知道在曾楚联姻的婚礼上通过礼乐传颂的祖先事迹。

枣树林墓地曾公䚵墓（M190）出土一套34件编钟上的铭文分三段，各以曾公䚵"曰"开头，接近与编钟演奏和祭祀活动紧密相连的颂词。第一段铭文为：

佳王五月吉日丁亥，曾公䚵曰：昔在辪丕显高祖，克逑匹周之文武，淑淑伯舌，小心有德，召事一帝，遹怀多福，佐佑有周，灵神其圣，受是丕宁，丕显其灵，甫匐辰敬。王客我于康宫，呼命尹氏命皇祖，建于南土，蔽蔡南门，折应京社，适于汉东，南方无疆，涉征淮夷，至于繁汤。

大意是：唯王五月吉日丁亥，曾公䚵曰：当年我的高祖辅佐周文王和武王，伯括以其高贵的品德服佑周邦，敬事一帝。王在康宫召见我祖，命尹氏颁布册命，

---

① 郭长江、李晓杨、凡国栋、陈虎：《嬭加编钟铭文的初步释读》，《江汉考古》2019年第3期。
② 李学勤：《曾国之谜》，《光明日报》1978年10月4日；郭长江、李晓杨、凡国栋、陈虎：《嬭加编钟铭文的初步释读》，《江汉考古》2019年第3期。文峰塔M21曾孙邵墓出土的"随大司马嘉有之行戈"铭文铜戈也支持曾、随国名通用。湖北省文物考古研究所编：《三苗与南土：湖北省文物考古研究所"十二五"期间重要考古发现》，《江汉考古》2016年增刊，第104页。

封南宫到南土建国。成为在南方捍卫蔡国、应国的屏障。开拓南疆，征伐淮夷，直到繁阳。① "王客我于康宫，呼命尹氏命皇祖，建于南土"的说法可能来自对西周册命或早期铭文的追述与缩写。② "蔽蔡南门，折应京社"所指的应国和蔡国都是重要西周封国，其公室墓地分别在平顶山和寿县发现，都在曾国东北300公里半径之内。铭文以"淑淑伯舌"来赞美南宫伯括，类似《大戴礼记·四代》用"淑淑然"来描述君子清湛的品质，是春秋社会共享的文明传统。南宫家族高祖与文王武王的关系是家族历史叙事的基点，伯括在克商事件中的功绩，则是曾国历史叙事的核心。

文峰塔墓地年代横跨春秋中期至战国中期，出土曾侯、曾子、曾公子、曾孙、曾大司马等铭文铜器的贵族墓葬。③ 春秋晚期M1曾侯與墓出土编钟铭文再次颂扬先祖南宫伯括辅佐文武征商和获封南土的荣耀：

> 佳王正月，吉日甲午，曾侯與曰：白（伯）瓞（适）上嚳（庸），左（佐）右（佑）文武，达（挞）殷之命，羉（抚）斁（定）天下。王谴命南公，㷔（营）宅塑（汭）土，君朼（庇）淮尸（夷），覼（临）有江瀬（夏）。

大意为："唯王正月吉日甲午，曾侯與曰：伯括为王所任用，辅佐文王和武王，翦灭殷商，平定天下。王命令南公在合川之处营建城邑，镇抚淮夷，统治江汉。"④ 这些编钟铭文显示"左右文武，挞殷之命"和"君庇淮夷，临有江夏"是曾国历史叙事的核心。铭文的开头部分都是四字韵句，纪念曾侯始祖南公，很像重要仪式上吟唱的颂歌，并由编钟、编磬来伴奏。⑤ 这种铭文风格的转变与春秋时代流传的《诗经·大雅》诗篇的语言风格一致，形成考古与传世文献平行的两个知识传承脉络。随州可能就是铭文中西周曾国初封时的"汭土"，并一直

---

① 郭长江、凡国栋、陈虎、李晓杨：《曾公㽵编钟铭文初步释读》，《江汉考古》2020年第1期。
② 陈民镇：《曾公㽵编钟铭文补说》，《汉字汉语研究》2020年第4期；《曾公㽵编钟并未挑战"康宫原则"》，《中国社会科学报》2021年4月28日第9版。
③ 方勤：《曾国历史与文化：从"左右文武"到"左右楚王"》，第69、120页。
④ 湖北省文物考古研究所、随州市博物馆：《随州文峰塔M1（曾侯與墓）、M2发掘简报》，《江汉考古》2014年第4期。
⑤ 李学勤：《曾侯與编钟铭文前半释读》，《江汉考古》2014年第4期，68—69页。

作为曾国都城，京山苏家垄和枣阳郭家庙则是其南北两个重要城邑。①

　　溠水西岸的擂鼓墩墓群由八个墓地组成，与东岸的义地岗墓群隔河相望。擂鼓墩曾侯乙墓采用岩坑竖穴木椁墓，分为寝宫、朝堂、武库、后宫四个椁室。墓室加上附葬坑面积超过320平方米。墓中出土大量兵器、金器、玉器、车马器、漆木竹器、竹简，以及铸有"曾侯乙"铭文的青铜礼器和乐器、包括显示高级贵族身份的九鼎八簋和五鼎四簋两套正鼎组合，一套65件编钟、一套32件编磬。墓内竹简记载，曾侯乙身后赗赠车马的有楚王、太子、令尹、鲁阳公、阳城君、平夜君、析君等楚国贵族，揭示出战国早期南宫家族与江汉高级贵族之间的社会网络。曾侯乙墓中发现多件带有"曾侯與"和"曾侯邨"铭文铜戈，与文峰塔M1和M4（"左右楚王"甬钟）春秋晚期两位曾侯存在传承关系，可能是祖孙三代。②通过这种联系，我们知道西周初期的历史知识，如何通过春秋时代的祭祖仪式与颂歌传承到战国时代。

　　曾侯乙墓以西一百余米发现的擂鼓墩二号墓（战国早中期）出土了九鼎八簋、编钟、编磬，由于没有兵器，推测是曾侯乙夫人之墓。③曾侯乙墓和擂鼓墩二号墓之后，还有擂鼓墩土冢、王家湾土冢、王家包M1、蔡家包M14四个曾侯规模的墓冢尚未发掘，从空间布局显示时代在曾侯乙之后。义地岗墓区文峰塔墓地出土的战国中期M18亚字形大墓，墓室南北长16.6、东西宽15、深9米，圆形腰坑，规模小于曾侯乙墓。④未经盗掘的东室出土两件曾侯丙铭文铜方缶，是目前所见最晚一代曾侯墓，下葬时间在公元前300年左右。同时，寿县朱家集楚幽王（前237—前228年在位）墓出土过一对曾姬无恤壶，属于楚声王（前407—前402年在位）的夫人，显示楚曾两国的政治联姻一直在延续⑤。南宫家族在随州的统治，大概要到公元前278年的秦将白起席卷江汉，郢都陷落之后随楚东迁才终于落幕⑥，晚于《左传》《国语》《论语》等传世文献成型的时代。

　　这些从西周到战国时代基本连续的考古材料可帮助我们理解文献叙事中的南宫家族及其背后的知识传承。大盂鼎铭文中盂的先祖南公地位如此显赫，以至

---

① 黄凤春：《关于曾国的政治中心及其变迁问题》，《中原文化研究》2018年第4期。
② 方勤：《曾国历史与文化：从"左右文武"到"左右楚王"》，第81页。
③ 同上书，第120页。
④ 同上书，第72、121页。
⑤ 同上书，第161页。
⑥ 同上书，第129页。

于周王室要珍藏其使用过的旗帜并赐予其后人。在文献典籍中，南宫家族在武王伐商过程中扮演了重要角色。《逸周书·克殷解》："立王子武庚，命管叔相，乃命召公释箕子之囚，命毕公、卫叔出百姓之囚。乃命南宫忽振鹿台之财，散巨桥之粟。乃命南宫百达、史佚迁九鼎三巫。乃命闳夭封比干之墓。乃命宗祀崇宾，飨祷之于军。乃班。"《史记·周本纪》对此事的描述仅在人名和物名上存在差别："命南宫括、史佚展九鼎保玉。"与九鼎一起被转移的是"保玉"而非"三巫"——洪颐煊指出，鉴于"巫"与"玉"字形相似，这处文献可能出现传习错误。① 南宫百达和南宫括可能就是《论语·微子》"周有八士"中的伯达和伯适。② 以康王即位事件为历史背景的《尚书·顾命》描述南宫毛与二代齐侯吕伋一起守卫宫殿南门，迎接太子钊。由于该篇出场的都是协助太保辅佐康王的二代高级贵族，南宫毛很可能是南公家族二代重臣，孟则是第三代南宫贵族，二人或为父子。③

从西周早期的"犺乍剌考南公宝尊彝"（曾侯犺）到春秋时代"伯适上庸"（曾侯與编钟）、"淑淑伯舌"（曾公𬀩编钟）、"伯括受命，帅禹之堵（绪）"（芈加编钟），历代曾侯铭文中都显示曾国可能属于《尚书·君奭》篇中文王的辅臣之一南宫括（《论语·微子》中的伯适）封地。这些赞颂与周代传世文献中南宫家族在周王室中的重要地位相一致。曾侯作器着意彰显其祖先参与西周建国大业的历史记忆，与叔虞、康叔、伯禽等重要诸侯封君一样，传承着各自家族的历史。南宫家族在征商和拱卫周邦的历程中担当重任。综合各曾国公室墓地出土铜器铭文，我们可以看到西周早期为抵御淮夷和遏制荆楚，将南宫家族分封到随枣走廊。周王朝通过封建"汉阳诸姬"这些国家来控制江汉的人民与资源。④ 曾（随）国始封国君，可能与燕、鲁等重要诸侯国一样，实际就封的是二代南宫贵族。⑤

在东周文献叙事中，随国的地位伴随着楚国的崛起而日渐式微。公元前

---

① 黄怀信、张懋镕、田旭东：《逸周书汇校集注》，上海古籍出版社1995年版，第378页。
② 清华简《良臣》把南宫适和伯适并列为文王辅臣，可能代表了当时流传、衍生的结果：文王又（有）怃（闳）夭，又（有）㲋（泰）颠，又（有）柬（散）宜生，又（有）南宫适，又（有）南宫夭，又（有）芮白（伯），又（有）白（伯）适，又（有）帀（师）上（尚）父，又（有）虢弔（叔）。
③ 黄益飞：《南公与曾国封建》，《故宫博物院刊》2020年第7期。
④ 郭长江、凡国栋、陈虎、李晓杨：《曾公𬀩编钟铭文初步释读》，《江汉考古》2020年第1期。
⑤ 黄凤春、胡刚：《说西周金文中的"南公"——兼论随州叶家山西周曾国墓地的族属》，《江汉考古》2014年2期；黄益飞：《南公与曾国封建》，《故宫博物院刊》2020年第7期。

789年，周宣王在与戎族的战争中遭遇一系列挫败之后，征调"南国之师"到北方伐戎战败，导致南方防御崩溃。[①]代表周王朝势力的随国与楚国在这个历史背景中开始冲突不断。最终，随国在楚军"除道梁溠，营军临随"的威慑之下与楚在汉汭结盟，成为楚的附庸。[②]楚成王元年（前671）周惠王承认楚成王在江汉的特权："镇尔南方夷越之乱，无侵中国。"虽然随国曾在僖公二十年（前640）纠集汉东诸侯叛楚，但整体的趋势是两国在江汉形成长达数百年的共生关系。此后，前633年城濮之战，栾枝支持伐楚的理由就是"汉阳诸姬，楚实尽之"。前506年，吴王阖闾伐楚，也是以恢复周邦之名要求随国倒戈："周之子孙，在汉川者，楚实尽之。"但是，这两次军事胜利都没有改变随国的政治轨迹，而且随国以世代盟誓的理由拒绝了吴国的提议："以随之辟小，而密迩于楚，楚实存之，世有盟誓，至于今未改。若难而弃之，何以事君？执事之患，不唯一人。若鸠楚竟，敢不听命。"（《左传》定公四年）正如方勤先生所概括的，曾侯家族的祖先荣誉已经由效忠周王"左右文武"转向"左右楚王"。曾侯與墓出土编钟铭文中特别纪念了曾侯保护楚昭王的功绩："周室之既卑，吾用燮就楚，吴恃有众庶，行乱，西征、南伐，乃加于楚。荆邦既䉈，而天命将误。有严曾侯，业业厥䚢，亲搏武功，楚命是拯，复定楚王，曾侯之灵。穆穆曾侯，壮武畏忌，恭寅斋盟，伐武之表，怀燮四方。余申固楚成，改复曾疆。"[③]

综合考古与文献两条线索，我们可以看到，虽然早期中国社会从西周到战国时代经历了巨大的变化，来自中原的南宫家族在㵐、漂、涢三水合川之处方圆十几公里之内，保持了历时七百多年的历史传承。历代曾侯使用日名的传统，及其墓葬东西向、有腰坑等做法，都保持着殷商色彩。沿用日名是商周文化转折中普遍的现象，前面提到的西周早期诸侯铜器铭文多有发现。中原华夏贵族在西周中期已经放弃这个传统。不同诸侯国对于日名传统的保持与放弃，表明在商周变革过程中，贵族社会身份的建构具有相当的灵活性。[④]

通过与楚国时代王族世代联姻，南宫家族使其历史遗产成为春秋战国时代

[①] 李峰著、徐峰译、汤惠生校：《西周的灭亡：中国早期国家的地理和政治危机》（增订本），上海古籍出版社2016年版，第150页。

[②] 郭长江、凡国栋、陈虎、李晓杨：《曾公䣙编钟铭文初步释读》，《江汉考古》2020年第1期。

[③] 方勤：《曾国历史与文化：从"左右文武"到"左右楚王"》，第71页。

[④] 韩巍：《从叶家山墓地看西周南宫氏与曾国——兼论"周初赐姓说"》，《青铜器与金文》第1辑，上海古籍出版社2017年。

江汉贵族知识的一部分，曾侯與编钟铭文中"余稷之玄孙"的说法，将南宫家族的叙事传统追溯到姬周始祖的时代。①从西周初年到战国时代，随（曾）国的地位呈现出显著下降的轨迹。虽然东周诸侯都希望光宗耀祖，并托古自重，但是在《左传》《国语》《论语》等经典形成的时代，作为楚国附庸的南宫家族已经没有能力将自己创造的祖先神话增添到当时多元的知识传统之中。因此，《尚书·君奭》《逸周书·克殷解》等传世文献中描述的南宫事迹，更可能来自西周时代的历史知识。

器用及其组合

除了文献与口述之外，古代的社会记忆还通过文物及其组合陈设来传承。青铜铭文和传世文献中共同出现对开国君臣遗物的珍藏与赐予，表现出周王室对历史知识的关注。《尚书·顾命》为我们描述了一个西周宫廷中器物、历史、仪态、政令交织在一起的生动场景——周成王在宫廷中发布政治遗嘱，要求朝中重臣和各方诸侯悉心扶持他年轻的继承人康王。文中详细描述了康王登基仪式中每间宫室中陈列的王室重宝、文物、仪仗的名称，以及在场人物的冠带装束、所持礼玉、出场次序、站立位置和言辞。当时在这样陈设满满的空间中游走，仿佛置身于历史之中。其宫室空间结构则与二里头和周原发掘的宫殿基址布局非常相似。②

《尚书·顾命》中罗列的王室重宝主要是古玉，各有名字和陈列位置："越玉五重，陈宝、赤刀、大训、弘璧、琬、琰在西序，大玉、夷玉、天球、河图在东序。"如今与这些传世古玉和历史文物相关的政治含义、组合方式以及历史意义都已失散。这些器物的名称与分类说明，其中至少有一部分是以历史地点和过去的政权命名的，意味着它们是象征着历史的纪念品。场景中陈设的器物名称可以与《左传》等传世文献以及西周铜器铭文中周王封建诸侯时赏赐的那些著名文物互相印证。在场的人物多是西周第二代诸侯，他们的家族又把这种知识带到自己在东方的封地。对于《尚书·顾命》的目标受众来讲，详细描述这

---

① 湖北省博物馆：《曾侯乙墓》，文物出版社1989年版；湖北省博物馆等：《随州叶家山：西周早期曾国墓地》，文物出版社2013年版；湖北省文物考古研究所、随州市博物馆：《湖北随州市文峰塔东周墓地》，《考古》2014年第7期；《随州文峰塔M1（曾侯與墓）、M2发掘简报》，《江汉考古》2014年第4期。

② 李零：《铄古铸今：考古发现和复古艺术》，生活·读书·新知三联书店2007年版。

些王室重器的陈列，彰显的是环绕在这一庄严场合上的历史光环。理解西周名物和历史的读者应该能够通过这些细致的描述还原这个历史场景——或许这正是此篇的目的：让后代周王和他们的世袭朝臣得以在祭祀仪式中象征性地重现祖先的荣光。这类遗诏由当时在场的王室史官书写。其后世流传，则可能接近甘肃玉门市花海东北汉代烽燧遗址中发现的汉武帝遗诏木觚。

《左传》祝佗的描述中，对晋、卫、鲁国的封赏也涉及对那些来自过往政权的著名文物所进行的重新分配，这些文物通常都是周人军事征伐所获战利品（定公四年）。赏赐这些宝物不仅仅表达周王室对这些诸侯国的政治背书，还将这些周王室的显赫世族与其封地的历史山川联结到一起。这些历史遗迹作为"记忆之所依托"（lieux de mémoire），成为周人以历史地理为蓝图构建天下秩序的基石。① 杰西卡·罗森描述了社会记忆如何通过这些古老玉器得到传承：

> 首先，仅仅是使用这种罕见又美丽的材料或资源就已经是在表达并创建等级和地位。这种与等级和地位的联系使得玉器具有了其持有者的所谓权力，通常与某些显要人物相关。这些玉器中有的已经传承了几代人，其存在本身就指向它们过去的持有者的身份和权威……当这些玉器在后代的仪式中被使用时，可使人联想到其早期历史的记忆通过不断增加的文学和礼制文献被观者所了解，并影响到观者的行为和反应。②

这些著名文物恒久的魅力成为周代诸侯国家政治权威的源泉，它们陈设在重大的国家典礼上，以重现周初的建国功勋。镇国重器的赏赐不但令获封者世代不忘，没得到的也因此而始终耿耿于怀。

从考古学视角来看，西周早期贵族墓葬中频繁出现的龙山到商代玉器为周人对历史文物的收藏和展示提供了例证。这些玉器是周代朝觐与礼聘的常用之物——诸侯国君经常在朝觐周王室的仪式上，把这些玉器献给周王，并获得王室回报的赏赐。册封伯禽时赐予夏后氏之璜，说明周人知道传世古玉的历史渊

---

① Pierre Nora, 1989. "Between Memory and History: Les Lieux de Mémoire," *Representations* 26:7-24.
② Jessica Rawson, 1999. "Ancient Chinese ritual as seen in the material record," in Joseph P. McDermott ed., *State and Court Ritual in China*, Cambridge University Press, Cambridge, pp.20-49.

源。上村岭虢国贵族墓地虢仲之墓（M2009）棺内出土一件玉琮上有殷商时期"小臣妥见"的铭文，小臣妥是武丁卜辞中出现过的殷商贵族。① 基于玉器考古知识，这样的玉琮很可能属于齐家文化。由于这些古玉有的在贵族家族中世代相传，有的频繁流通，因此它们所承载的社会记忆内容多样，可以指向龙山与西周之间的任何时间点。这件古琮可能曾经入贡商王，之后或者通过商王赏赐重新流通，或者作为周师征服安阳的战利品，通过分器封赏进入贵族社会。因此，对虢仲来说，它的出现可能代表祖先参与征商的荣誉。与虢国大墓出土早期玉器相似，芮国大墓出土玉器也包括红山文化、齐家、石峁、商代等先代遗珍。

良渚社会出现的玉琮造型可能已经随着时间的推移失去其原有意义，并在龙山社会中被赋予新的含义，与其他玉器一起形成新的仪式传统。玉器在周代的仪式背景中是沟通神明和祖先的媒介。成书于东周时代的《周礼》中描述的六种礼玉，大多可以在龙山社会中找到源头。这些来自不同区域传统的玉器在高地龙山社会的宗教传统中共存，并在四川三星堆-金沙以及周人的宗教仪式之中继续使用。它们在器型组合与用法方面表现出来的连续性显示，高地社会祭祀仪式中传承了龙山传统的社会记忆，最终融入代表经典传统中的周礼。

西周还有一些仿古造型的青铜器在流传。曲村晋侯墓地 M113 出土的陶寺造型铜双耳罐和铜琮可能也是这种仿古铜器。② 高地龙山记忆群体可能通过这些器物的陈列来支持他们对传说时代祖先故地的主张，因为这些千年之前的古物年代与传说中的唐墟与夏墟相当。《西清古鉴》著录的一件铸有殷商风格族徽的青铜鬹③，其形态模仿的是典型山东龙山器物造型，意味着龙山社会记忆在周代社会仍然富有生命力。

这些仿古之物的存在揭示了周代社会中器物与文化认同之间存在的紧密关系，并非考古学家投射到当时社会的观念。④ 它们的作用可能相当于讲述历史传

---

① 姜涛、贾连敏：《虢国墓地出土商代小臣玉器铭文考释及相关问题》，《文物》1998 年 12 期。
② 陈芳妹：《晋侯墓地青铜器所见性别研究的新线索》，载上海博物馆编：《晋侯墓地出土青铜器国际学术研讨会论文集》，上海书画出版社 2002 年版，第 157—196 页；陈芳妹：《商周稀有青铜器类的文化意涵——所谓边缘文化研究的意义》，《台湾大学美术史研究集刊》2005 年第 19 期。
③ 高广仁、邵望平：《海岱文化与齐鲁文明》，江苏教育出版社 2005 年版，第 139 页。
④ 春秋早期梁带村芮公夫人 M26 墓中出土成套的铜制小型器物模型，包括北方造型的铜镟，可能是当时通过故事描述不同传统的"民族学"道具。类似实用铜镟可以在晋南盆地中的东周上马墓地见到，是与高地社会以及欧亚草原社会网络存在人和物交往的证据（罗泰：《宗子维城：从考古材料的角度看公元前 1000 至前 250 年的中国社会》，第 170、253 页）。这些微型铜器（弄器）与当时社会的文化多元性存在联系。

说或祭祀上古祖先时使用的道具。在《左传》里面，贵族的政治言论除了引述三代故事，还经常引用尧、舜、禹的传说，以期惠及他们的后人。例如，周代社会把前代王朝的后裔尊为"三恪"，意为三个受到尊重的族系（《左传》襄公二十五年）。①《史记·周本纪》这样描述周人为尧、舜、禹的后代建立小国："武王追思先圣王，乃褒封神农之后于焦，黄帝之后于祝，帝尧之后于蓟，帝舜之后于陈，大禹之后于杞。"这些小国获封土地并维持其祭祀传统，以纪念他们传说中的祖先，为周人得于天命的历史叙事提供了可信度。然而，随着周王朝政治秩序的衰落，这些传说中的上古圣人在春秋时代的国际政治中已经无足轻重。《左传》襄公二十五年所载子产的讲话中承认陈国始封国君虞阏父是舜的继承人，而且周王因此与其联姻，但这丝毫不影响他做出攻打陈国的决定。这种描述也进一步证明，这些传说故事并非为相关国家在东周时代所创造，讲述者只是陈述当时社会中的常识作为铺垫。

周代贵族社会用礼器来布置他们的社会和宗教互动场景，并形成越来越规范的器物组合，包括玉器、青铜器、鼍鼓、编钟和编磬。吟诵史诗、重温册命、音乐演奏、仪式舞蹈、献祭宴飨、礼物交换等都可能是在宗庙祭祀仪式上发生。这些仪式场景中使用的礼器以及吟唱的颂歌都指向三代王朝的创建者以及之前的传说时代。东周时期对古典乐曲的评论经常将之追溯到唐、夏等传说政权。例如，《左传》襄公二十九年描述季札出使鲁国，请观于周乐，乐工为之歌《诗经》。当吟唱到《唐风》时，季札这样评价："思深哉！其有陶唐氏之遗民乎！不然，何忧之远也？非令德之后，谁能若是？"季札观乐故事说明诗篇、乐舞、历史、地理、道德、地位在周代贵族文化中密不可分，而陶唐政权代表追溯传说时代礼乐传统的一个重要基点。《诗经》篇章就是按照周人的历史时空命名与分类的。季札观乐时的演奏顺序，与传世《诗经》篇章只有微小的差异，显示其整体结构在《左传》成书时已经基本定型。

两周贵族墓葬和祭祀遗址中出土的编钟、编磬，从考古学视角为我们遥想季札观乐时的场景提供了道具。在《诗经·大雅·灵台》之中，作者用"鼍鼓逢逢"来描述周文王所建灵台的盛况。《周礼·春官·宗伯》中也为陶寺大墓出

---

① 按《礼记》所载，武王克商之后，把黄帝、尧、舜的后代分别封在蓟、祝、陈三地。"三恪"指的是黄帝、尧、舜的后代。不过，按照杜预的说法，三恪应指周代之前的三个王朝，即虞、夏、商。

现的陶鼓乐器传统规划了其礼制地位："掌土鼓、豳籥。中春昼击土鼓、吹《豳诗》以逆暑。中秋夜迎寒，亦如之。凡国祈年于田祖，吹《豳雅》，击土鼓，以乐田畯。国祭蜡，则吹《豳颂》，击土鼓，以息老物。"早期中国第一次出现石磬、鼍鼓、土鼓的乐器组合以及第一次出现作为编钟雏形的铜铃都是在龙山时代的陶寺。虽然这些在西周建国之前一千年前后出现的原始形态无法与周代精致的乐器组合相媲美，但它们是三代音乐传统的源泉。

与乐器平行发展的是青铜食器与酒器，与之相关的烹饪与饮食传统也可以追溯到商代以前。在器物类型方面，重要的礼器鼎、簋、豆、壶、鬲、甗、觚、爵、尊、卣、盉、盘、罍等都是二里头和商代沿用下来的，并最终在西周中晚期形成以九鼎八簋为最高等级的礼制规范。① 周代的礼书详细规定了如何使用这些器物，使之与相关仪式成为古典传统的核心。西周贵族受到王室接见和封赏总要作器记事，使之成为日后家族荣誉和祭祖仪式的一部分。庄白一号窖藏中三年癲壶（《集成》9726—9728）铭文记载，癲随王外巡，两次受到周王赏赐。王在郑宫举行飨醴典礼，王呼虢叔召癲，赐予他一件羔俎。三十三天后王在句陵用茅草过滤的酒宴飨臣属，王呼史官寿召癲，赐予他一件甗俎。羔俎、甗俎是载祭享之肉的俎案。周礼中赏赐羔俎、甗俎是周王对臣下的特殊恩典，因此癲为其皇祖文考作器以为纪念。② 如果从这个角度来理解陶寺早中期大墓中陈列于木俎上的各种猪肉与器皿组合，我们可以推知，这种场景表现的是社会关系与等级地位，而不仅仅是美食与财富。周礼是基于规范饮食器皿陈设与贵族行为发展出来的一套仪式传统。在陶寺大墓中，我们看到这些仪式化表现方式的雏形。由于这些重器承载着历史遗产与家族荣耀，它们本身具有左右历史的分量。以陶鬲为日用炊具的周人通过继承二里头－郑州－安阳政权以青铜鼎作为王权象征的传统，使自己置身于三代文明的正统之中。

礼乐之外，象征军事权威的武器也是社会记忆的载体，特别是由君主赐予的斧钺与弓矢。叶家山曾侯犹墓中出土五件钺中有"太保虘"铭文的铜钺（M111:415），可能属于王朝赐予的仪仗之一。另有一件殷墟二期铁援铜戈由织

---

① 俞伟超、高明：《周代用鼎制度研究》，《北京大学学报》（哲学社会科学版）1978年第1、2期，1979年第1期；张闻捷：《周代用鼎制度疏证》，《考古学报》2012年第2期；罗泰：《宗子维城：从考古材料的角度看公元前1000至前250年的中国社会》。

② 宝鸡市周原博物馆编著：《周原庄白西周青铜器窖藏考古发掘报告》，第68页。

物特别包裹，作为珍爱之物单独放在墓主头侧，没有与二层台上陈列的大量兵器在一起。其刃部与藁城台西和平谷刘家河出土的商代铁刃铜钺一样，由陨铁锻制而成。① 在辛村卫侯墓中也发现过类似的殷商铁刃铜钺和铁援铜戈。② 两百多年前的殷商陨铁兵器分别出现在曾侯和卫侯墓中，可能来自周初分器封赏，显示曾侯家族在西周政治中的显赫地位。

郭家庙 M60 出土一件铜钺，上有铭文"曾伯陭铸戚钺，用为民刑，非历殹井（刑），用为民政"，大意为：曾伯陭用此钺惩戒罪民，而非杀伐刑戮，立威以刑律治民。③ 其语言风格和政治思想接近《尚书》中《多士》《吕刑》等篇章。这种铭文铜钺可能是把王室赐钺的荣誉和颁布的训诫结合在一起，使得西周政治遗产以物化方式陈列于曾国宫廷或宗庙。枣树林墓地 M190 出土的曾公逑编钟铭文第二段涉及西周历史上重要的昭王南征事件："昭王南行，舍命于曾，咸成我事，左右有周，易之用钺，用征南方。"大意为：昭王南征，在曾国发布号令，万事皆成。南宫尽职辅佑周邦，王赐秉钺之权，用来号令南方。南宫之功，世代传颂。在天之灵，庇佑子孙。④ 这两件重要铜钺的出土，与曾公逑编钟铭文中昭王赐钺这种表达方式一脉相承，使我们可以从不同角度理解这些礼兵重器的象征意义。

与叶家山 M111 太保虘钺器形相似的龙首半圆形铜钺也出现在其他西周高级贵族墓中，例如大河口霸伯墓中的一件（M1:1178）和张家坡一代井叔大墓中出土一对青铜钺（M170:246、077）。⑤ 基于叶家山太保虘钺的发现，可以推测它们都是当时诸侯上卿身份地位的重要象征。叶家山 M111 曾侯犾墓（M111:134）与大河口霸伯墓（M1:269-1）中都出土了青铜旄首。基于《尚书·牧誓》中对誓师仪式上"王左杖黄钺，右秉白旄"的描述，我们可以大致了解这些钺与旄当初作为仪仗的陈设方式。

弓、矢也是册命铭文中赐予诸侯、上卿的崇高礼遇，经常象征着军权的授

---

① 张天宇、张吉、黄凤春、陈建立：《叶家山 M111 出土的商代铁援铜戈》，《江汉考古》2020 年第 2 期。

② Rutherford J. Gettens, Roy S. Clarke, Jr., W. T. Chase, 1971. "Two Early Chinese Bronze Weapons with Meteoritic Iron Blades." *Freer Gallery of Art. Occasional Papers*. Vol. 4, No. 1.

③ 方勤：《曾国历史与文化：从"左右文武"到"左右楚王"》，第 52—53 页。

④ 郭长江、凡国栋、陈虎、李晓杨：《曾公逑编钟铭文初步释读》，《江汉考古》2020 年第 1 期。

⑤ 山西省考古研究院等：《山西翼城大河口西周墓地一号发掘》，《考古学报》2020 年第 2 期；中国社会科学院考古研究所：《张家坡西周墓地》，中国大百科全书出版社 1999 年版。

予。宜侯、伯禽、晋侯、应侯、鄂侯、南宫盂都曾获此殊荣，特别是宜侯夨簋和引簋铭文中出现了"彤弓一、彤矢百"的固定组合。①《尚书·文侯之命》的语言和内容都非常接近西周金文中的册命铭文，在勉励训示之后，罗列了晋文侯（前780年—前746年在位）协助周平王东迁洛邑之后受到的赏赐："父义和！其归视尔师，宁尔邦。用赉尔秬一卣鬯，彤弓一、彤矢百，卢弓一，卢矢百，马四匹。父往哉！柔远能迩，惠康小民，无荒宁。简恤尔都，用成尔显德。"赏赐内容与西周引簋铭文中"赐汝彤弓一、彤矢百、马四匹"十分相似，可能因为两人都是重续祖先册命，其礼仪规则已是当时贵族社会中的经典知识。②

这种赐予彤弓的仪式与礼乐颂歌相连。在虢季子白盘铭文中，册命内容被简化并纳入韵文颂词："王赐乘马，是用左王；赐用弓，彤矢其央；赐用钺，用征蛮方。"后一部分与前述曾公畎编钟"赐之用钺，用征南方"的表达方式极为相似。《史记·齐太公世家》中周襄王派使臣宰孔赐齐桓公"文武胙、彤弓矢、大路，命无拜，"显示春秋时代周王开始使用这种方式表达对霸主的特殊礼遇。晋文公执政之后，先是击败在戎人支持下称天子的子带，帮助流亡四年的周襄王返回洛邑，之后又在城濮之战击败楚国。晋国献楚俘于周王，王命尹氏、内史等册命晋文公为侯伯，并赐予彤弓矢、大辂等（《左传》僖公二十八年）：

> 己酉，王享醴，命晋侯宥，王命尹氏及王子虎、内史叔兴父，策命晋侯为侯伯，赐之大辂之服、戎辂之服、彤弓一、彤矢百、玈弓矢千、秬鬯一卣、虎贲三百人，曰："王谓叔父，敬服王命，以绥四国，纠逖王慝。"晋侯三辞，从命，曰："重耳敢再拜稽首，奉扬天子之丕显休命。"受策以出。出入三觐。

这个口诀化的表述可能是对当时册命文书的高度概括，其原型可能类似《尚书·文侯之命》。卫国贵族宁武子在鲁国宫廷听过演奏的《湛露》《彤弓》之后

---

① 黄盛璋：《西周铜器中册命制度及其关键问题新考》，载石兴邦主编：《考古学研究——纪念陕西省考古研究所成立三十年》，三秦出版社1993年版，第407—409页；杨永生：《从引簋看周代的命卿制度》，《史学集刊》2015年第5期。

② 杨永生：《从引簋看周代的命卿制度》，《史学集刊》2015年第5期；黄益飞：《南公与曾国封建》，《故宫博物院院刊》2020年第7期。

描述了天子赐予彤弓的象征意义："诸侯敌王所忾，而献其功，王于是乎赐之彤弓一、彤矢百、玈弓矢千，以觉报宴。"（《左传》文公四年）基于这种文明传统，范宣子在鲁国听到季武子赋《彤弓》时马上说："城濮之役，我先君文公献功于衡雍，受彤弓于襄王，以为子孙藏，匄也，先君守官之嗣也，敢不承命。"（《左传》襄公八年）以此表示对彤弓所承载的王权秩序存有敬意。

弓矢与斧钺作为军事权威的核心符号，最终进入东周经典叙事，例如："诸侯赐弓矢，然后征；赐斧钺，然后杀；赐圭瓒，然后为鬯"（《礼记·王制》）和"天子雕弓，诸侯彤弓，大夫黑弓，礼也"（《荀子·大略》）。这种描述与西周铭文中反复出现的彤弓、玈弓顺序一致。《山海经·海内经》中也出现类似的说法："帝俊赐羿彤弓素矰，以扶下国，羿是始去恤下地之百艰。"由于帝俊是殷墟卜辞中出现过的商人祖神，这个说法可能是战国时代的神话文本借用了西周王朝的仪式语言，也可能是西周王朝仪式曾以远古神话为脚本来表达与传承王权合法性。我们可以确知的是，斧钺、彤弓之赐经历数百年传承，已经成为表达王权并将社会记忆礼制化的象征符号。

在周文明范围之外的四川盆地，三星堆—金沙祭祀遗迹与遗物表现出显著的文化连续性。金沙遗址祭祀区与周边的聚落年代范围在大约公元前1400—前900年之间，跨越殷商时代和西周早中期。[①] 金沙的祭祀活动与三星堆一脉相承，都是以祭祀坑群的方式出现，其中分层摆放大量象牙、玉器、铜器、金器、朱砂、石器、陶器等，规模壮观。62号遗迹中出土的两件石磬，长达一米，其简朴造型接近龙山—二里头时代的制品。在这里的山川祭祀仪式上使用的玉器包括大量的玉璋、玉琮、玉璧，有的是龙山古玉，有的是当时制作。10号祭祀遗迹中出土的平行四边形玉璋上，刻有肩扛象牙的跪坐人像，与考古遗迹中所见使用玉璋和象牙祭祀的方式接近。金沙已经出土27件玉琮，是良渚之外最集中之地，多为龙山传统的单节素面作品，但有一件十节神人面纹良渚造型玉琮，由大汶口晚期工匠加刻字形符号之后，通过淮河流域进入高地龙山交换网络，最终南下四川盆地，到金沙埋藏之时，已经历时千年。从殷商到西周早中期，成都平原上的文化传统延续性与商周变革在中原所带来的政治格局巨变相

[①] 成都文物考古研究院、成都金沙遗址博物馆编著:《金沙遗址——阳光地带二期地点发掘报告》，文物出版社2017年版。

反。龙山—二里头物质文化遗产在三星堆—金沙传统中的保留与传承，超过当时的中原殷商社会。

时空记忆及其失散

"摄人心魄的景观"为讲述传说故事和构建"具有重要社会意义的神话"提供了框架。[①] 周人的地理空间由都邑、关隘、古迹、岳渎等地点，以及地点之间具有结构性特征的道路与社会网络构成。政治、经济、宗教与历史记忆使得某些地点具有特殊的意义。《左传》中经常以"墟"和"丘"作为文化地标，例如殷墟、帝丘、宛丘、邢丘、废丘等。诸侯国的会盟通常都选择在这些政治中立并具有历史重要意义的地方举行，例如"盟于榖丘""盟于句渎之丘"等，这种做法或许也有请与这些传说地点有关的神明为证的含义。关于这些古代地方的地名学知识是周代社会贵族知识的一项重要内容，成为周人历史山川中的坐标。

周人这种以地点为知识载体的文明观念接近德罗里亚（Vine Deloria, Jr.）描述的北美洲印第安人社会"以空间方式理解历史"的做法。[②] 在这种文化传统中，地点、地名及其所象征的文化内涵都被赋予核心意义：

> 对于印第安男人和女人来说，过去都已经嵌入大地景观——峡谷和湖泊、山脉和旱峡、岩石和荒地，赋予他们的土地以多样的文化涵义，并深深地影响他们的生活，塑造他们的思维方式。因此，对地方的认知与自我认知密切相关，使人得以掌握自己在更大格局中的位置，包括其所处的社群，并确立一个人对于自己生而为人的自信。[③]

这种蕴藏于山川中的历史观可以帮助我们理解，周邦的创建者如何想象与主宰他们的天下，最终形成东周传世文献中所见的三代文明叙事。

周人天下秩序的建构是一项由地理和历史共同主导的政治事业。周原位于

[①] Kevin Lynch, 1960. *The Image of the City*. MIT Press, Cambridge, p.4.
[②] Vine Deloria, Jr., 1992. *God Is Red: A Native View of Religion* (second edition). North American Press, Golden.
[③] Keith H. Basso, 1996. *Wisdom Sits in Places: Landscape, and Language among the Western Apache*. University of New Mexico Press, Albuquerque, p.34.

两个地理空间的交汇处,即东西轴线上三代历史空间传统与南北轴线上连接鄂尔多斯—四川盆地的高地传统(图二)。在东西横轴上,周邦的创建者从历史的角度对周原到安阳之间的辽阔地域进行了高度概括。李零提出,周人以历史地理为基础将其文化世界和政治山川划分成三个板块,周在西,夏在中,商在东。①《论语·泰伯》"三分天下有其二,以服事殷,周之德,其可谓至德也已矣",指出周人占据了天下三分之二的土地,却仍然服务于殷商王室。同样的表述也见于《逸周书·太子晋》,表明这种根据历史地理进行的空间界分是东周社会文化共识的一部分。

周人伐商的过程以及随后对东方领土的巩固策略都表现出这样一个行动纲领:先稳固天下三分之二的西土和中土,然后夺取殷商所在的东土。占据中原

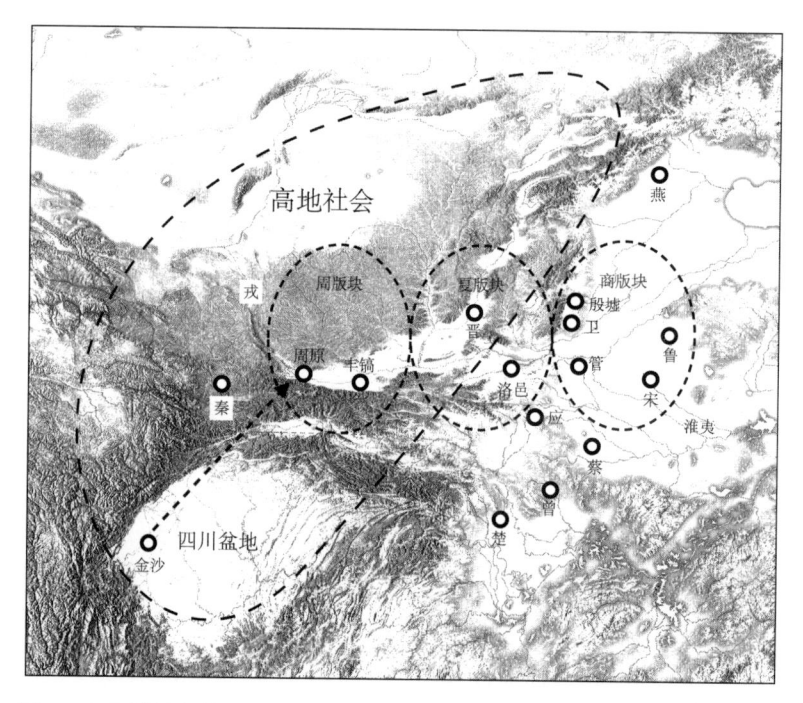

图二　东西横轴上的三代空间结构和南北纵轴上的高地知识网络(李旻绘制)

---

① 李零:《三代考古的历史断想——从最近发表的上博楚简〈容成氏〉、豳公盨和虞逑诸器想到的》,《中国学术》2003年第2期;李零:《帝系、族姓的历史还原——读徐旭生〈中国古史的传说时代〉》,《文史》2017年第3期。

腹地之后，周人可以按照二里头和二里岗文化所奠定的政治格局，向江汉、两淮、山东等地扩张，巩固以中原为中心的政治传统。这个以夏、商、周三个政治空间来组织历史山川的方式贯穿周人建国的历程，并成为我们考察周人的历史修辞、身份政治，以及早期中国社会考古学景观的基础。张天恩先生指出，这种空间化的历史不仅存在于周人的山川形胜之中，而且体现在王室保存的历史地图中。宜侯夨簋铭文中"王省武王、成王伐商图，遂省东国图"的表述，说明周王在规划西周政治版图的时候会参阅这些地图，而宜侯获封山川聚落的细节描述则显示出王室拥有丰富的地理知识。

在南北纵轴上，从鄂尔多斯到四川的高地群体在公元前二千纪从未完全被纳入中原政权的版图之内：二里头、郑州、安阳王朝的直接控制范围都没有能达到这里，沿线的高地社会是高地龙山传统的继承者。① 在高地轴线的南端，四川盆地的三星堆和金沙遗址所出土的高地龙山玉器组合，曾经集中出现于龙山时代黄土高原上的石峁遗址，为鄂尔多斯与四川盆地曾经存在的宗教联系提供了有力证据。这些玉器在高地网络中跨越了至少1400多公里的地域范围和将近一千年的时间跨度，一直在形制和使用特征上保持着一致，显示了高地宗教传统在中原核心区之外传承的文化韧性。

在高地轴线北端，从龙山到殷墟时代的黄土高原，先后是石峁、李家崖、高红、辛庄等高地政治中心所占据的地方。② 周人建国叙事显示定居周原之前，几代祖先曾周旋于晋陕高原戎狄社会之间。这里是考古所见高地龙山社会政治发展的核心地带，使得先周社会更加接近石峁遗产的发源地。周原双庵商代贵族墓葬中发现的墨玉牙璋，成为公元前二千纪后期关中社会与高地龙山记忆群体往来的考古证据之一。③ 甘青一带则是寺洼等西部高地传统，继承龙山时代的齐家文化等物质文化传统。从文献角度看，高地社会生活着鬼方、羌方、土方等族群。④ 由于这些高地部族与殷商王朝处于敌对状态，他们不与殷商王朝共享政治立场、宗教传统与历史叙事。来自殷商时代之前的历史遗产或许不曾出现在殷墟甲骨文中，或许被商人有意无意地遗忘，但却一直在商代蜂巢式社会结

---

① 李旻：《重返夏墟：社会记忆与经典的发生》，《考古学报》2017年第3期。
② 陕西省考古研究院：《李家崖》，文物出版社2013年版；山西省考古研究所：《2004柳林高红商代夯土基址试掘简报》，载《三晋考古》第三辑，山西人民出版社2006年版。
③ 齐浩、张天宇等：《周原遗址新见京当型铜器墓浅识》，《中国国家博物馆馆刊》2015年第11期。
④ 王国维：《鬼方、昆夷、獯狁考》，《观堂集林》第十三卷，中华书局1959年版。

构中传承，为高地龙山记忆群体所共享。这些高地社会共享的历史与宗教遗产为周人建立政治联盟奠定了深厚的政治、历史与文化基础。从西北的羌人到西南的蜀人，高地部族先后加入了周人主导下的西土联盟，共同面对东方强大的殷商王朝。

周原在两个知识网络交汇处的中枢位置，这决定了周人的地缘政治格局与空间想象。周人在东方建立的军事重镇遗址和随葬铭文铜器的贵族墓地交织分布，形成周政权的政治网络，跨越了多元的历史地理空间。虽然文献传统通常表达的是周人普世性的天下观而非当地社会的传统观念，宋国这种前代政权的继承者在广义的周代社会中依然传承其文化遗产。我们在晋南盆地大河口墓地和淮河流域双墩墓地所见到的、与商周贵族墓葬传统显著不同的仪式场景，可能代表着以本地宗教观念来组织商周贵族物质文化的尝试。[①] 周人重返夏墟的说法则强调了历史景观在其建国过程中的重要性——叔虞封唐的历史故事与考古发现揭示了受封的关中贵族与就封之地历史遗产之间存在的张力。周人控制这些地方之后，通过推崇以王朝兴替为前提的天命观念，使其天下秩序汇入各地多元的历史传统之中。

同时，西周王朝创建过程中实施的大规模人口迁移政策给与这些地点紧密相连的历史知识带来巨大冲击。虽然大批殷商遗民因为强制迁移而背井离乡，宋国和其他殷商遗民小国的建立确保了商文明社会记忆的传承。西周王朝的殷八师和西周各都邑手工业作坊也都保留了殷商遗民的家族结构，因此成为殷商文化传统在周代社会延续的载体。这些殷商传统记忆群体的远程迁徙跨越传统的文化地理边界，把过去的历史知识传播于陌生之地，创造出一种极为错综复杂的历史景观。

西迁殷商贵族与来自不同文化背景的显赫家族在大周原地区比邻而居，构成当地社会历史知识传承的多元化特征。庄白窖藏及其所属西周中晚期大型居住遗址区位于周原遗址群的核心区，可能就是武王命周公协助微史家族的列祖列宗"舍寓于周卑处"。凤雏建筑群和许多重要西周窖藏都分布在其周围，这里因而成为一个历史知识与祖先荣耀云集之所。

凤雏遗址群可以帮助我们深入了解周原精英家族如何保存祖先的知识。凤

---

① 阚绪杭：《钟离君柏墓》，文物出版社 2018 年版。

雏 A 组建筑建于西周初期，由前、后两进四合院落组成，共占地 1469 平方米。凤雏 A 组建筑遗址中出土的龙山时代玉雕神面，可能就来自类似《尚书·顾命》篇中提到的古玉典藏（图三）。在西厢房内发现一个窖藏坑（H11），出土 1.7 万多片卜骨和卜甲，其中 190 多片有字，内容涉及祭祀、田猎、征伐等，占卜时代从商周之际到西周中晚期，同一建筑群的另一个坑（H31）也出土了 700 多件卜骨。这些卜辞表明，周人在伐商之前进行过密集的宗教和政治活动。卜辞中提到的许多人名也见于传世文献记载的周初建国叙事中，例如大保、毕公等。这些卜辞中还提到了商王的祖先，表明曾使用这些甲骨占卜的贵族可能出自商

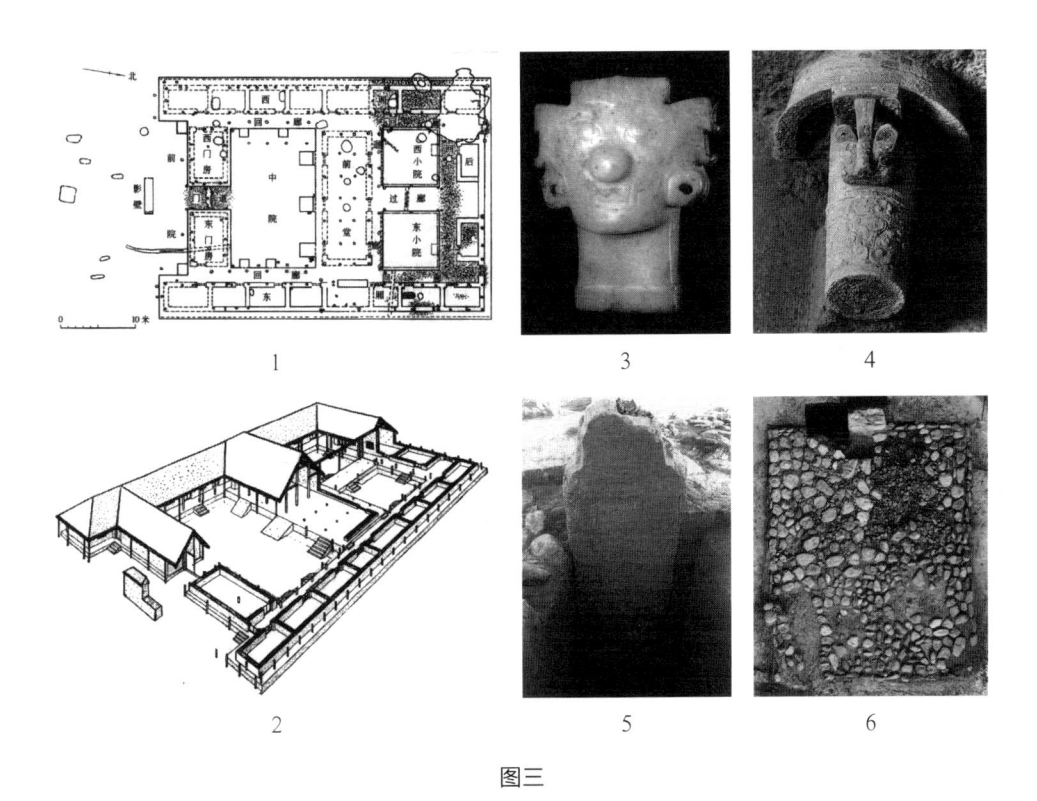

图三

1—2. 凤雏 A 组建筑群的平面图和复原图（采自《中国考古学·两周卷》，第 58 页） 3. 建筑遗址中出土的龙山时代玉人像（采自古方，2005，第十六册，第 27 页） 4. 建筑群中贵族墓葬所出嵌绿松石青铜车軎（拍摄于周原博物馆） 5—6. 建筑群 2014ZYIIC4F3 庭院内出土的石碑与石祭坛（采自《周原遗址凤雏三号基址 2014 年发掘简报》，图 13、15）。

王宗室或与商王族保持着密切的互动。[①]这些发现表明，凤雏建筑群可能是一个属于王室或者显赫家族的宗庙或宫室，那些周初建国时代的卜骨在宗庙中存放了两百余年，在西周晚期建筑废弃后埋藏。

紧邻凤雏A组建筑南侧是一个建于西周早期的大型矩形庭院（凤雏三号建筑基址2014ZYIIC4F3）。[②]这个仪式性建筑四周由夯土基础围合，庭院中心设有一处石祭坛，用于举行社祭仪式。祭坛在西周中期曾遭遇一次大火，最终在西周晚期被废弃。祭坛一端立着一块可能作为社主的石碑，石碑地表以上的部分在西周末期曾遭到故意破坏，其碎片与西周晚期的陶片一起散落在鹅卵石地面。在3号与4号基址之间的一个大坑中散落数百枚烧焦的货贝，可能曾经属于被火灾烧毁的贝胄、旗帜或马具。其他与贵族生活有关的遗存包括金箔碎片、绿松石镶片、漆器、玉器和来自长江中下游的硬陶碎片。

仪式建筑群南邻区域出土一个埋有四马一车的祭祀坑，有可能与凤雏A组和F3建筑群相关。祭祀坑中马车所用的青铜车马器都镶嵌绿松石装饰，极为精美。在《左传》等文献中所描述的建国叙事里，周王把征伐高地政权密须所获的大辂马车当作王权的象征。不但在周王检阅军队时乘坐，而且会用于封赏诸侯，作为抚国重器。凤雏宗庙建筑群、石社、精美马车以及卜骨窖藏的发现共同显示，这里的主人或是西周的王室家族，或是周原重要贵族中的一支。西周窖藏中保存着克商以前的卜骨，说明周原精英家族对历史信息相当重视。虽然凤雏建筑群的卜骨窖藏并不意味着这里曾是一个档案馆，但是这里与庄白窖藏距离如此之近，微氏家族世袭史官可以造访这座宗庙建筑，并读取有关先周时代的政治历史记录。可以想见，不同文化背景的精英贵族涌入周原，使这里成为创造和传承历史知识的新中心。通过这种知识传承，我们也可以理解上溯二十多代商王世系表何以能在近千年后成书的《史记·殷本纪》中得以完整地保存。

在广义的周原内外，周公庙和宝鸡也成为社会记忆的重要场所。周原核心区以西约20公里处的周公庙遗址（约2平方公里）发现了一处由夯土墙围护的西周家族陵园。陵园内有三十多座高等级贵族大墓，其中二十二座有墓道，十座墓有象征商周时代王室特权的四条墓道，时代贯穿西周时期，可能是历代周公墓

[①] 曹玮：《周原甲骨文》，世界图书出版公司2002年版。

[②] 周原考古队：《周原遗址凤雏三号基址2014年发掘简报》，《中国国家博物馆馆刊》2015年第7期。

地或周王陵。① 墓地的山坡脚下是一座始建于唐朝、世代供奉周公的庙宇。这些空间上的紧密关联显示，关于这片重要陵园的历史记忆得以传承到中古时代。周公庙墓地周围，发现了一处商周之际的青铜作坊、一处西周铸铜作坊、七处墓地，以及包括一处先周大型夯土基址在内的五十余处夯土基址。周公庙遗址八个地点先后出土了八千多件卜骨和卜甲，其中 780 件带字卜甲，文字两千余，年代从先周晚期到西周中期。有一些可以早到商周交替之时，其中提到文王和其父王季，周公、毕公、召公和叔郑等重臣的名字，以及周、新邑这样的地名。② 由此可见，商末周初的考古学景观与历史地标之间在周公庙遗址出现高度的契合。

在周公、召公、南宫、微史这些居住在周原的商周高级贵族之外，来自高地军事联盟的显赫家族也被安置在周原周围的采邑定居，使周原、宝鸡一带成为各地贵族汇聚之处。考古证据表明，高地贵族的墓地集中在宝鸡，位于周原核心区以西约 50 公里。李零将宝鸡茹家庄強伯墓地与石鼓山墓地所代表的高地贵族称为"西周的邻居与后院"。③ 这些曾经活跃于殷商势力边缘的高地权贵传承着自己独特的历史遗产。宝鸡石鼓山墓地和戴家湾墓地的几座贵族大墓都采用特有的壁龛结构，用来放置青铜器、货贝以及彩绘漆木器皿，与大河口霸伯墓的做法一致。这种布局与公元前三千纪晚期陶寺和石峁的贵族大墓非常相似，标志着这种高地龙山墓葬传统的延续。

石鼓山贵族大墓随葬品组合中出现的高领袋足鬲为墓主人的文化身份提供了重要线索（图四）。④ 不同于联裆鬲在周王室中心和东部主要军事殖民地的广泛分布，这种高领袋足鬲的分布仅限于关中盆地西部，以及与之毗邻的岐山北麓高地聚落。⑤ 这种空间分布特征表明，使用这种炊器的墓主可能是参与周人政治联盟的高地贵族。随葬青铜器上的族徽来自许多不同家族，通常带有与商文化世系有关的日名。这种风格混杂的青铜器组合是西周早期贵族大墓中比较常

---

① 周原考古队：《2003 年陕西岐山周公庙遗址调查报告》，《古代文明》第 5 卷。
② 刘绪：《夏商周考古探研》，科学出版社 2014 年版，第 312—313 页。
③ 李零：《禹迹九州和早期中国——自"西周的邻居与后院"讲起》，2016 年 9 月 20 日，北京大学人文社会科学研究院讲座。
④ 陕西省考古研究院、宝鸡市文物旅游局、上海博物馆：《周野鹿鸣——宝鸡西周石鼓山贵族墓出土青铜器》，上海书画出版社 2014 年版。
⑤ 邹衡：《夏商周考古学论文集》，文物出版社 1980 年版，第 322—323 页。

图四 西周早期埋葬于宝鸡的高地诸侯的埋藏情况与随葬品

1—2. 石鼓山 M3 出土的刘家类型高领袋足陶鬲和 M4 壁龛中出土的青铜簋（采自《周野鹿鸣》，第 98 页图 19、第 177 页图 45） 3. 石鼓山 M3 的壁龛结构（采自《周野鹿鸣》，第 118 页） 4. 宝鸡戴家湾墓地出土青铜器组合（现藏纽约大都会美术馆）。

见的现象,很可能属于这些高地贵族参与周人东征所获的战利品。①

石鼓山墓地以西约 10 公里发现的纸坊头、竹园沟、茹家庄三处西周早期强伯家族墓地,使我们得以深入了解高地诸侯的社会网络以及他们融入西周政治体系的方式。②茹家庄强伯与其夫人井姬之墓都是带墓道的大墓。强伯墓随葬品的复杂来源体现出这些贵族与四川、甘青等高地社会存在密切联系:大双耳罐可以追溯到西部高地甘青地区的寺洼文化,而刘家类型的袋足鬲与黄土高原的陶器传统息息相关。墓地还出土了可与四川盆地三星堆—金沙文化和汉中盆地城固宝山文化相联系的青铜人像与面具、青铜兵器及陶器。

周蜀之间的往来在传世与考古证据中都有涉及:《逸周书·世俘解》描述了灭商之后的伐蜀行动,而周原甲骨卜辞中也有记录伐蜀事件的内容(H11:68)。这些线索共同指向商周鼎革之际关中、汉中、四川三个盆地社会之间密集的往来。同时,铜器铭文显示,强伯与周王室的显贵家族保持着密切的互动,例如,与井叔家族的联姻、与南宫家族的往来。茹家庄强伯墓中带有西部高地龙山传统中常见的殉女葬俗和七位殉人,而井姬墓只有两个殉人。这种差别不但代表制度化的性别不平等,而且可能涉及西部高地部族与周人之间观念方面的差别——丰镐井叔墓地殉人就极少。

来自不同地方政权和记忆群体的贵族在大周原地区定居,拉近了他们之间原本遥远的地理距离,并为周代的统治者提供了各种来源的历史知识。作为这个关中贵族知识群体的重要成员,微史家族这种王室世袭史官不需要远行晋南、黄土高原或四川盆地去了解陶寺、石峁和三星堆—金沙这些高地中心的历史遗产——在方圆数百公里的大周原范围之内,他们可以从这些政治势力的后人那里听到来源多样的故事与传说。这些历史遗产通过口述、书写、器物陈列与场景的重现被礼制化。曾经发生在不同区域、不同时段的历史轨迹,被逐渐整合为三代文明传统——这套共享的文化价值体系,成为孔子所谓"周监于二代"的基石。

公元前 771 年,高地部族入侵关中,对西周的政治网络带来巨大的破坏,周原宫殿建筑多在西周晚期焚毁。③《国语·周语上》与《诗经·十月之交》的

---

① 黄铭崇:《从考古发现看西周墓葬的"分器"现象与西周时代礼器制度的类型与阶段》,《中央研究院历史语言研究所集刊》第 83 本第 4 分(2012 年)、第 84 本第 1 分(2013 年)。
② 卢连成、胡智生:《宝鸡强伯墓地》,文物出版社 1988 年版。
③ 刘绪:《夏商周考古探研》,科学出版社 2014 年版,第 286 页。

描述显示，此前十年关中盆地发生过大地震，泾渭流域地质灾害严重，可能已经导致人口衰减。[①] 此后出现长达十年的平王、携王并立的状态，代表背后不同政治势力的角力。关中王畿的臣民经历了一段危机四伏、颠沛流离的时间才在洛邑安定。周王室虽然得以在秦、晋两国的协助下东迁洛阳盆地，但是，关中都邑所保存的典籍文献、历史文物，以及作为社会记忆所依托之处的王室与贵族宗庙本身遭到毁弃，周原和丰镐显贵家族代代相传、共同织就的知识网络与社会群体因此被持久的政治动荡所打破。

关中的沦陷和东周政治中心的东移为两周时代的知识版图带来巨大变化——关中作为历史地理知识的中枢地位消失。作为"看得见的历史文物和历史记忆的载体"[②]，大量西周青铜重器因为进入窖藏从知识传承的领域中退场。青铜铭文和传世《尚书·周书》篇章中描写的册命场景与陈设，都随着关中的陷落归于想象与传说。曾经通过典章文物、宗庙陈列所承载的历史，幽王之难后变成了口述传统。经此劫难，灭商之后繁荣起来的两个关中都邑周原和丰镐彻底衰败。西周灭亡之后，关中盆地中春秋早期的遗存稀少。直到秦人东扩，关中城邑化的历程才得以重启。曾经汇聚历史的周原与宗周，在失去其豪门贵胄、典章文物之后，以废墟的形式成为记忆寄居之所。按照朱熹的说法，《诗经·王风》中"周大夫行役至于宗周，过故宗庙宫室，尽为禾黍。闵周室之颠覆，彷徨不忍去"所作的《黍离》(《诗集传》)，就是凭吊故都之作品。丰镐废墟最终成为秦汉帝国营建关中帝都的时空坐标："始皇以为咸阳人多，先王之宫廷小，吾闻周文王都丰，武王都镐，丰镐之间，帝王之都也。乃营作朝宫渭南上林苑中。"(《史记·秦始皇本纪》)汉武帝在上林苑，开凿昆明池时，镐池依然存在。汉唐之间用于水利灌溉，到唐宋时代才堙废。[③]

王朝危机最终成为考古之幸。自宋代至今周原和丰镐发现了上百处来自西周显赫家族的青铜窖藏。青铜礼器上的长篇铭文提供了西周贵族礼制、政治和经济生活方面的丰富信息，使我们可以与传世文献进行比较分析。从这个角度来看，我们可以说它们承载社会记忆的角色在三千年之后复活了。但在当时，如此大规模的窖藏活动和关中都邑的废弃意味着知识的流散，而且并非所有宗

---

① 李峰:《西周的灭亡：中国早期国家的地理和政治危机》(增订本)，上海古籍出版社2016年版。
② 罗泰:《宗子维城：从考古材料的角度看公元前1000至前250年的中国社会》，第38页。
③ 卢连成:《西周丰镐两京考》，《中国历史地理论丛》1988年第三辑，第124—125页。

庙重器都通过窖藏逃过洗劫。作为武王克商之后不久作成之器，利簋的出土场景反映出维系周人祖先重器的失散情况。与此器一同出土于丰镐东北约70公里的临潼零口遗址的文物，包括从西周初期到东周早期的青铜器，例如陈侯所作媵器、十三件青铜钟、各种青铜工具和马器等。① 这些器物组合及其出土地点都不合西周传统，意味着这件铜器可能是在关中失陷之后，被戎人从周原或丰镐的贵族宗庙中劫掠而来，并在东周初年成为戎人聚落中堆积的废旧金属。这种发现暗示一个更普遍的现象——许多落入敌手的青铜重器已经被熔化、改铸。

关中沦陷之后，踞守关中东北角韩城与澄城的芮国、三门峡的虢国以及晋南的晋国成为抵挡戎人东进的重要势力。芮公、虢公本是在王畿内任职的王朝卿士，由于他们的采邑抵近周、戎前线，因此性质与诸侯国相近。韩城梁带村西周晚期到春秋早期的芮国墓地已经发现七座带墓道大墓，其中M27双墓道随葬七鼎六簋，并有芮公作簋铭文，是两周之际芮公之墓。梁带村出土的仿古青铜器可能代表在两周之际芮国贵族尝试复兴西周早期传统的努力。② 三门峡上村岭也发现了西周晚期到春秋早期虢国大型邦国公墓地，已发掘的墓葬超过500座，并发现了国君虢季墓（M2001）、国君夫人梁姬墓（M2012）以及太子墓（M1052和M2011）等高级贵族墓葬。③ 这里扼守从关中东进洛阳盆地的崤函古道。

西周的灭亡让我们重新思考以关中为中心的知识网络的重组。在高地轴线的北端，由于秦国和晋国的扩张，高地族群要么被纳入东周华夏国家政治秩序之内，要么被视为戎狄而驱逐到华夏文明区之外，虽然在西周建立起来的周人与高地贵族联姻仍旧存在，但是由此建立起来的政治网络已逐渐式微。最终，在周人营建的天下秩序中，东西方向上的三代轴线成为历史正统所在，南北轴线上的高地社会则被视为华夏文明之外的他者。曾经在石峁大量出现的龙山玉器，最终成为周礼的核心标志。这种看似矛盾的现象正是中国青铜时代早中期（前二千纪）几度政治变局之中文化认同与社会身份被反复营造的结果。

在高地轴线的南端，王朝政治中心的陷落与东迁隔断了西周早期四川、汉中

---

① 临潼县文化馆：《陕西临潼发现武王征商簋》，《文物》1977年第8期。

② 陈小三：《再谈韩城梁带村M27出土一组铜器的年代及相关问题》，《中国国家博物馆馆刊》2020年第5期。

③ 中国科学院考古研究所编著：《上村岭虢国墓地》，科学出版社1959年版；河南省文物考古研究所、三门峡市文物工作队：《三门峡虢国墓》，文物出版社1999年版。

与关中盆地贵族之间的紧密往来，导致周人与四川传统的关系在东周时代反而比西周更疏远（图五）。从春秋时代开始，四川盆地东面与楚国为邻，北面则是社会政治失序的关中和后起的秦国。直到战国时代楚、秦势力进入盆地，四川才被重新纳入中原政治的轨道。这个轨迹与随着中原王朝的扩张，中心与边缘互动逐渐增强的普遍规律差别显著，促使我们重新思考先秦文献中岷山传说的内涵。同样，当我们看到《周礼·秋官·壶涿氏》中"壶涿氏掌除水虫，以炮土之鼓殴之，以焚石投之。若欲杀其神，则以牡橭午贯象齿而沉之，则其神死，渊为陵"的描述，我们可以从考古视角分析周人这种宗教知识的可能来源——在河畔用大量象牙献祭是西周时代四川盆地金沙传统常见的做法，在东周时代的中原却不常见。

虽然西周的灭亡改变了知识网络的结构与社会记忆传承的载体，但是并没有造成早期中国文化传统的全面断裂。关中历史知识传承经历剧变的同时，洛邑与诸侯封国在东周大部分时间里仍然保持着文化和政治的连续性，并因此促进知识的传播。湖北叶家山曾侯犺墓（M111∶120）、辽宁喀左小黑石沟祭祀坑、四川彭县竹瓦街窖藏[①]出土的蟠龙钮铜罍揭示出通过西周早期的器物所连接的

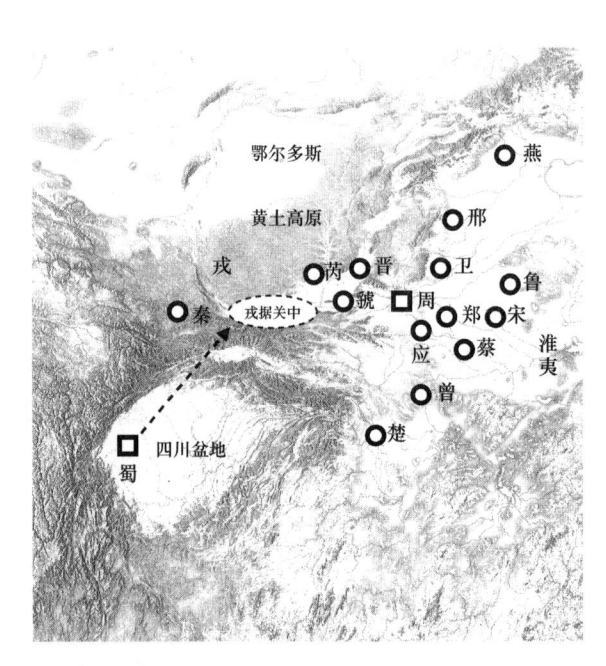

图五　关中陷落对四川与中原往来的阻隔（李旻绘制）

---

① 王家祐：《记四川彭县竹瓦街出土的铜器》，《文物》1961年第11期。

跨区域知识网络。这些在跨度超过 2400 公里的范围内发现了几乎一模一样的蟠龙钮铜罍，很可能是由殷商匠人在西周铸铜作坊集中制作，以满足周初建国时不断增加的贵族间交流、祭告山川，以及建立联盟的需求（图六）。这种风格的

图六

出土于辽宁、湖北和四川的西周早期青铜器，可能是商的工匠在周人伐商胜利之后制作的（采自郎剑锋《山东沂水刘家店子春秋墓铜器三题》，《江汉考古》2016 年第 4 期，图三）。

1. 辽宁喀左窖藏出土　2. 湖北随州叶家山出土　3、4. 四川彭县竹瓦街窖藏出土

东周铜罍在山东、四川、广西分布集中，其器型来源可能是当地贵族家族陈列在宗庙中的西周器物。其中，四川盆地中成都青羊小区和新都马家战国墓的发现，岷江上游河谷中茂县与汶川的发现，可能来自彭县竹瓦街窖藏传统所见西周原型。①

春秋时代开始，楚、秦势力陆续从东方、北方进入四川盆地，导致本地蜀文化传统、来自西周上层交流网络的物质文化传统（如上述彭县竹瓦街蟠龙钮铜罍），以及来自东周诸侯国上层交流网络的物质文化传统在当地并存与融合。②这在茂县战国晚期牟托一号大墓随葬品中得到集中的体现。墓中随葬的大量彩色石块，与金沙遗址祭祀区出土的同类石块有着非常接近的颜色及质料；铜器与兵器则混杂着来自楚文化传统、巴蜀文化传统、西北文化传统，以及春秋时代的中原传统等多元化背景。③

虽然洛邑成为东周王室的中心，但是王权的衰落使得其地位已经无法与西周时代的周原与丰镐相比。曾经比邻而居的关中显赫家族在周原和宗周共同熔铸的历史记忆失去其社会载体，无法在洛阳盆地重建。东迁之后，微史家族消失在考古记录之中。辛甲的后人则在王朝和晋国世为史官，其中晋之董史成为历史传统的典范。晋国贵族籍谈因为忘掉这种历史知识而受到周王斥责："且昔而高祖孙伯黡司晋之典籍，以为大政，故曰籍氏。及辛有之二子董之晋，于是乎有董史。女，司典之后也，何故忘之？"（《左传》昭二十五年）。这段描述已经折射出春秋大国开始对王朝所代表的历史传统失去敬意。东周王朝内的宫廷斗争曾进一步改变知识的版图。《左传》昭公二十六年描述的春秋末期王子朝携王室典籍南迁事件，使得楚国与宋国、鲁国同为文化典籍传承的中心："王子朝及召氏之族、毛氏得、尹氏固、南宫嚚，奉周之典籍，以奔楚。"召氏、毛氏、尹氏、南宫氏都是西周重要家族，这些家族的分裂与南迁，以及典章文物的流散，都会进一步稀释周王庭掌握知识传统的特权，同时也推进古典知识的扩散与传播。

春秋时代的学者已经开始关注早期三代遗产的失落。孔子为研究三代早期礼制，曾经访问过夏遗民的封地杞国，并感叹"杞不足征也"。同时，他也注

---

① 郎剑锋：《山东沂水刘家店子春秋墓铜器三题》，《江汉考古》2016 年第 4 期；陈小三：《牟托一号石棺墓中铜罍和编钟的文化来源》，《三代考古》第八辑，科学出版社 2019 年版。

② 周丽、江章华：《试论成都平原春秋时期考古学文化》，《考古》2020 年第 2 期。

③ 茂县羌族博物馆、成都文物考古研究所、阿坝藏族羌族自治州文物管理所：《茂县牟托一号石棺墓》，文物出版社 2012 版。

重通过造访宗庙的机会，了解古代的礼制知识——"子入太庙，每事问"(《论语·八佾》)。即使在诸侯宗庙中保存的封建信物，也因为公室权威的衰落而受到威胁。孔子时代的鲁国权臣阳虎作乱失败，进入公宫劫走"宝玉、大弓"逃亡到五父之衢，次年夏天才送回鲁国《左传》(定公八年、九年)。这里的宝玉、大弓，就是指伯禽受封时与大路、大旂一起得到的夏后氏之璜和封父之繁弱，由鲁国国君世代掌管。镇国重器遭到劫持固然是礼崩乐坏的表现，同时，春秋晚期贵族知识的传播已经使得曾经由这些器物承载的历史知识广为扩散。鲁国一直延续到公元前 256 年才为楚国吞并。封给殷商王族的宋国，也在公元前 286 年被齐国所灭，土地为齐、魏、楚三分。封给召公家族的燕国于公元前 222 年被秦国吞并。分封给康叔家族的卫国，在公元前 660 年为狄人所灭，在公元前 658 年复国之后迁都楚丘(滑县)延续到秦统一的时代。在这些国家覆灭之前，其开国祖先的英雄事迹仍然在宗庙内进行的祭祀仪式中被歌颂和纪念。这些传世古物与铭文礼器、宗庙壁画一起构成完整的记忆载体，正如屈原过楚先王之庙及公卿祠堂，看到壁上有天地、山川、神灵、古代贤圣、怪物等故事，因而"呵壁问天"。

结 论

在早期中国，传承历史知识的载体包括口述、书写、器物及其组合，以及为历史古迹所连缀的空间网络，它们之间的关系随着政治格局的变化而改变。西周的建立与灭亡是两次对早期中国知识版图的大规模重组，其影响超过政治意义上的王朝兴替本身。西周的崛起导致早期中国政治中心从河内(太行山脉与古黄河下游之间)殷商腹地西移到关中盆地。以庄白微史家族为代表的殷商史官以及继承二里头文化与二里岗文化工业传统的殷商工匠家族进入关中，并与周人贵族与高地贵族比邻而居，形成西周时代的关中知识群体。

同时，西周通过在东方封建诸侯，在河内地区(卫、邢、燕)、晋南盆地(晋)、山东(齐、鲁)、淮河流域(应、蔡)、江汉(曾)各自融合关中传统、殷商传统及当地土著传统，形成新的知识群体。西周王朝进一步通过鼓励不同群体之间的政治联姻，巩固其政治网络。这些政治纽带通过青铜铭文、镇国重器、礼乐组合，以及与历史古迹的空间联系交织在一起，构筑了与之前的晋南中心(陶寺)、嵩洛中心(二里头)、郑州中心(二里岗)、河内中心(殷商)政治网络完全不同的关中中心天下格局。无论是在周原还是诸侯封地，祖先的遗产成为许多贵族家族的政治资本，相关历史叙事成为周文明的基石。

在东西轴线和南北轴线交汇处的枢纽位置使得周原成为多元知识传统汇聚之处。殷商文明传统只是周人知识的来源之一，但精通书写的殷商世袭史官提供了记录与汇总各种历史知识的重要手段，殷商青铜工匠的精湛工艺则使得铭文礼器成为承载历史记忆的重要载体。在这些世袭史官的参与下，西周王朝可以建立起一套空前丰富的历史叙事来宣扬其天命观念。它的形成与西周王朝独特的知识版图紧密相连，兼容包括高地社会的多种知识来源，而非殷商传统的自然延伸。

关中的陷落改变了社会记忆在不同载体之间的传承轨迹——周原和丰镐通过器物与宗庙所承载的家族传统已经断裂，关中不再成为连接高地与东方社会知识网络的枢纽。随着周原的宗庙、重器与典籍的消失，历史知识的传播方式会发生相应的变化——为提高陈述效率，压缩传说叙事，讲述自己的政见，战国时代诸子作品呈现出显著的口诀化特征。除了作为古文传习的《尚书》之外，西周到春秋时代青铜铭文中常见的"厥……惟……"句式在《春秋》《左传》《国语》《逸周书》等典籍中已经消失。虽然集大成的西周知识传统是东周社会的知识基础，但是口述已经成为东周社会知识传承的方式，书写也不再是王室世袭史官的专属。

在遥远的江汉，曾国的南宫家族并没有经历西周灭亡所带来的知识版图变化。始封曾侯把始祖南公的故事带到了随州的封地，虽然大、小盂鼎的窖藏标志着周原南宫家族宗庙的终结荒废，但曾侯家族自西周初年以来的历史与荣耀通过口述、书写、器物、地点所共同承载的历史记忆得以延续。历代曾侯仍然在曾国的宗庙使用有铭青铜礼器和编钟来纪念祖先，使得开国元勋南宫伯括的传说保持着持久的魅力。通过曾、楚世代联姻，地位显赫的南宫家族与身份低微的楚子家族在江汉形成一个独特的、历时数百年的知识群体。在这个历史与现实地位倒置的关系中，我们可以推知楚王历史知识的来源，以及《左传》故事中庄王、灵王对周鼎的惦念。

致谢：本文受益于张天恩、李峰、方勤、曹大志、韩巍、郎剑锋、陈民镇等诸位先生和友人提供的修改建议和分享的研究成果，在此深表谢意。

东亚文明视野下的都市景观

黄晓芬

王权都市的形成与确立是世界文明早期国家诞生的重要标志之一。早期中国文明因素的出现可上溯至距今5000—4000年的龙山文化时期。中国最古的王权都市建设已形成"尊北"及"方中"思想，创建了以政治（宫殿）、祭祀（宗庙）建筑为中心，四周构筑城墙，围设城濠，构建由内、外城组建的巨大城郭都市。西汉帝都长安模仿宇宙天体秩序创建宏大雄伟的"建中立极"式理念都市。汉魏帝都洛阳建设则承前继后，更注重发展帝国政治、宗教礼制建筑的发展建设，造设以宫城正殿为主轴的南北中心对称型的都市空间，是为中国历代都城建制之滥觞，对中国文明周边地域国家形成期的文明装置建设产生了重大影响。

一、东亚文明的都市空间

（一）中国都城制及其构造特点

都市国家的成立

考古资料表明，东亚文明最古的都市国家诞生于长江下游的良渚文化，黄河中下游的龙山文化地区，奠定了中国古代都城建设之初基。良渚古城选择背山环水地带规划、建设以北为尊的内城外郭式都市建筑（图一）。内城建筑总面积约300万平方米，以宫殿区为中心，四周分设祭坛、王族墓区、作坊区和仓储区等。环其外周开设城濠，构筑夯土城墙，四面城墙各设两座水城门（宽约30米），南城墙中部设置一座陆城门。内城外侧北、东、南、西南一带的条形自然台地上堆筑土台构成良渚外郭城，其范围广达6.3平方公里。古城周围分布水田、聚落和墓地，调查确认了运河、防洪堤坝遗址，还发现城郭内外设置码头、水门设施等，形成了完备的都市水利系统。[①] 考古发掘、调查、复原表明，良渚

[①] 宋姝、刘斌：《良渚古城：中华5000多年文明史的实证之城》，《自然与文化遗产研究》2020年第3期。

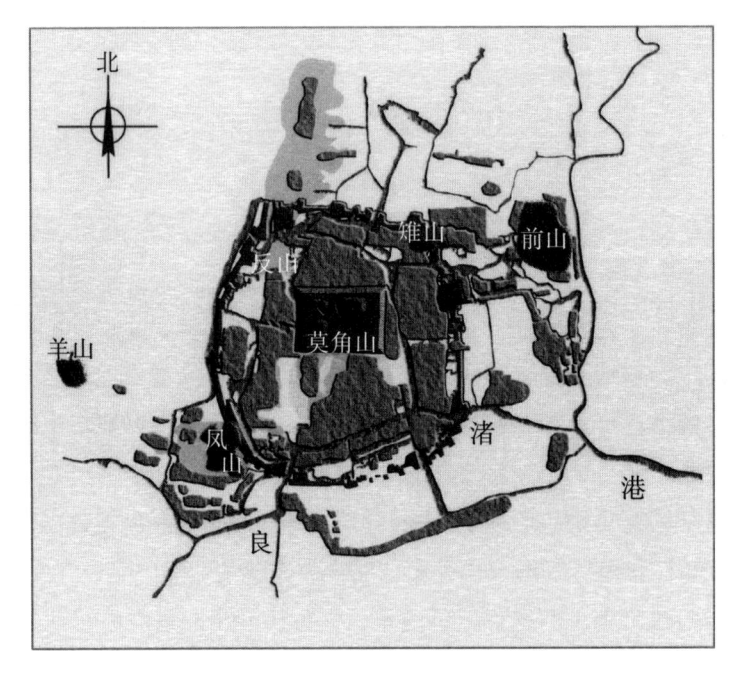

图一　良渚古城晚期平面图

古城既是政治、宗教礼仪中心，也是产业、交易、生活、交通的重要枢纽，是目前东亚文明世界发现的最早的王权都市。

河南淮阳平粮台古城是由夯筑城墙（一边185米），城墙外周开挖环濠（一边310米）围建而成的一座正方形城郭，建筑总面积约10万平方米。城郭四面墙体中部各开设一座城门，城内铺设东西、南北干道。2019年平粮台古城的发掘资料证实城内南北大道宽6—7米，路面留有清晰的车辙痕迹。由此南北大道遗址向两端直线延长则分别正对古城南、北城门。城内东西干道两端分别与东、西城门相连，与南北干道直角相交于古城中央，构成一座按正方位配置而且规格方正的都市。近年调查新发现还确认了城内建筑群（组）和道路遗存，出土了龙山文化期陶制筒形管道等，表明平粮台遗址都市用水设施趋于完备。道路遗址最下层之遗物、遗迹的年代分析结果证实，平粮台古城建于龙山文化早期，废弃于龙山文化末期。[1]

河南偃师二里头王都以内外二重式的方形城郭建筑为特点，内城建于郭城

---

[1]　秦岭、曹艳朋：《中国古代城市规划建制的始源——河南淮阳平粮台城址》，《中国文物报》2020年4月25日。

中部，所谓"方中"。城内建筑以朝堂、宗庙、大墓为中心，配置宫廷官署、庭院设施，大小建筑群（组）方位以北为尊。四周夯土造墙，城墙外侧开设壕沟，构成规格方正的二里头宫廷政治、祭祀中心，是为宫城。宫城北方设祭坛，祭拜天地神灵；宫城南面设置官营手工业作坊。如此连接南北三点一线构成二里头国都建设的南北基线，体现王宫居中的"尊北"思想，宫城内外修建纵横交错的道路，四面宫墙外侧铺设环城大道，宫城四边四隅的方角延长线上还分别修建由宫城通向东西南北四面八方的主干道，构成了所谓"井"字形都市大通道，可见呈现二里头都市道路系统业已成熟（图二）。属于都市居民生活区的大

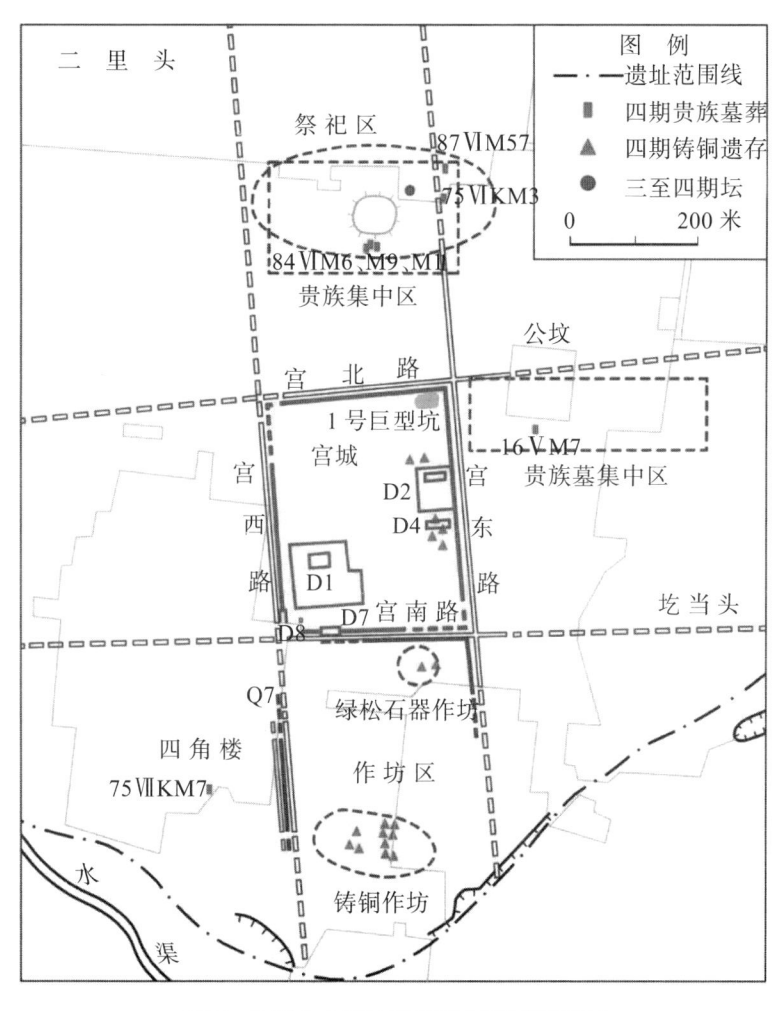

图二　二里头古城址平面图（赵海涛制图）

小聚落、墓地等分布在宫城的东西两侧。①

综合观察二里头城址的整体布局可知宫城与外郭之间的主干道建设将二里头都邑规整划分为九大区域，构成"九宫格"式的都市形制。这与周人理想的王都模式"匠人营国，方九里，旁三门，国中九经九纬，经涂九轨，左祖右社，面朝后市"（《周礼·考工记》）不无共通之处，从而可以认为二里头古都建制明确体现了尊北与"方中"思想，这一特点似与古代北极星信仰密切相关。古人视北极星为"天帝"星座，有据中央而坐镇四方之神威。二里头古城创设出端正方中的王都模式是与天界秩序相仿佛，显示"王权神授"之正统，为中国古代都市空间"建中立极"思想之滥觞。

秦汉帝都的建设思想

秦统一天下，定都咸阳，崭新的帝都集天地山川、人文景观于一体，"渭水贯都以象天汉，横桥南渡以法牵牛"（《三辅黄图》卷一《咸阳故城》）。雄伟壮丽，充分展现了天地圣神之灵威，标榜人间秩序的"皇权至上"。然帝都咸阳建设壮志未酬，仅二世而国灭，至于秦帝国都城的规模、形制究竟如何，长期以来是中国史上的一个难解之谜。所幸的是仿造帝都形制布局构建完成的秦始皇陵，虽经历两千年之久的岁月，陵墓建筑群至今保存基本完好。根据秦陵考古发掘资料及笔者参与的秦陵 GPS 调查结果表明，秦始皇陵择建于骊山、渭水之间，陵园建筑形制以内城外郭式构造为特点，巨型夯土坟丘竖穴墓圹，陵园寝殿建筑群、嫔妃附葬墓、陪葬坑（铜车马、珍禽异兽坑、甲胄坑、伎乐祭祀俑坑）等，均严格按照陵园南北中轴线展开中心对称型配置的复合型陵园建筑（图三）。GPS 测量数据证实秦始皇陵园建筑方位为北偏东 1.4°。② 骊山陵园北方有秦陵邑，东方有为秦始皇配备的地下军团，发掘出土的兵马车骑俑达 8000 体以上。近年还在陵园外城南墙外侧位置发掘了出土大量豪华随葬品的秦代高官大墓等。秦始皇骊山陵以宏大的复合型陵园祭祀建筑群为特点，形象地展示出"天人合一""皇权至上"的政治、宗教礼仪空间。

汉承秦制，高祖刘邦开国初期即践行圣贤思想及"天人合一"之理念，创

---

① 许宏：《最早的中国》，科学出版社 2009 年版；杜金鹏：《偃师二里头遗址祭祀遗存的发现与研究》，《中原文物》2019 年第 4 期。

② 惠多谷雅弘、鹤间和幸、中野良志、黄晓芬等：《衛星データを用いた秦始皇帝陵の陵園空間に関する一考察》，《中国考古学》（日本）2014 年第 14 号。

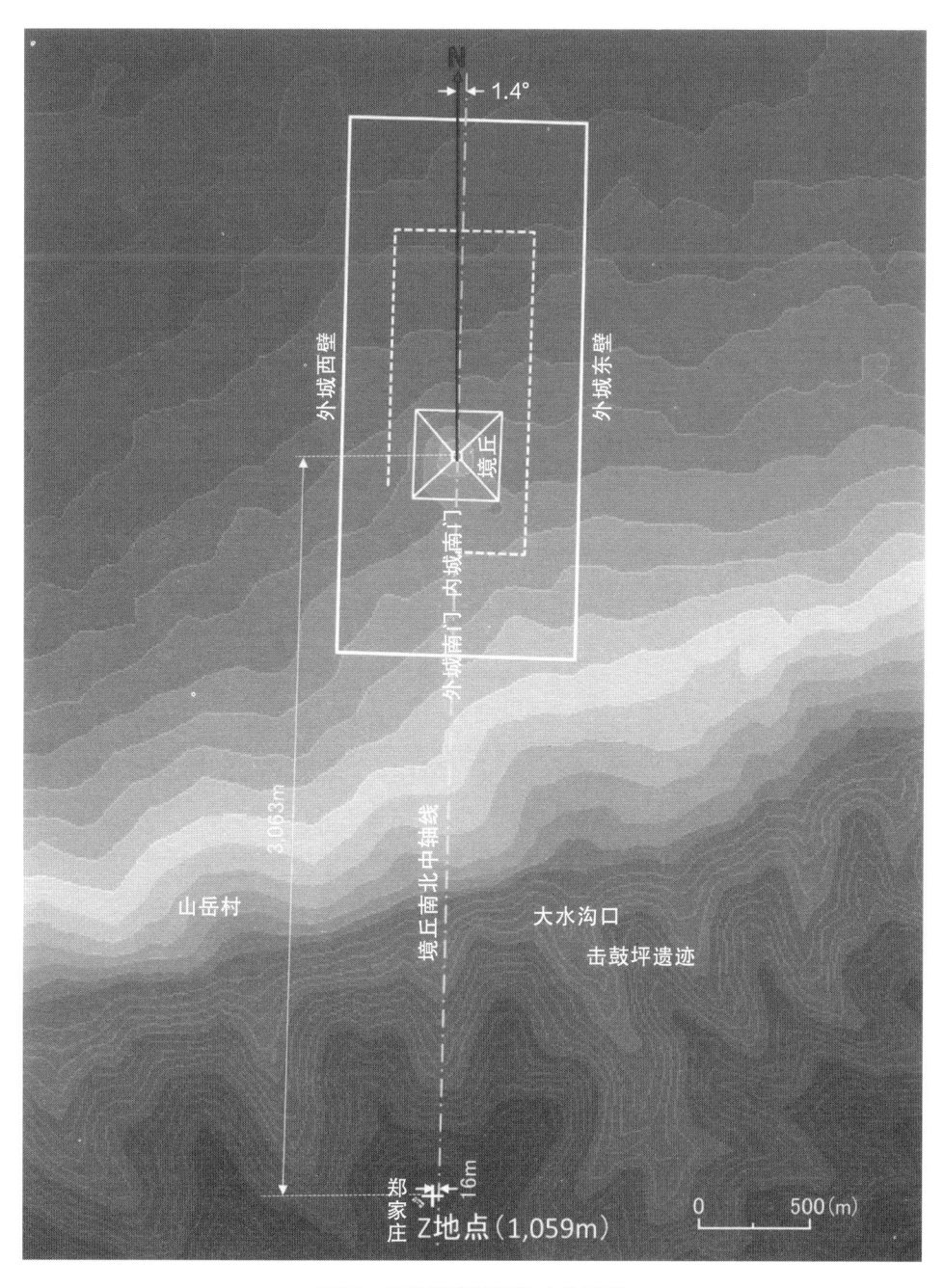

图三　秦始皇帝陵园的立地景观

建帝都长安，完成了秦帝国未竟之大业。现存西安市北郊的汉长安城遗址为一座由高大的夯土城墙和城濠围筑而成的方形城郭，总面积36平方公里。每面城墙开设三座城门，四面城门共计12座。城门为一门三道，或设置高大门阙。城内铺设纵横交错的都城大道，其东西、南北主干道在城郭中央直角相交，根据高精度GPS测量结果，汉长安城南北大道的方位角仅是北偏东56秒，汉长安城各大宫殿建筑、主干道等都是严格测定正北方位造设而成的。①

汉长安城内的建筑空间以未央宫、长乐宫、桂宫、北宫、明光宫为主，划分五大宫区（图四）。建于城郭南半的未央宫和长乐宫为皇权政治、礼仪中枢，

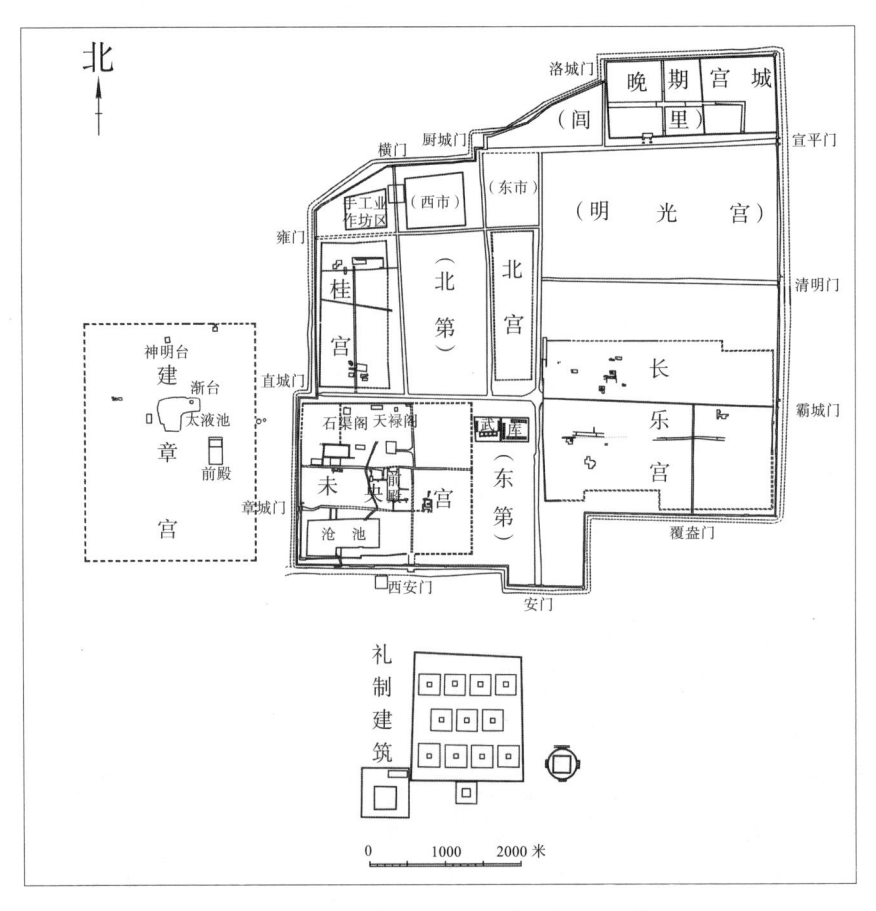

图四　汉长安城遗址平面图（刘振东作图）

---

① 黄晓芬：《论西汉帝都长安的形制规划与都城理念》，《历史地理》第25辑（2011年5月）；黄晓芬：《漢長安城建設における南北の中軸ラインとその象徴性》，《史学雑誌》115-11，2006年。

其他宫殿、官署、手工业作坊及东西市等分别配置于两大宫殿区以北。考察汉长安城遗址的平面形制及空间配置现状可知，城内五大宫区的合计面积大约可占据汉长安城总体面积的三分之二。因此，与其说现存汉长安城遗址是西汉帝国都城，倒不如说是汉帝都长安之宫城更合理。为验证此假说，笔者在陕西省考古研究所、中国社会科学院考古研究所汉城考古队同仁的协作下，曾数次前往汉长安城遗址以及周边自然、人文景观展开实地考察，并运用高精度 GPS 仪器实测调查。结果表明，人工建造物以汉长安城、高祖长陵、北方嵯峨山麓天井岸村的五方台基为主轴，自然景观则以长安城、高祖长陵之间的渭水为中心，南面的秦岭终南山、渭河以北的嵯峨山为重点。由汉长安城南大门直线南下抵达终南山子午谷口，其谷涧两侧山峰耸立仿佛"天阙"，而从长安城北上经高祖长陵直达三原县嵯峨乡天井岸村的五方台基、巨大圆坑等祭祀遗址。

综合各调查地点的 GPS 测量数据分析可知，由南山子午谷口北上到嵯峨山麓五方台基沿正北方位延伸直线间距为 75 公里，而自然与人工建造物各地点的真子午线最大方位偏角未超过 30 分（表1）。这条南北基线以渭水（天汉、天河）为中心，南岸造设皇权政治宫廷礼仪中枢（宫城，古称"斗城"）为现实"生"＝"阳"的世界，而北岸构筑高祖长陵及陵邑则象征"死"＝"阴"的空间，以南北中心对称配置的二大圣域为主体展现了汉帝都长安建设之长大的南北中轴线（图五）。通过以上调查证实西汉帝都长安的空间构造远远超出现存汉长安城遗址范围，是经周到的规划设计，运用高精度方位测定技术创建完成的。汉帝都长安是注重融通天上法则与地上政治秩序为一体即"法天象地"的宏大而神圣的都市空间。①

表1　汉长安建设规划中的大型南北轴线配置及方位

终南山 子午谷口	汉长安城安门 56.2″ 偏东	高祖长陵中点 4′ 偏西	五方台基中央基坛 29′28.8″ 偏东	巨型竖穴圆坑 19′13.8″ 偏西

---

① 黄晓芬：《论西汉帝都长安的形制规划与都城理念》，《历史地理》第25辑（2011年5月）；黄晓芬：《漢長安城建設における南北の中軸ラインとその象徴性》，《史学雑誌》115-11，2006年。

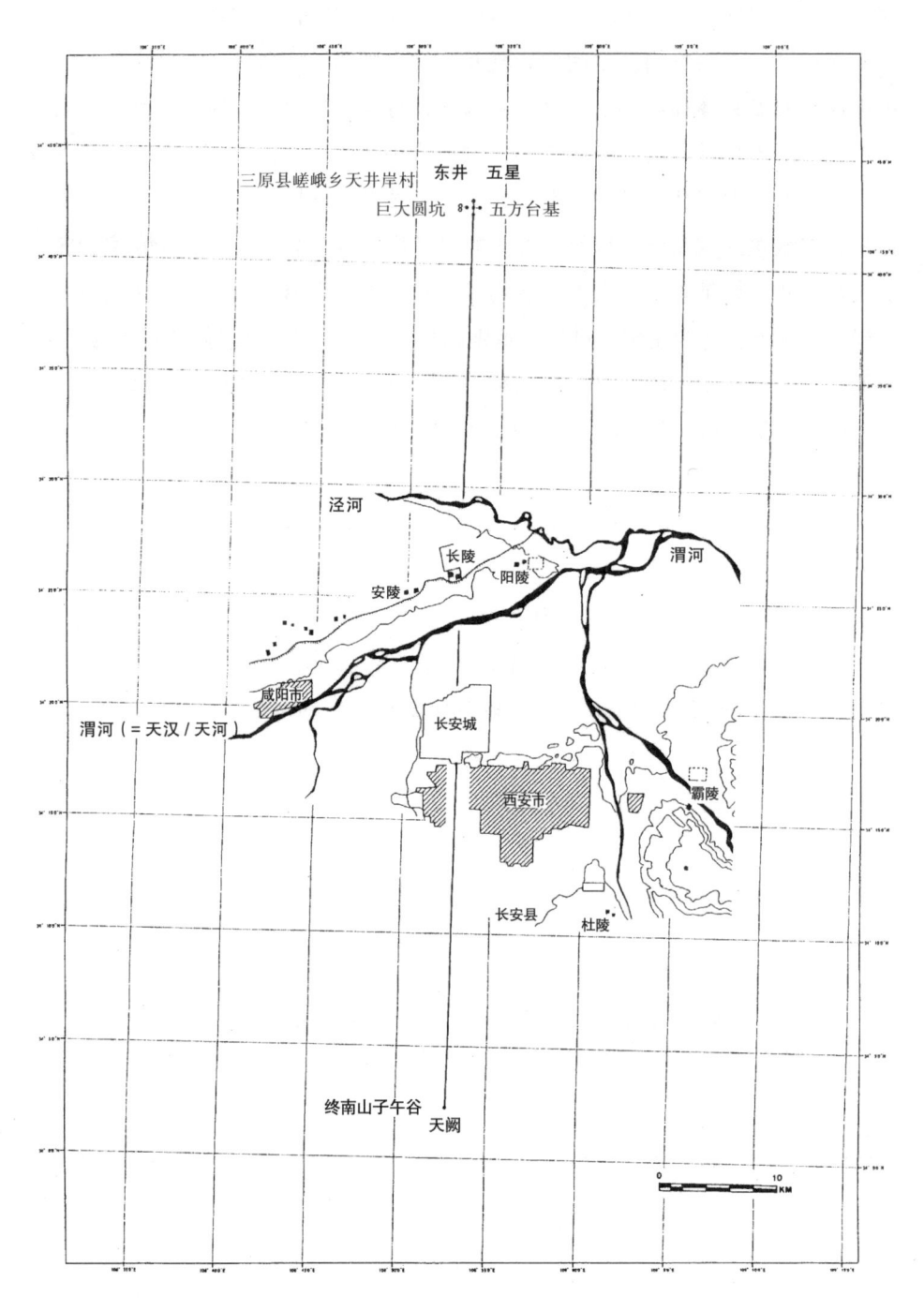

图五　汉帝都长安方位景观

汉魏六朝古都

汉魏洛阳城是中国都城建筑史上承前启后的重要里程碑。东汉洛阳城继承先代多宫制，曹魏时期废除南宫扩建北宫施行单一宫城制，完善了主体宫殿"前朝后寝"建筑格局。内（宫）城和外郭大道纵横、四通八达，都与帝都宫城太极殿直线连通。在太极殿南面造设中央大道通向宫城南大门阊阖门，并沿此宫城南北大道直线南下，经铜驼大街直达外城南墙正门宣阳门，由此直线南下至洛河，渡河则抵达对岸的明堂、圜丘等礼仪空间。魏晋洛阳城开启了以宫城太极殿与铜驼大街为基线的南北中轴线（图六），内城、外郭的宫殿、苑囿、里

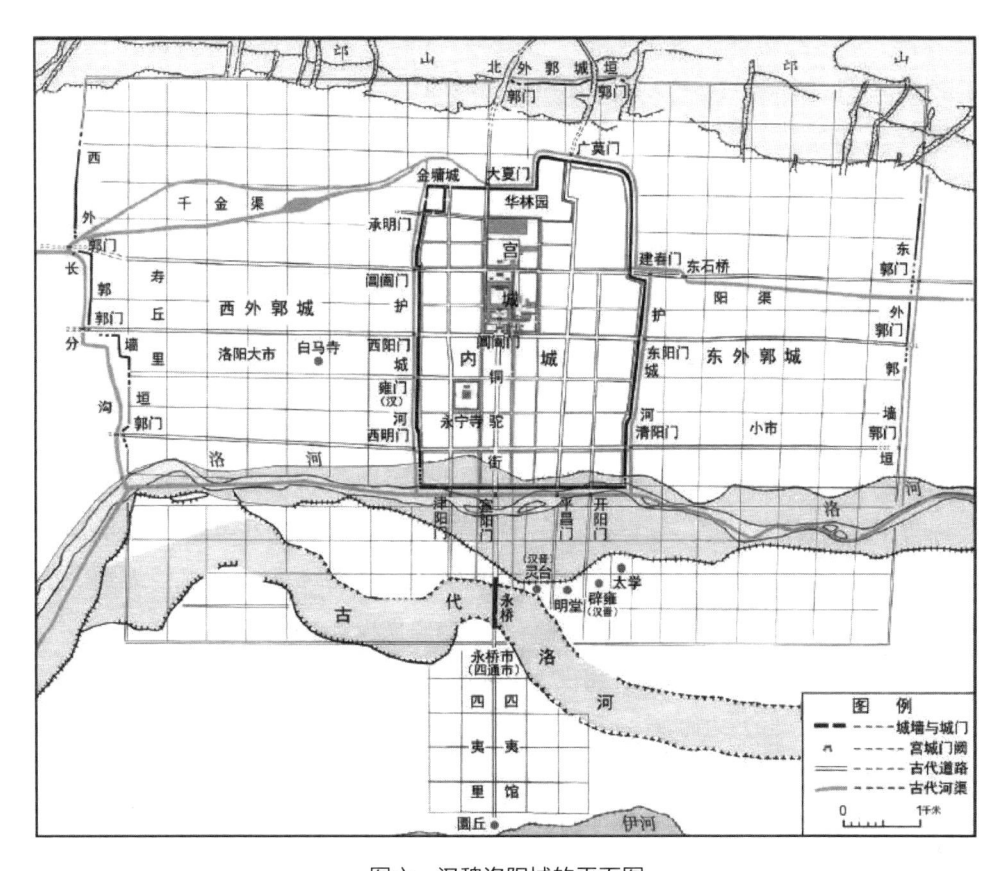

图六　汉魏洛阳城的平面图

（引自《汉魏洛阳城遗址研究》）

坊、市场等在轴线两侧对称配置。① 于是，中国古代都城"建中立极"的理念在此得以充分体现与完善。北魏洛阳城新设外郭城，形成由宫城、内城、外郭组成的三重城郭形制。汉魏洛阳城建制为六朝及隋唐帝都长安所继承，并对东亚古代国家的都城建设产生了重大影响。

南京六朝古都是以汉魏洛阳城为模本的内城外郭式都市建筑，三国吴都称"建业"，东晋更名"建康"，扩建改设单一宫制，之后南朝各代均以此为都城，前后长达360年。受周围山脉、河流走向制约，建康的方位偏角为北偏东25°（图七）。② 南朝陈灭国废都以后，历代王朝又在古都旧址上改建地方首府沿用至明清时代，现江苏省省会南京市政建筑中心直接叠压在建康城及其历代都市建造物之上，因此六朝古都考古调查工作受限，六朝建康城的构造形制及其都市空间至今不明。许嵩《建康实录》记述建康城建设早期采用木栅、竹篱等在宫城四面围筑方形的篱笆墙，在宫城四面围墙分设了六座土木结构的城门，又在宫城外围设56处不规整的篱笆栅栏，其间或设置以竹木材建造的"城门"，是为六朝古都的外郭城墙。由此推测建康是一座内城外郭式都城，土木建材构筑城门，造设篱笆围墙，外郭城或"有门无墙"。

近年来，考古工作者配合基建展开调查，发现并确认了六朝宫殿、祭坛和部分残存的城墙遗址。③ 考古工作者在南朝宫城北侧发掘一段夯土城墙和城濠遗址，判明宫城北墙的夯筑构造及其墙体分三次修建的，墙体外表及城濠侧壁均采用条砖砌筑，以强化宫城的防御功能。东晋建康城"宫城居中"，城内外亦铺设纵横交错的都市大道，以宫殿、官署、寺院建筑群为中心，条里制街坊规矩方正。由此可知，六朝建康城的建筑形制显然是遵循汉魏时代都城规划理念建设，依照南北轴线展开中心对称配置构成"建中立极"式规整的都市空间。

（二）日本飞鸟时代的都市建设

飞鸟时代（592—710年）是倭王国向"日本国"转型的重要加速期。自3世纪开始，倭王权注重与百济、高句丽、新罗等近邻诸国间的文化交流，积极汲取中国的汉字、儒教、律令、佛教等文化要素，外来与本土文化兼容并蓄，

---

① 杜金鹏、钱国祥主编：《汉魏洛阳城遗址研究》，科学出版社2007年版。
② 武廷海：《六朝都城规划》，清华大学出版社2011年版。
③ 王志高：《六朝建康城发掘与研究》，江苏人民出版社2015年版；贺云翱：《六朝文化：考古与发现》，生活·读书·新知三联书店2013年版。

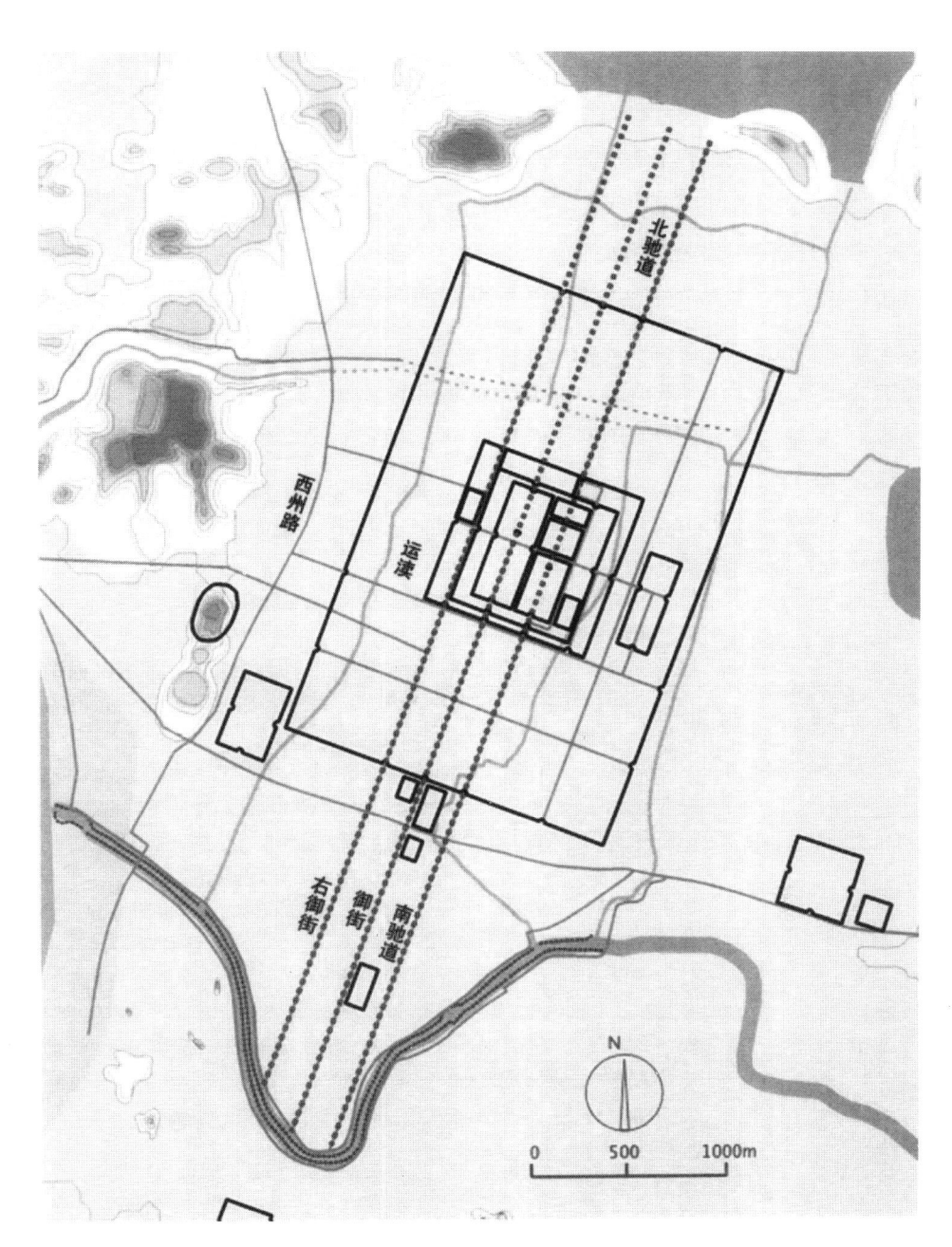

图七　六朝建康城的示意图

（引自《六朝都城规划》）

富于国际色彩的飞鸟文化亦应运而生。

飞鸟宫（京）

现奈良县明日香村一带是古代日本飞鸟时代的王都所在地，经考古调查确认，日本早期国都飞鸟宫（京）遗址范围大约南北1600、东西800米。[①] 飞鸟宫建筑以多宫制为特点，至迁都藤原京后改设单一宫制。飞鸟时代的宫殿、池苑、寺院建筑址分三期，各期建筑方位皆以北为尊（图八）。飞鸟宫Ⅰ期以飞鸟宫遗址为中心，周围分布有宫殿官署、池苑、寺院以及陵墓建筑等，主要宫殿寺院的建筑方位北偏西20°。Ⅱ－Ⅲ期的飞鸟诸宫及寺院建筑以宫廷中枢的净御原宫·后飞鸟冈本宫为中心，其北侧设置飞鸟寺正殿，形成飞鸟宫建设之南北中轴线（图九）。

近年，明日香村考古调查、发掘了飞鸟宫主要宫殿、池苑遗址和宫区内外

图八　飞鸟宫·寺院遗址（由南北望）

[①] 奈良县立橿原考古学研究所：《飛鳥京跡Ⅲ》，民新社2008年版。

东亚文明视野下的都市景观　79

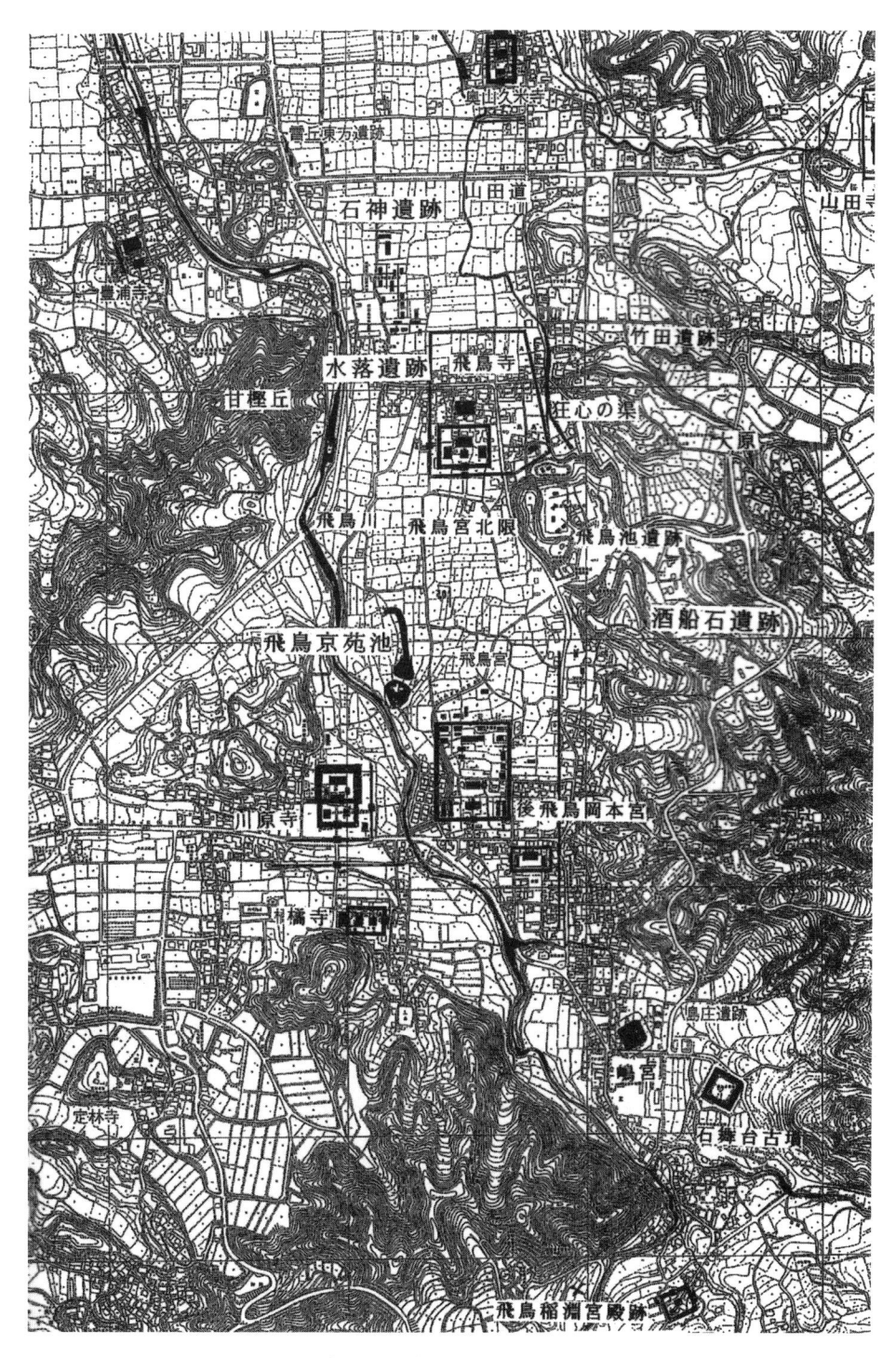

图九　飞鸟诸宫·寺院的平面图

的供排水渠道，发现了飞鸟时代开设的运河遗迹等，表明飞鸟宫（京）域的都市水利系统已趋于成熟。飞鸟诸宫建筑址周围还残存各类石造物，有男女石造像、大型龟石、须弥山、酒船石，还发现水边祭祀遗迹、漏刻水钟遗址等。[①] 日本学者一般认为这类华丽的建造物应当属于飞鸟宫迎宾馆。综合观察飞鸟宫石造物的造型、宫廷建筑配置及其用途等，可视之为飞鸟时代信仰礼仪空间的标志性建筑。

藤原宫（京）

这是日本史上开国建元的第一国都，别称"大藤原京"（图十）。根据《日本书纪》记载，飞鸟时代晚期（694年）飞鸟古都北迁藤原宫，初称"新益京"。考古调查资料证实，藤原宫（京）遗址位于飞鸟宫遗迹西北（现奈良县橿原市与明日香村之间），东西5300、南北4800米，建筑总面积约25平方公里。[②] 藤原京建设以规矩方正的宫城为中心，宫殿官署等皆坐南朝北，城郭内外展开规格划一的条坊制建筑。宫城1公里见方，城门、道路均严格依照正方位规划，整体建筑呈中心对称式配置，是为典型的"方中"设计（图十一）。沿藤原宫建

图十　藤原宫的方位景观（北：耳成山）

[①] 相原嘉之：《飛鳥の石造物》，《季刊考古学》第99号（2007年）。
[②] 寺崎保広《藤原京の形成》，山川出版2002年版。

东亚文明视野下的都市景观　81

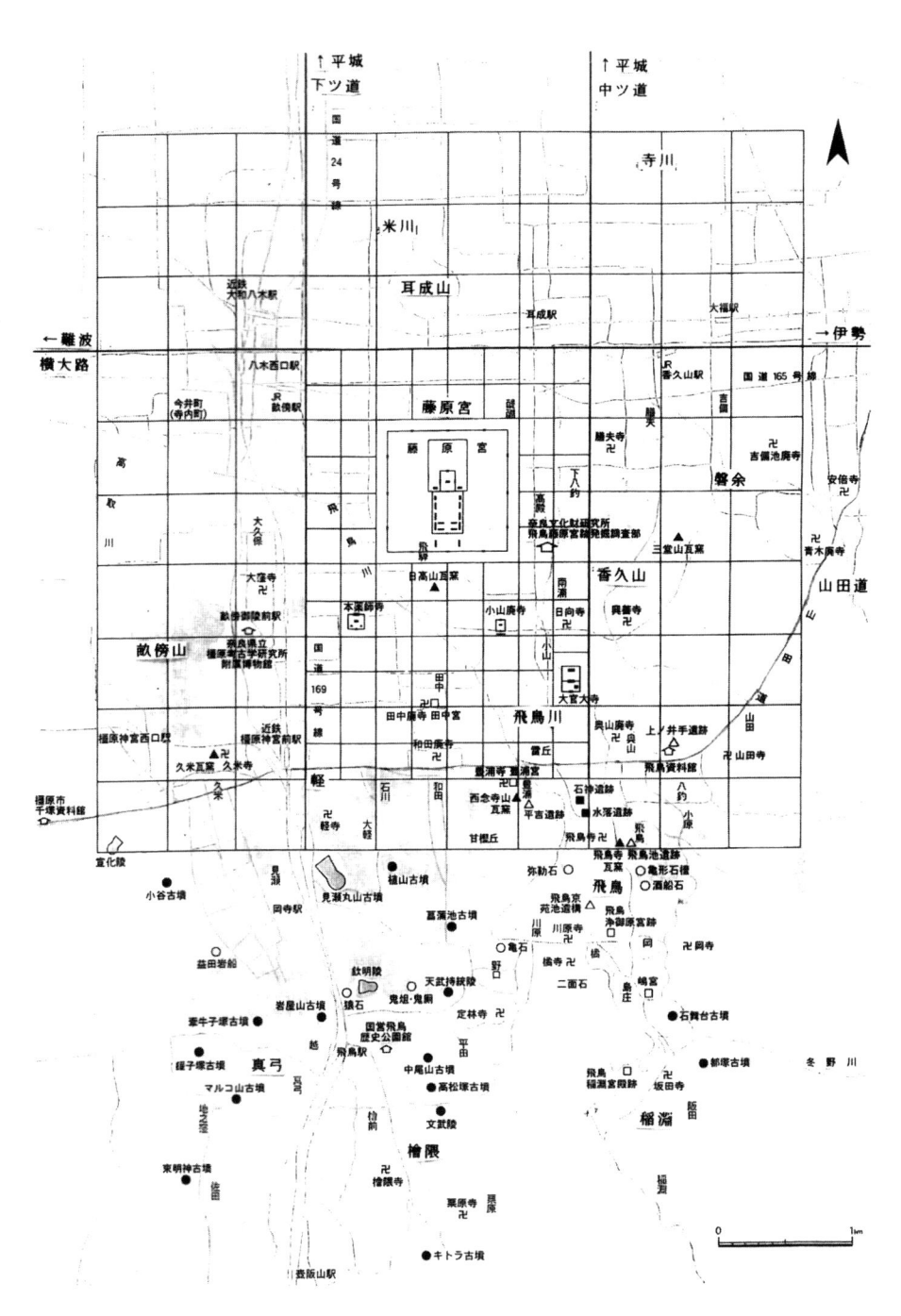

图十一　藤原京遗址平面位置图

筑南北基线北上延伸可直达奈良盆地北侧的耳成山，东西、南北大道在宫城中央直角相交，四面通达城郭正门。因此，日本多数学者认为藤原宫（京）的建筑形制是以《周礼·考工记》为模本建设完成的。

总之，飞鸟时代都城的方位及平面形制基本依照中国古代都城思想规划建设的，至飞鸟晚期藤原京建设则运用高精度测位技术，遵循汉魏洛阳城、六朝建康城的规划而建设了以"建中立极"为特点的都市空间。

二、都市文明的礼仪空间

（一）中国都城的礼制建筑与石刻

王权都市的礼制建筑

长江下游的良渚文化早在五千年前已开始筑城挖濠，构建起坐北朝南，以"方中"为特点的内外二重式的城。距今四千年前后黄河中游龙山文化平梁台古城、二里头古城则运用方位测定法，追求正方位建筑配置，创设出"方中"型的都市空间；同时采用夯土技术来构建祭坛、城墙、城濠等，还在宫城内外铺设纵横交错的都市交通大道。此后，中国历代都市建筑皆以北为尊。古人的尊北思想溯源于北极星信仰，信奉北极星如"天帝"星座，其神圣威力可以据中央而镇四方。秦汉帝国的都城、陵墓建筑已采用高精度的测量技术测定正北方位，严格按照都城建设南北轴线展开中心对称式配置。汉帝都长安建设以渭水（天汉）为中点，南岸建设长安城，展现"生"与"阳"的空间；北岸构筑高祖长陵，象征"死"与"阴"之世界。以此两大圣域为中心南下直达终南山子午谷口，向北上则可抵达嵯峨山天井岸村所在的大型圆坑、五方台基等祭祀礼仪建筑遗址，其南北两端的直线间距为75公里。沿线所在的自然山川与人工建造物皆以北方位为正，展现南北中心对称式空间配置（图五），俨然构成一条长大的汉帝都长安建设南北中轴线，从而完善了"建中立极"的都城模式。汉长安建设是模仿宇宙天体秩序创设完成的第一座雄伟宏大的理念型都市，显现宇宙天地、神灵、人间秩序之交相辉映的同时，更标榜"王权神授"之正统性。[①]

王莽时代注重汉长安城的礼制建筑，新设王莽九庙，并将社稷、明堂、辟

[①] 黄晓芬：《论西汉帝都长安的形制规划与都城理念》，《历史地理》第25辑（2011年5月）；黄晓芬：《漢長安城建設における南北の中軸ラインとその象徴性》，《史学雑誌》115—11，2006年。

雍、灵台、太学等宗庙礼仪建筑集中安排在汉长安城南墙正门安门外的大道两侧。其中明堂（圆形夯土台基中部建造方形殿堂）、辟雍（四面环水的方形建筑）等则进一步完善了汉代帝都的礼仪空间。北魏洛阳在内外城的南墙之间建造了皇家寺院永宁寺，显示佛教信仰的至尊地位。① 六朝都城建康亦仿造汉魏洛阳城建制，礼制建筑则集中造设于城南中央大道两侧，内外城的宫殿、官署、池苑建筑均按照都城南北轴线展开中心对称型配置。这一帝都空间配置在汉魏洛阳及六朝建康、隋唐长安城得到延续。

宫廷苑囿建筑及其象征性

汉魏六朝都城建设既遵循"建中立极"之理念，建造方正而严整的内城外郭形制构造，又注重展现神圣的政治礼仪空间。传统的都市空间以单调的直线型建筑规格为主流，不免厚重呆板。文献记载周王国都设有名为"灵囿"的苑囿建筑，以后战国时期诸侯王都亦相继开设苑囿。当时的苑囿建筑既是王室祭祀不可或缺的动物牺牲供给地，又可充当国家政治及祭祀礼仪的重要舞台，还能兼做军事训练、狩猎、礼宾待客的娱乐场所。春秋战国时期的都城与王墓建设中开始仿造自然山水景观，出现部分人造景观。秦汉时代的帝都与陵墓建筑注重宫廷苑囿的开发建设，兴建弧线式池苑和园林建筑，在帝都苑囿内还驯养珍禽异兽，为王侯贵族提供射猎享乐场所。古来庄严神圣的政治礼仪型都市空间开始出现豪奢华丽、带有神秘色彩的祭祀礼仪空间。秦始皇陵园城墙内外发现各类珍禽异兽坑，当属秦陵的地下苑囿建筑。秦汉时期南越国都宫苑遗址发掘出土"曲水流觞"遗址，在池苑附近还发现巨大海龟等，此类遗迹现象多与水边祭祀有关。汉帝都上林苑遗址位于汉长安城遗址西南，在秦咸阳宫苑囿旧址扩建而成，周长约120公里。② 汉武帝时期在上林苑内增设离宫别馆70余处，池苑周边建造亭、台、楼阁，湖水幽径处配置小桥流水。园林栽培植物多种多样，还移植如龙眼、荔枝、槟榔、橄榄、葡萄等外来稀有植物。上林苑内既养殖牺牲动物，又有容纳千万车骑的广大空间，既是皇家游猎宴游之地，也是上好的军事训练基地。魏晋洛阳城在宫城北侧、外郭城内开设北苑、乐游苑，引河水入苑池，是为历代皇宫园林建设之滥觞。六朝都城建康承袭魏晋洛阳城的

---

① 杜金鹏、钱国祥主编：《汉魏洛阳城遗址研究》，科学出版社2007年版。
② 中国社会科学院考古研究所、西安市文物保护考古研究院：《秦汉上林苑：2004—2012年考古报告》，文物出版社2018年版。

政治礼仪空间，还崇尚老庄思想建设皇家"乐游苑"。①南朝历代宫苑建筑亦注重自然山水之审美情趣，开启江南园林模式。

综上所述，秦汉时代的帝王将相盛行在都市苑囿、宫廷园林举行游猎，置身于龟鹤鹿鸣、龙凤呈祥的苑囿池畔之间，举办祭祀、宴饮、礼宾仪式等。魏晋南北朝时期的都市宫苑建设不断兴盛成熟，为历代王朝所继承。

都市景观与石造物

秦汉、魏晋南北朝时期的都城，往往在宫廷池苑、离宫别馆、河湖桥梁、交通要塞乃至陵墓等地，设置有造型、题材各不相同的石刻。其中人物、动物造像可视为与天地神祇、避邪祈福信仰相关。

汉武帝时期整修扩建上林苑昆明池时，在池畔、湖水中设置大型石造像。例如，昆明池东西两岸分别残存巨石圆雕人物造像各一座。这两座隔岸相望的男女跪坐造像仿佛神话传说中由天界下凡的牛郎、织女造型（图十二）。汉长安城西门外建章宫内太液池仿咸阳蓝池，池水中央还构筑太液仙山——蓬莱、瀛洲、方丈，以显示人间仙境；又在太液池中设置巨石圆雕的鲸鱼造像，石雕大鲸的体长5.6米（图十三），充分显示出这水中神灵之巨大威力。陕西甘泉宫大殿遗址附近残存有石鼓、石熊（图十四）等圆雕石造像。另外，汉长安城横门

图十二　汉昆明池石造像　　　　　　　图十三　汉太液池石鲸
　　a.牛郎　b.织女（简报插图）

---

① 王志高：《六朝建康城发掘与研究》，江苏人民出版社2015年版；贺云翱：《六朝文化：考古与发现》，生活·读书·新知三联书店2013年版。

图十四　汉甘泉宫石熊　　　　　图十五　汉长安城石辟邪

以北，古渭河桥头附近也出土有石造怪兽像（图十五），竖目、阔嘴、大鼻等雕刻特点多与远古神灵怪兽的造型相通。古人信奉其四方镇守及避邪降灾之威力，才将此类石造物设置于城门处，并配备于桥梁、交通要塞之地。

近年，成都市中心建筑工地发掘出土一巨石圆雕石犀造像（图十六），经考古工作者调查确认，这件巨大石犀造像配置于汉、三国时期蜀汉郡治主体建筑群中央。[1]扬雄《蜀王本纪》有"江水为害，蜀守李冰作石犀五枚，二枚在府中，一枚在市桥下，二枚在水中，以厌水精"的记载。石犀可为扬雄之说提供例证。另外，四川省雅安市芦山县调查发现古城址，通过出土残碑文字释读确认其为三国蜀汉时期姜城遗址。[2]城门外侧发掘出土一件力士驭兽石造像（图十七），兽首虽已残缺，但依旧可见兽体及驭手雕刻生动而刚劲有力，足以显示其镇守城门避邪降魔之功。

汉魏时期的帝王陵墓建筑开始兴建各类石刻。[3]霍去病墓的高大封土仿造祁连山而建，在坟丘上下分别配置各类石雕造像。现在原地残存二十余件石刻中，既有与祭祀牺牲有关的马、牛、野猪，也有见于神话传说的力士搏熊、怪兽食羊，还有具备神武灵威的夔龙、伏虎、龟鱼、蟾蜍，以及表彰霍去病生前战绩的"马踏匈奴"等。东汉以后，地方各级官贵大墓亦兴建墓园、祠堂，在门阙

[1] 罗开玉：《成都天府广场出土石犀、汉碑为秦汉三国蜀郡府衙遗珍说》，《四川文物》2013年第3期。
[2] 郭凤武：《四川芦山县东汉赵仪碑考》，《成都文物》2003年第3期。
[3] 朱浒：《汉画像胡人图像研究》，生活·读书·新知三联书店2017年版。

图十六　秦汉蜀郡官衙城址出土石犀 　　　　图十七　蜀汉姜城遗址出土力士驭兽石雕

两侧配置人与动物石造像等。四川地区的东汉至三国蜀汉时期的大中型墓前配置石雕辟邪（图十八）、镇墓兽、石羊、虎、龟蛇等，还有石刻圆雕的方相、怪兽、仙山（图十九）等，造型题材丰富多样且各显神通。山东地区的大中型汉墓多在墓园门阙、祠堂附近设置石羊、石虎造像，以及石人或两面、四面石人（图二十）造像，其中不少石造像有榜题文字或铭刻纪年。山东汉墓出土的两面石人造像一侧题刻"建和元年造"纪年铭文，且人物造型突出男女性器刻画，似与神灵崇拜有关。[1] 魏晋南北朝时期帝王陵墓的石刻则更突出巨大石雕辟邪、天禄，以及人物、走兽造像等，这些巨型石刻均在陵墓南面神道两侧对称配列。南朝陵墓石刻以神道石柱、天禄、辟邪呈对称组合配列遂成定式，为隋唐以后历代帝王陵墓的神道石刻所承继。

另外，山东半岛的汉魏时代大墓、祠堂以及周边地带发现不少体魄强悍且相貌独特的人物石造像。[2] 其造型特征分直立和跪坐式两种，面部刻画多为深目高鼻，头戴三角形帽，具备欧亚大陆草原游牧民"胡人"的形体特征（图二十一）。观察这些非本土造型的"胡人"造像及设置地点可以视之为具备镇守降魔功能的石刻（图二十二）。

---

[1] 朱浒：《汉画像胡人图像研究》，生活・读书・新知三联书店2017年版。
[2] 徐龙国：《山东大型胡人石雕像与欧亚文化交流》，《中国国家博物馆馆刊》2018年第10期。

东亚文明视野下的都市景观　87

图十八　四川高颐墓神道石辟邪

图十九　石雕仙山

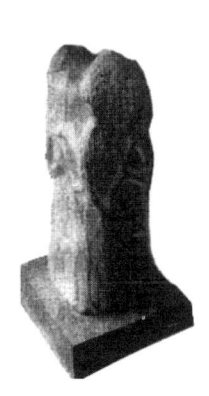

图二十　两面人石造像

图二十一　胡人石雕像（徐龙国制图）

图二十二　胡人头像

(二) 日本飞鸟宫礼仪建筑及其石造物

宗教礼仪建筑

飞鸟宫以北为尊、以主体宫殿为轴心，沿南北轴线展开宫殿官署、佛教寺院等中心对称配置，显示体现飞鸟时代的王权政治、宗教、祭祀场所等各项设施基本上是按照中国都城格局来规划的（图九）。日本飞鸟宫不仅发现了宫殿和佛教寺院，还发现了石神遗址、飞鸟宫池苑、迎宾馆建筑群，池苑内还有中洲岛等。近年的考古调查在宫内外还发现了宫苑水道、暗渠、池苑喷水设施，以及南池护岸遗址等，这一切都显示飞鸟都市生活的给排水、园林美化设施齐备。另外，飞鸟宫域还发现了运河遗址，既方便了飞鸟市民的都市生活与交通，也大力促进了当地水田开发、灌溉农耕等。飞鸟时代佛教兴盛，飞鸟寺、川原寺的伽蓝塔院等建筑庄严而规模宏大，其中日本最古的佛教寺院飞鸟寺位于飞鸟宫南北中轴线之北端，平时为弘扬佛法的宗教场所，而国家有事之际还兼作军事据点，又可屯兵，加强防御（《日本书纪》卷二十四）。

飞鸟宫的石造物

飞鸟宫遗址内外及周边山麓地带遗存不少与飞鸟宫建筑有密切关系的石造物。目前发现规格不同、造型各异的飞鸟石造物二十余件，尤其是巨石雕刻造像独具特点[1]。其中大型圆雕石龟造像体长3.6、高1.8米（图二十三），技法娴熟，造型生动、写实。飞鸟宫域的山麓台地上有一被称为"酒船石"的大型石造物，由一块重达5吨的巨石雕凿而成，全长5米。巨石表面及周边侧缘分别雕凿有直线、弧线形小沟槽，间有几处雕刻圆形、椭圆形的小沟槽者，呈现点、线、圆相连接的几何形纹样（图二十四）。在观察巨石出土地点及其圆弧、直线纹样特点后，有学者认为这是举行某种祭祀、占卜过程中所需的神秘装置，或与不老不死的神仙思想有关。近年在距"酒船石"遗址不远处又发现了"出水酒船石"，这是由石槽及木石建材组合构建而成的宫苑导水道设施，主要以矩形石槽、龟形石槽为中心，采用石、木建材铺设上下流水通道连接而成。其中龟形石槽兼具实用性与装饰性，以长寿海龟为模特，雕凿精美的龟甲式圆形石槽直径2米，龟首、龟尾则分别雕凿入水、出水孔道，引山麓水由龟首流入，再由龟尾流出（图二十五）。由出土地点及其造型特点推测，"出水酒船石"

---

[1] 相原嘉之：《飛鳥の石造物》，《季刊考古学》第99号（2007年）。

图二十三 飞鸟宫龟石　　　　　图二十四 飞鸟宫酒船石

图二十五 宫苑涌水遗址龟形石槽

有可能是与神仙信仰有关的祭水设施，或为飞鸟时代王权祭祀必备的设施。

飞鸟宫遗址在宫廷建筑及池苑之间发现有各类石造物，其中石雕胡人立像为男女侧身抱拥姿态（图二十六），男子高鼻大眼，头戴三脚帽，手中托一杯盏（残缺），其上下皆有连接孔道，似为喷水孔。迎宾馆遗址范围内还遗存一件由三块大石重叠构成的须弥山石雕刻，其山石外表上下三段分别以浮雕手法刻画连绵回转的山峰、波浪澎湃的大海，及其间隐约可见的人与动物造型（图二十七）。拟或显现咸海环绕的佛陀世界，模仿与再现理想化的宇宙山造型。此须弥山石造物体内亦开凿有上下导水孔道，经检测确认其导水孔道具有喷水功

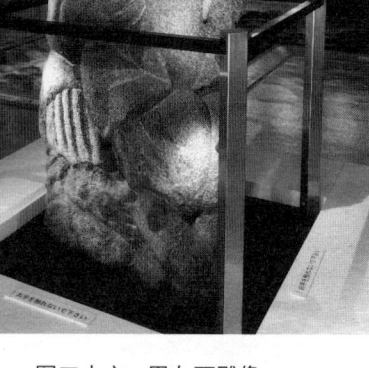

图二十六　男女石雕像　　　　　　　　图二十七　须弥山石

能。因此，飞鸟宫迎宾馆的石造物不仅造型生动，装饰华丽，还兼备宫苑喷水之效用。

　　飞鸟宫石造物中跪坐式胡人石造像更是别具一格。现明日香村"吉备姬王墓"前遗存四件保存基本完好的男女石造像。其中一对裸身男女跪坐石造像之圆雕技法娴熟，人物造型生动写实。被称为"猿石"的男子造像阔嘴大脸，深目大鼻，头戴三角帽，裸身凸肚，突出性器刻画（图二十八），具有胡人的形体特征。旁边还有两件石人造像，一件为裸身包头巾的男子跪坐像，另一件为头戴三角帽、大眼高鼻的男子跪坐胡人像。在飞鸟宫及寺院遗址附近还残存两件石雕人物造像，其中一件为背对两面石人造像，刻画深目大鼻的胡人造型（图二十九）。另一件仅残留人物头部雕像，突出刻画深目大耳，鹰钩鼻，人物面部造型生动写实，明确显示西域胡人特征（图三十）。有学者根据文献记录推测是波斯工匠来飞鸟制作的，但由于缺少实物证据，飞鸟宫遗存的胡人石造像究竟是如何出现的，至今依然存疑。然而，中国汉魏帝都、陵墓，以及都市交通要塞多安置的各类神灵石刻，其中也有造型相似的胡人石造像。比较两者造型特点，可以推知在飞鸟宫设立的胡人石造像也可能具备镇守降魔之避邪功能。

图二十八　男女石像

图二十九　两面石人像　　　　　图三十　胡首雕像

结　语

中国古代都城建设始终以尊北、"方中"为特点。二里头古城首创中国"建中立极"的"九宫格"式都市空间。而秦汉帝都建设模仿宇宙天体秩序，创设按照正北定位沿南北中轴线展开的政治、祭祀礼仪空间。承前启后的汉魏帝都更注重都市宫苑、陵墓、祠庙建设，还在宫廷池苑、陵园建筑群开设人工造景，因地制宜配置各类神祇、胡人等石刻，从而为古来庄重的政治、礼仪空间增添了豪奢而神秘的都市审美色彩，还能避邪降魔而享受神灵护佑。古代日本飞鸟宫和藤原京建设基本以汉魏六朝都城建制为模本规划、建设，注重建造豪华的宫廷池苑及礼宾建筑，并且配置各类避邪、降魔等石造物。于是，日本古代都城在飞鸟时代建设齐备，并在与周边国家的文化交流过程中，阔步迈入东亚地区的文明国度。

"八主"祭祀研究

王 睿

"八主"是指天、地、兵、阴、阳、月、日、四时八个祭祀对象，八主祭祀最早记录于《史记·封禅书》："八神将自古而有之，或曰太公以来作之。齐所以为齐，以天齐也。其祀绝莫知起时。八神：一曰天主，祠天齐。天齐渊水，居临淄南郊山下者。二曰地主，祠泰山梁父。盖天好阴，祠之必于高山之下，小山之上，命曰'畤'；地贵阳，祭之必于泽中圜丘云。三曰兵主，祠蚩尤。蚩尤在东平陆监乡，齐之西境也。四曰阴主，祠三山。五曰阳主，祠之罘。六曰月主，祠之莱山。皆在齐北，并勃海。七曰日主，祠成山。成山斗入海，最居齐东北隅，以迎日出云。八曰四时主，祠琅邪。琅邪在齐东方，盖岁之所始。皆各用一牢具祠，而巫祝所损益，珪币杂异焉。"

八主祭祀在正史文献中被载录的只有《史记》和《汉书》，秦始皇、秦二世、汉武帝、汉宣帝均亲临其中的某几个祭祀地点进行祭祀[①]，祭祀时间是皇帝驾临时则祭祀，平时不祭，"上过则祠，去则已"。[②] 八主祭祀位列于国家祀典的时间不过二百年，汉成帝建始二年（前31），于长安南郊郊天、北郊祀地的郊祀制确立后被废止。[③]

八主祭祀鲜有学者研究，八主祭祀出现的时间和社会背景等基本问题尚不

[①] 秦始皇事见《史记·封禅书》、《秦始皇本纪》，《汉书·郊祀志》。秦二世事见《史记·封禅书》、《秦始皇本纪》。汉武帝事见《史记·孝武本纪》、《封禅书》，《汉书·郊祀志》、《武帝纪》。汉宣帝事见《汉书·郊祀志》。

[②] 八主在秦代国家祭祀体系中的地位，"诸此祠（指雍地诸祠）皆太祝常主，以岁时奉祠之。至如他名山川诸鬼及八神之属，上过则祠，去则已。郡县远方神祠者，民各自奉祠，不领于天子之祝官。祝官有秘祝，即有灾祥，辄祝祠移过于下。"（《史记·封禅书》和《汉书·郊祀志》）。八主在汉代国家祭祀体系中的地位，"至如八神诸神，明年、凡山他名祠，行过则祠，行去则已。"（《史记·封禅书》、《孝武本纪》，《汉书·郊祀志》）

[③] "（建始）二年（前31年）春正月，罢雍五畤。辛巳，上始郊祀长安南郊。诏曰：'乃者徙泰畤、后土于南郊、北郊，朕亲祗躬，郊祀上帝。'"（《汉书·成帝纪》）"四百七十五所不应礼，或复重，请皆罢。"（《汉书·郊祀志下》）

清楚。本文拟从八主祠的地理位置和所处的历史文化环境入手，分析八主祭祀出现的时间和社会背景，从而揭示八主祭祀在中国宗教思想史上的重要地位和中国国家宗教的某些特质。

一、八主祠的地理位置、现存情况

八主的祠祀地点均分布在山东半岛，在汉代的星野制度中属齐地。[①] 天主、地主、兵主三祠在半岛腹地的淄博市、泰安市和汶上县一带，余在东部沿海。

据多年的考古工作与文献研究，可知天主祠位于今临淄市齐都镇齐国临淄故城南的牛山脚下（图一），此处原有泉水涌出，如天之腹脐，名天齐渊，喻为天下的中心。原来的"天齐"祭祀借用为天主，祠祀遗址已遭破坏（图二），但在临淄故城等地曾发现带有"天齐"字样瓦当（图三）。地主祠尚未发现，研究证明梁父山应不是今人所指的映佛山，新泰市楼德镇的"羊祜城"即为梁父城[②]（图四），地主祠应在附近。兵主所在的"东平陆监乡"位于鲁西南，属于黄泛区，古今地貌差异非常大，已经没有踪迹可寻，当地的阳谷、巨野、寿张三县政府根据历史传说修建了与蚩尤有关的地标建筑。阴主祠位于今招远市三山镇海边的三座小山上（图五），已遭破坏，东南有曲城城址（图六）。阳主祠位于烟台市的芝罘岛上，西南为三十里堡古城址（图七）。现尚存清代阳主祠的部分建筑和元代"八神阳主庙记"碑（图八），从1950年代以来，阳主祠为军事单位占用，1967年改建清代大殿时曾出土两组汉代祭祀玉器（图九），未能展开工作，具体情况不明。在月主祠所在的归城，秦汉时期为皇帝的亲临，在归城内修建了离宫别馆（图十）。庙周家夯土台被破坏得支离破碎，从出土的大量瓦当分析，秦代在高耸的夯土台上建有亭阁，汉代又增铺了逶迤上行的踏步砖。窑址的发现，说明建筑所需砖瓦为当地烧制。位于威海市成山头的日主祠，西南有不夜城。秦汉时期建筑规模急剧扩大，当时各类建筑应是高下错落、鳞次栉比，包括亭（观）、立石、祠庙、施祭地点等，从残迹中仍可约略看出为不同功能的组合（图十一）。从现有遗迹遗物的分布情况观察，秦代在最高点成山中峰修建了亭阁，在南峰立石，在南马台修建了带排水设施的祠庙或行宫；汉代在通

[①] "齐地，虚危之分壄也。东有菑川、东莱、琅邪、高密、胶东；南有泰山、城阳；北有千乘、清河以南，勃海之高乐、高城、重合、阳信；西有济南、平原，皆齐分也。"（《汉书·地理志下》）

[②] 王睿、林仙庭、聂政主编：《八主祭祀研究》，文物出版社2020年版，第17、18页。

往中峰亭阁的山路上加铺了踏步砖,在灯塔地和校场沟等处增修了建筑,充分利用了南马台上的秦代设施,在排水管道上有清晰的更换和加固陶管道的遗迹现象,并在酒棚遗址上填土造台,并瘗埋玉器为祭(图十二)。四时主祠所在的琅琊台属于青岛市黄岛区(图十三),文献材料中多见越王勾践在此建都的记载,但考古工作未能发现任何实物资料,勾践建都的琅琊应另有其地。[①]秦汉时期大兴土木,秦修建了琅琊台和小台(图十四),汉代只利用了大台。另外,位于琅琊台西北的祝家庄遗址出土了"千秋万岁"瓦当、陶水管等高等级建筑材料,器物的形制纹饰与琅琊台出土的西汉中晚期器物相同,遗址周围还分布有西汉中晚期大型墓葬。祝家庄遗址可能为当时的琅琊郡址,或为汉宣帝驾临时的驻跸之所。

图一 齐临淄故城与天齐渊相对位置图

---

① 王睿、林仙庭、聂政主编:《八主祭祀研究》,第338—339页。

图二　齐国故城南的牛山遭采石破坏情况

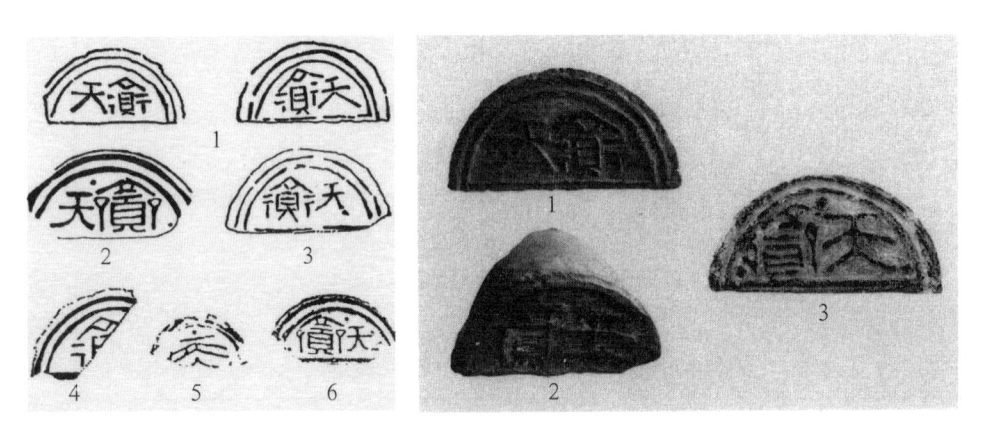

图三　齐临淄故城等地出土的"天齐"瓦当

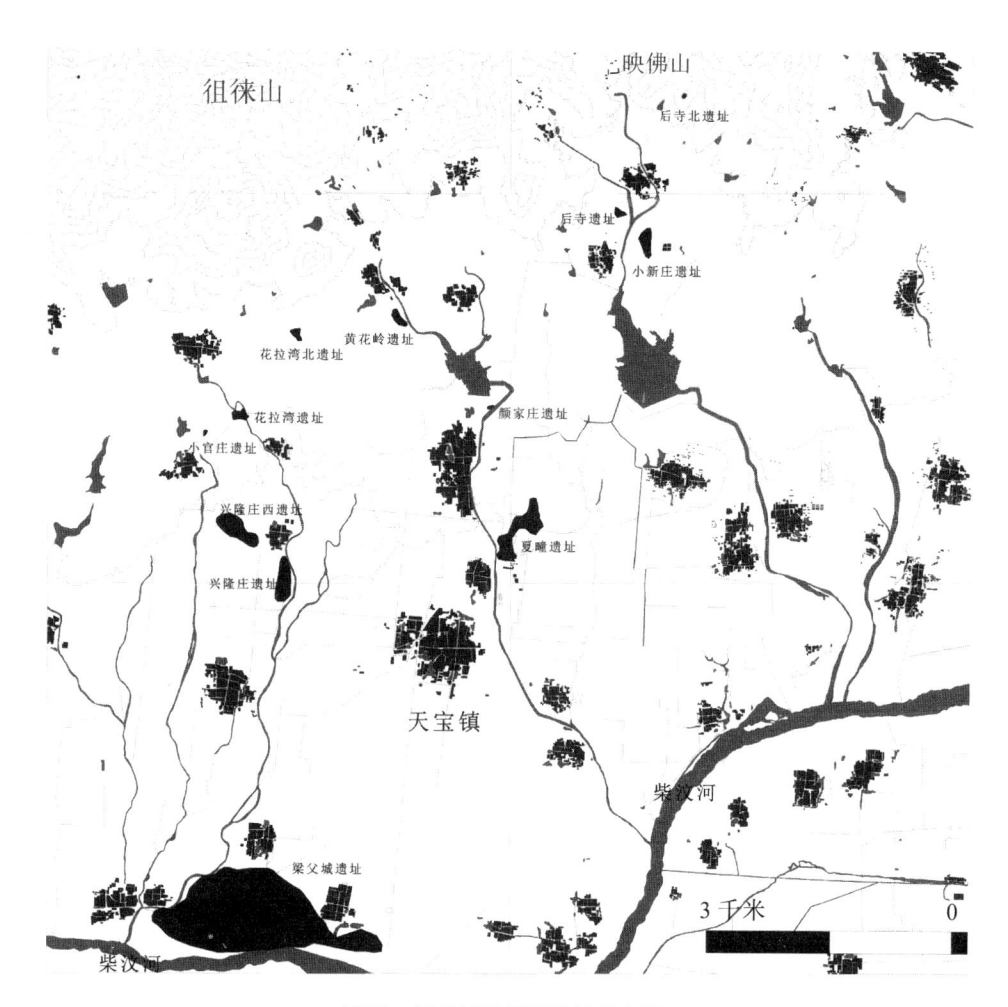

图四　梁父城及周围遗址分布图

图五　阴主祠所在的三山岛

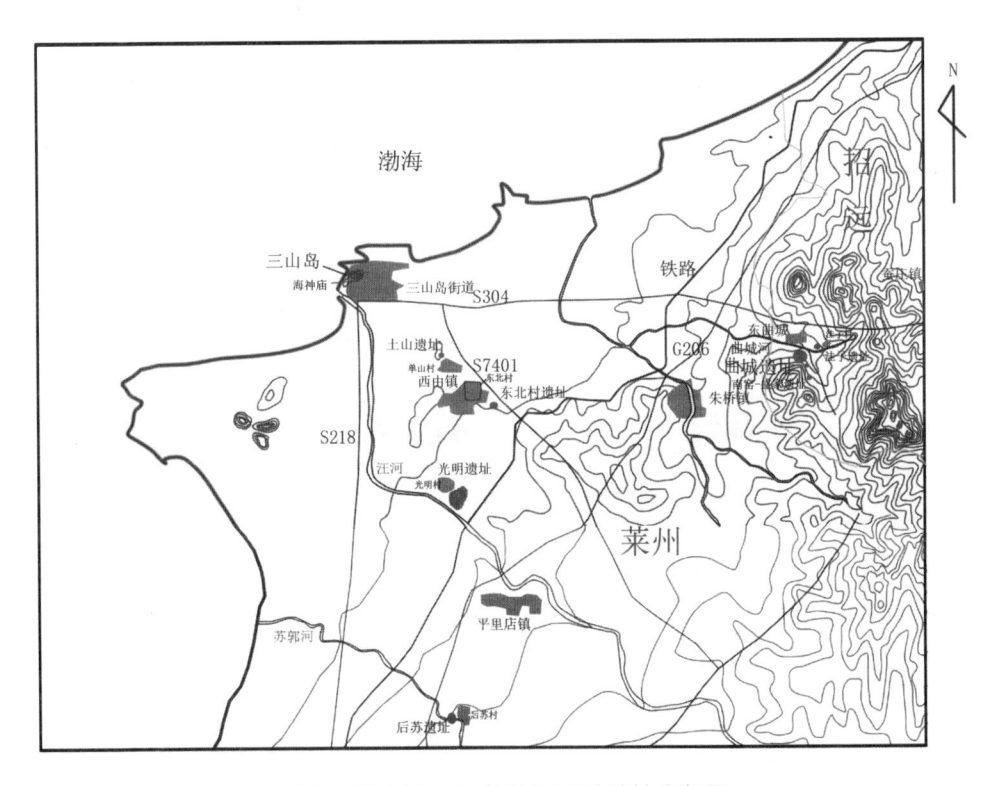

图六　阴主祠、曲城城址及周边遗址分布图

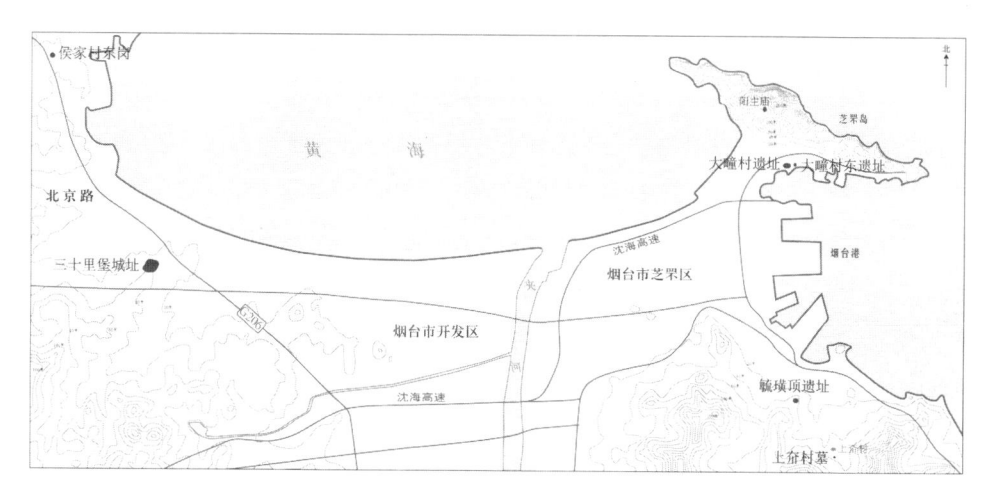

图七　阳主祠、三十里堡城址及周边遗址分布图

图八　"八神阳主庙记"碑拓片

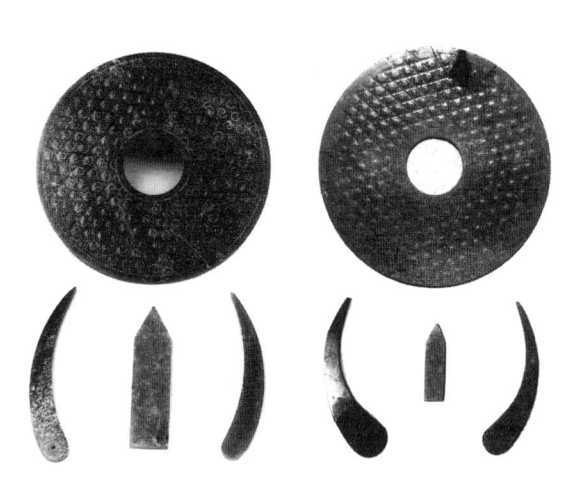

图九　阳主祠出土的两组祭祀玉器

图十　月主祠所在的归城城址的地貌环境与遗迹分布

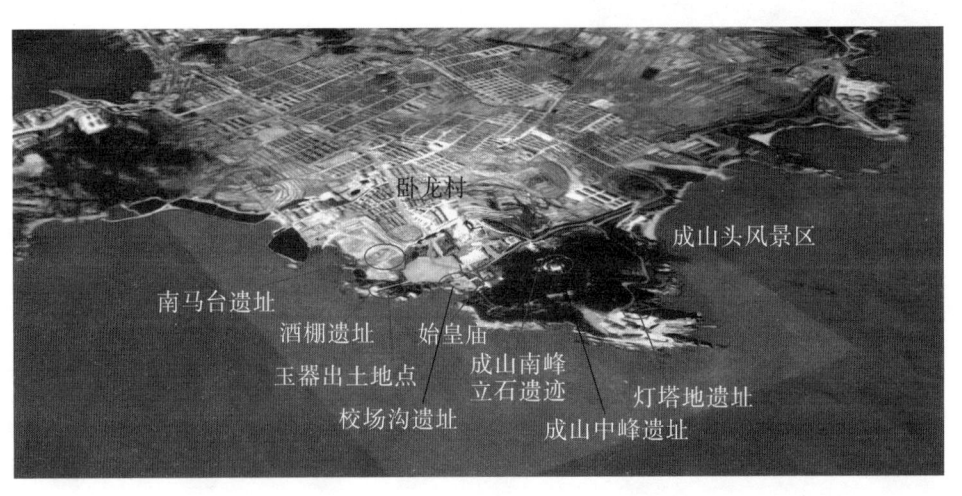

图十一　成山头遗址、遗迹分布景观

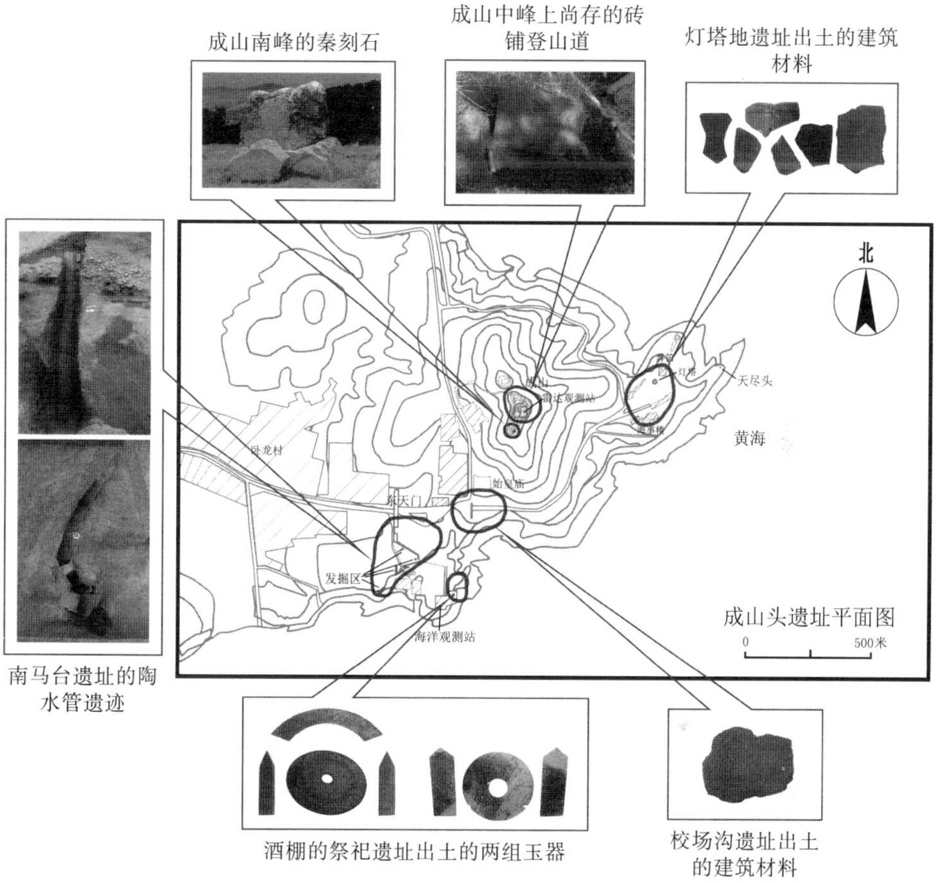
成山南峰的秦刻石
成山中峰上尚存的砖
铺登山道
灯塔地遗址出土的建筑
材料
北
成山
雷达观测站
灯塔
天尽头
黄海
卧龙村
始皇庙
东天门
发掘区
海洋观测站
成山头遗址平面图
0
500米
南马台遗址的陶
水管遗迹
酒棚的祭祀遗址出土的两组玉器
校场沟遗址出土
的建筑材料

图十二　成山头秦汉遗迹分布及出土遗物

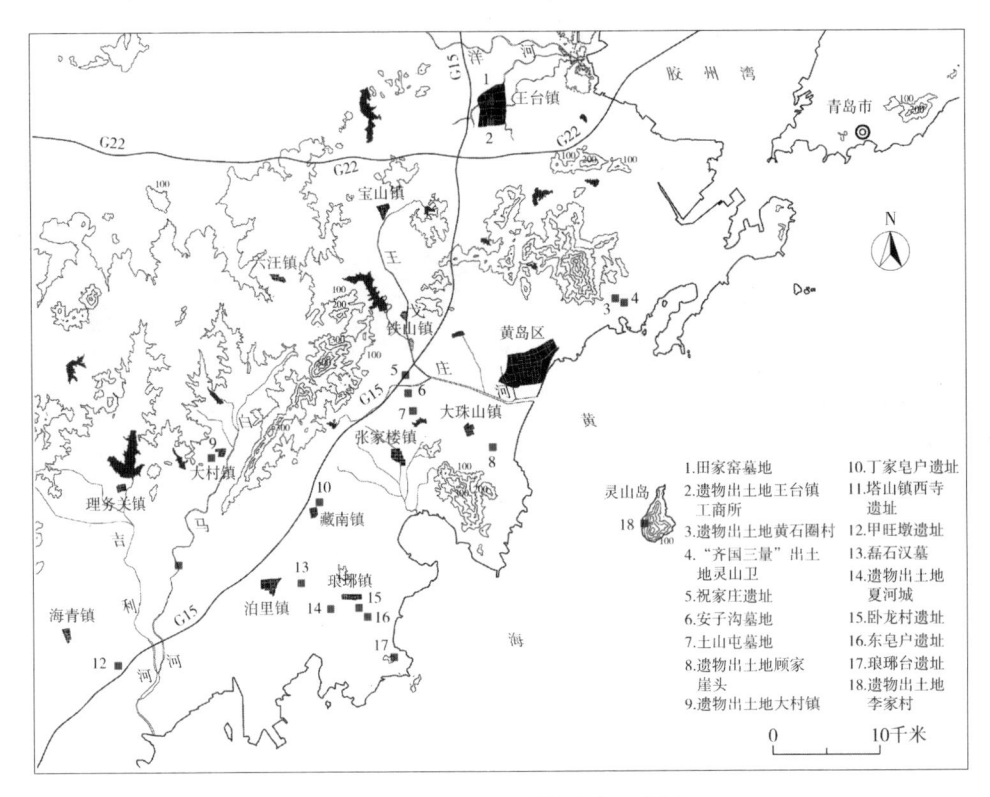

图十三　琅琊台周边遗址分布示意图

1.田家窑墓地
2.遗物出土地王台镇工商所
3.遗物出土地黄石圈村
4."齐国三量"出土地灵山卫
5.祝家庄遗址
6.安子沟墓地
7.土山屯墓地
8.遗物出土地顾家崖头
9.遗物出土地大村镇
10.丁家皂户遗址
11.塔山镇西寺遗址
12.甲旺墩遗址
13.磊石汉墓
14.遗物出土地夏河城
15.卧龙村遗址
16.东皂户遗址
17.琅琊台遗址
18.遗物出土地李家村

图十四　琅琊台与小台

二、八主祭祀形成的时间

《封禅书》对八主祭祀出现的时间推断是模糊的,"自古而有之"、"太公以来作之"或"其祀绝莫知起时",所论诸说最晚的是"太公以来作之",即西周初年齐国始封之时,但综合分析八主祠的分布地点、周代诸侯国疆域的划分和管控情况,此说难以成立。

八主祠中,天主祠因居齐都临淄南郊,一直为齐所有。其他祠祀之地,自西周至战国时期,曾分属不同的国家。地主祠,祠泰山梁父,梁父山为泰山下的众多小山之一,位于鲁国腹地。济水源出河南省济源市王屋山,春秋时济水流经魏、曹、齐、鲁之境,济水为曹、鲁分界①,济东为鲁地,即当今巨野、寿张、东平县一带,兵主祠地当属鲁。

山东北部,本为莱人之地,"太公闻之,夜衣而行,黎明至国,莱侯来伐,与之争营丘。"(《史记·齐太公世家》)商末周初,东部沿海区域在外来势力侵入之前,阴主祠、月主祠周围区域都分布有珍珠门文化或岳石文化等土著莱人的物质文化遗存,龙口市的归城城址被认为是莱国都城。附近莱阴出土了西周初期的莱伯鼎,乃是莱国之地的明证。②莱国于春秋晚期被齐所灭③,阴主、月主、日主等祠祀地归齐所有。

根据文献和出土青铜器铭文,阳主所在的烟台市区属纪国。④鲁庄公四年(前690),齐襄公伐纪,纪国灭亡。⑤

四时主祠所在地今青岛市黄岛区琅琊镇,西周以来分属不同的政治势力,

---

① 参见《左传》僖公三十一年,"取济西田,分曹地也。……分曹地,自洮以南,东傅于济,尽曹地也。"杨伯峻编著:《春秋左传注》(修订本),中华书局1990年版,第485—486页。
② 陈梦家:《西周铜器断代》(上册),中华书局2004年版,第118—119页。
③ 《左传》襄公六年,"十一月,齐侯灭莱,莱恃谋也。……四月,晏弱城东阳,而遂围莱。甲寅,堙之环城,傅于堞。及杞桓公卒之月,乙未,王湫帅师及正舆子、棠人军齐师。丁未,入莱。莱共公浮柔奔棠。正舆子、王湫奔莒,莒人杀之。四月,陈无宇献莱宗器于襄宫。晏弱围棠,十一月丙辰而灭之。迁莱于郳。"齐侯镈钟是事于齐的宋穆公后代所作,作于齐庄公(前553—前548)时,从铭文"余命女(汝)司予釐,造固徒四千"看,齐灵公灭莱当春秋晚期。参见《两周金文辞大系图录考释(二)》,《郭沫若全集·考古编》第8卷,科学出版社2001年版,第431页。
④ 王睿、林仙庭、聂政主编:《八主祠祭祀研究》,第112页。
⑤ 杨伯峻:《春秋左传注》(修订本),第165页。

原属莒国。莒国乃土著方国，包括现今山东东南部和江苏北部。①楚灭莒后②，从齐长城的修筑情况看，齐与楚可能在此对立。③琅琊与楚相隔甚远，战国晚期在秦的逼迫之下，楚实不能实有其地，亦成齐之属域。

周代分封的诸侯国，疆域分明，"天子非展义不巡守，诸侯非民事不举，卿非君命不越竟。"（《左传》庄公二十七年）以下两条记载非常形象地备注了当时的情况，"（齐）桓公二十三年，山戎伐燕，燕告急于齐。齐桓公救燕，遂伐山戎，至于孤竹而还。燕庄公遂送桓公入齐境。桓公曰：'非天子，诸侯相送不出境，吾不可以无礼于燕。'于是分沟割燕君所至与燕。"（《史记·齐太公世家》）"（鲁庄公）二十三年夏，公如齐观社，非礼也。曹刿谏曰：'不可……诸侯有王，王有巡守，以大习之，非是，君不举矣。'"（《左传》庄公二十三年）

各诸侯王所获分封，包括疆域中神灵的祭祀权，如祭祀疆域中的山川神以及疆域所对应天上的二十八宿、十二次。④诸侯对神灵祭祀的越位标志着对疆域的侵犯，只有周王才享有各国山川神灵的护佑，楚昭王和周夷王有疾时，祭祷对象不同，形象地说明了祭祀所有权的不同，"（楚）昭王有疾，卜曰：'河为祟。'王弗祭。大夫请祭诸郊。王曰：'三代命祀，祭不越望。江、汉、睢、漳，楚之望也。祸福之至，不是过也。不谷虽不德，河非所获罪也。'"（《左传》哀公六年）而周夷王病，"王愆于厥身，诸侯莫不并走其望，以祈王身。"（《左传》昭公四年）

战国晚期之前，八主祠所在的各个地点均是异国而处，直到齐国在地域上"南有泰山，东有琅邪，西有清河，北有勃海"（《史记·苏秦列传》）时，八主

---

① "平丘之会，晋昭公使叔向辞昭公弗与盟。子服惠伯曰：'晋信蛮夷而弃兄弟，其执政贰也。'"韦昭于此注曰："蛮夷，莒人。兄弟，鲁也。"（徐元诰撰，王树民、沈长云点校：《国语集解》，中华书局 2002 年版，第 189 页）"考莒原有国土，其都居莒，即今山东莒县，其属域有介根，在今高密县境；有密，在今昌邑县境；有渠邱，有防，有寿余，在今安丘县境；有且于，在今莒县境；有寿舒、蒲侯氏、大庬、常仪靡，亦在今莒县境，有兹，在今沂水县境。是莒之领域，当春秋之际，其地略有今莒县安丘昌邑诸城高密沂水赣榆等县之全境或其一部。"（张维华：《齐长城考》，《禹贡半月刊》第七卷第一二三合期，1937 年，第 145 页）

② "简王元年（前 431 年），北伐灭莒。"（《史记·楚世家》）

③ 《竹书纪年》载"梁惠成王二十年，齐筑防以为长城。"（《水经注疏》引，第 2258 页）"至于其东南境长城之建筑，似在楚人灭莒之后。"（张维华：《齐长城考》，《禹贡半月刊》第七卷第一、二、三合期，1937 年，第 146 页）

④ 参见刘瑛《〈左传〉、〈国语〉方术研究》的"星气之占"部分，《中国典籍与文化研究丛书》（第二辑），人民文学出版社 2006 年版，第 25—42 页。

的八个祠祀地点才尽归于齐域，原分属不同诸侯国的不同神祇，只有在专属齐国时才有可能被整合为八主祭祀，司马迁历数八神时也是以齐为中心来叙述其方位，所谓"齐地八神"应该是战国晚期的概念。

三、八主祭祀形成的历史背景及其本质

八主的祭祀对象中，天、地、日、月是人自身所处环境的客观存在，对天、地、日、月的祭祀，历史久远。① 用兵前祭神，古称"祃祭"。② 探究八主吸收阴、阳、四时这类抽象概念和兵神组成祭祀系统，需要在战国晚期的社会历史背景下来考察。

八主中的阴、阳、四时作为神祇而被祭祀是首次出现，阴阳是古人对事物对立转化的本质、发展变化内在原因的认识。事物的对立性很容易从客观世界感知，如以山川为基准所分阴阳之位，卜辞中商人早已具备的上下、天土对立之观念，陈梦家先生指出是阴阳二极之张本。③ 山东黄县出土的"曩伯左寁盥"的铭文中，"其阴其阳"是对于盖、器而言，盖下覆为阴，器上仰为阳。④ 《老子》公元前4世纪就被广泛接受并形成稳定的文本⑤，其最珍贵的哲学遗产就是揭示了阴阳的对立转化，"万物负阴抱阳，冲气以为和"。⑥ 对立转化的原则被推广运用到社会生活的各个领域，正所谓"凡论必以阴阳（明）大义"。⑦ 四时是地球公转引发的季节变化，通过气温降雨的律动可以体察四时的交替，感知万物的生长枯荣。

胡适认为齐地宗教经过整理，把各地的拜物拜自然的迷信，加上一点系统，便成了天地日月阴阳兵与四时的系统宗教了。在初期只有拜天脐，拜某山而已。⑧ 这"一点系统"应该与战国以来思想家热衷于讨论的宇宙生成模式有关。

---

① 王睿：《"八主"祭祀研究》，北京大学博士研究生学位论文，2011年，第30—39页。
② 《诗经·周颂·桓》："桓桓武王，保有厥土……于昭于天，皇人问之。"毛序："桓，讲武类祃也。桓，武志也。"郑玄笺："类也，祃也，皆师祭也。"孔颖达疏："谓武王时欲伐殷，陈列六军，讲习武事。又为类祭于上帝，为祃祭于所在之地。治兵祭神，然后伐纣。"
③ 陈梦家：《古文字中之商周祭祀》，《燕京学报》十九期，1936年，第131—133页。
④ 王献唐：《黄县曩器》，《山东古国考》，齐鲁书社1983年版，第21页。
⑤ 李零：《从简帛古书看古书的经典化》，2005年2月24日在清华大学的演讲。
⑥ 高明：《帛书老子校注》，中华书局1996年版，第29页。
⑦ 《称》，裘锡圭主编：《长沙马王堆汉墓简帛集成·肆》，中华书局2014年版，第187页。
⑧ 胡适：《中国中古思想史长编》，上海世纪出版集团2014年版，第147页。

从传世的战国和汉代早期文献中，可以窥知战国中晚期以来关于宇宙生成的多种模式，出土的文献材料使已经逸失或后代有意过滤的思潮重现天日，这类材料不但加深了对传世文献的理解，还钩沉出隐没的思想脉络。

在世界本原问题的认识上，既有神明类造物主"太一""太极"，如出土于湖北省荆门市战国中晚期墓葬中的《太一生水》[1]，也有世界由无而生的《老子》类世界观如《恒先》[2]、《道原》[3]、《鹖冠子·度万》[4]、《淮南子·天文》[5]等。关于宇宙构成要素和运行模式，五行论认为，木、火、土、金、水是万物构成的基本要素，它与阴阳学说相结合，用相生相克的关系来解释政治、社会、人生、自然各方面的变化，是一种循环论模式；"太一生水"是线性发展模式，构成要素则是太一、水、天、地、阴、阳、四时等。邹衍的九州观带有浓厚的地理景观概念，"以为儒者所谓中国者，于天下乃八十一分居其一分耳……中国外如赤县神州者九，乃所谓九州也。于是有裨海环之，人民禽兽莫能相通者，如一区中者，乃为一州。如此者九，乃有大瀛海环其外，天地之际焉。"（《史记·孟子荀卿列传》）湖南长沙子弹库战国楚帛书为历忌之书，帛书上的中宫虽然没有画太一和北斗，但有互相颠倒的两篇文字，以模拟天左旋和地右转。它以春夏秋冬分居四正，青赤白黑四木分居四隅，构成四方八位。边文左旋排列，代表斗建和小时；四木右旋，代表岁徙和大时[6]，反映了在当时的社会生活中影响广泛的一种宇宙论模式。[7]

---

[1]《太一生水》："大一生水，水反辅大一，是以成天。天反辅大一，是以成地。天地（复相辅）也，是以成神明。神明复相辅也，是以成阴阳。阴阳复相辅也，是以成四时。四时复（相）辅也，是以成寒热。寒热复相辅也，是以成湿燥。湿燥复相辅也，成岁而止。故岁者，湿燥之所生也。湿燥者，寒热之所生也。寒热者，（四时之所生也）。四时者，阴阳之所生（也）。阴阳者，神明之所生也。神明者，天地之所生也。天地，大一之所生也。是故大一藏于水，行于时，周而又（始，以己为）万物母；一缺一盈，以己为万物经。此天之所不能杀，地之所不能埋，阴阳之所不能成。"（荆门市博物馆编：《郭店楚墓竹简》，文物出版社2005年版，第125页。）对于"太一""太极"的性质是"无"还是神明的认识有不同意见，高亨倾向于为"无"，"太极者，宇宙之本体也。宇宙之本体，《老子》名之曰'一'，《吕氏春秋·大乐》篇名之曰'太一'，《系辞》名之曰'太极'。"（高亨：《周易大传今注·系辞上》，齐鲁书社1998年版，第538页。）从《包山楚简》的相关内容和西汉武帝时期的"太一"崇拜情况看，应为神明。参见湖北省荆沙铁路考古队《包山楚简》，文物出版社1991年版，图版九五。

[2] 马承源主编：《上海博物馆藏战国楚竹书》（三），上海古籍出版社2003年版，第287—299页。

[3]《道原》，《长沙马王堆汉墓简帛集成·肆》，189页。

[4] 黄怀信：《鹖冠子汇校集注》，中华书局2004年版，第162—163页。

[5] 刘文典撰，冯逸、乔华点校：《淮南鸿烈集解》，中华书局1989年版，第79—80页。

[6] 李零：《"式"与中国古代的宇宙模式》，《中国文化》1991年第4期。

[7] 李零：《长沙子弹库战国楚帛书研究》，中华书局1985年版，第34页。

《太一生水》为理解八主祭祀提供了启示。太一生水是一种宇宙生成模式，太一是万物之源，生成万物的方式是借用水来运行。八主祭祀系统中未存在世界本原，但具备了太一生水中宇宙构成要素——天地阴阳四时，可以推知八主的思想基础也是一种宇宙论的模式。循着这条思路，可知天、地、日、月、阴、阳、四时是战国时期多种宇宙生成论的构成要素，因而多见于承继了战国时期思想的汉代思想著作中。

《吕氏春秋·仲夏纪·大乐》云："音乐之所由来者远矣。生于度量，本于太一。太一出两仪，两仪出阴阳。阴阳变化……四时代兴，或暑或寒，或短或长，或柔或刚。万物所出，造于太一，化于阴阳。"

《十六经·观》中亦有相关论述，借黄帝而言，"始判为两，分为阴阳，离为四时。"[①]

《礼记·礼运》："是故夫礼，必本于大一，分而为天地，转而为阴阳，变而为四时，列而为鬼神。"

《汉书·礼乐志》的《邹子乐》假托邹衍所作，内容上反映了宇宙生成模式，"惟泰元尊，媪神蓄鳌，经纬天地，作成四时。精建日月，星辰度理，阴阳五行，周而复始。云风雷电，降甘露雨，百姓蕃滋，咸循厥绪。"

《淮南子·天文》："道始于虚廓，虚廓生宇宙，宇宙生气。气有涯垠，清阳者薄靡而为天，重浊者凝滞而为地。清妙之合专易，重浊之凝竭难，故天先成而地后定。天地之袭精为阴阳，阴阳之专精为四时，四时之散精为万物。积阳之热气生火，火气之精者为日；积阴之寒气为水，水气之精者为月。日月之淫为精者为星辰。天受日月星辰，地受水潦尘埃。"

战国晚期和汉初的文献也反映了天、地、日、月、阴、阳、四时不只是宇宙论中的构成要素，对它们的顺应和掌控也用来作为安排人间社会秩序的依据。

《周易·系辞上》："是故《易》有太极，是生两仪，两仪生四象，四象生八卦，八卦定吉凶，吉凶生大业。是故法象莫大乎天地，变通莫大乎四时，县象莫大乎日月。"

《文子·道原》："大丈夫恬然无思，淡然无虑，以天为盖，以地为车，以四时为马，以阴阳为御，行乎无路，游乎无怠，出乎无门。"《精诚》："（黄帝）调

[①] 裘锡圭主编：《长沙马王堆汉墓简帛集成·肆》，第152页。

日月之行，治阴阳之气，节四时之度，正律历之数。"

《管子·四时》："阴阳者，天地之大理也。四时者，阴阳之大经也。刑德者，四时之合也。刑德合于时则生福，诡则生祸。"《版法解》："版法者，法天地之位，象四时之行，以治天下。"

《淮南子·原道》："以天为盖，以地为舆，四时为马，阴阳为御，乘云凌霄，与造化者俱。"

八主祭祀中，兵主蚩尤的存在显得突兀难解。蚩尤作为叛乱者而载于早期史籍①，比较详细的记述见于《逸周书·尝麦》，蚩尤臣属赤帝，在赤帝与黄帝争战中赤帝失败，杀之以取悦黄帝。②战国时期黄老道盛行，黄帝地位日益突出，蚩尤作为黄帝的对立面也名声大噪。《十六经》中的《五正》《正乱》，对黄帝大战蚩尤和对蚩尤的惩罚有着戏剧化的记述。③蚩尤挑战黄帝，其与战争、兵器有关④，而成为兵主，"甲午祠兵。祠者，祠五兵：矛、戟、剑、盾、弓鼓，及祠蚩尤之造兵者"⑤；"黄帝战于阪泉，以定天下。蚩尤好五兵，故祠祭之求福祥也。"⑥当年汉高祖刘邦起事前即在沛廷祭蚩尤⑦，夺得天下后在长安立蚩尤祠。⑧

李零解读了兵主纳入八主祭祀系统的原因，指出天地人三者并称和相互关联在战国时期很流行，称为"三才"（也叫"三仪""三极""三元"），就是用天地所代表的自然法则作为人间秩序的终极依据，把天、地、人贯穿起来。⑨三者的关系当是比照"人生于地，悬命于天，天地合气，命之曰人"（《黄帝内经·素问》）。三者之中，人最重，"天地之性（生）人为贵"（《中庸》）。军事是立国治民之本，"国之大事，在祀与戎"（《左传》成公十三年），人道依存于兵

---

① "蚩尤惟始作乱。"（《尚书·吕刑》）黄帝"与蚩尤战于涿鹿之野"（《史记·五帝本纪》）。
② 黄怀信、张懋镕等撰：《逸周书汇校集注》，上海古籍出版社1995年版，第781—783页。
③ 《长沙马王堆汉墓简帛集成·肆》，155、159页。
④ "蚩尤作兵，伐黄帝。"（《山海经·大荒北经》）"葛卢之山发而出水，金从之，蚩尤受而制之，以作剑、铠、矛、戟。"（《管子·地数篇》）
⑤ 许慎：《五经异议公羊》，陈寿祺撰：《五经异议疏证》卷中，清嘉庆刻本。
⑥ 应劭所说，《史记高祖本纪》集解所引，第351页。
⑦ 事见《史记·高祖本纪》、《封禅书》和《汉书·高帝纪》、《郊祀志上》。
⑧ 事见《史记·封禅书》和《汉书·郊祀志上》。
⑨ 李零认为汉武帝所立"三一"实质是"天一、地一、人一"（《"三一"考》，载氏著《中国方术续考》，第239页）。

道①,"兵主"祭战神蚩尤,就是相当祭祀"人主"②,反映了当时的政治思想观念。

战国时期,在诸侯兼并的态势下,各国诸侯为求自保和发展,渴求人才,诸子学说的指向无一不是治国方略,融合他说,以秉持的学术政治思想为基础来构拟新型社会制度,正所谓"百家殊业,皆务于治"(《淮南子·氾论训》)。《礼记·王制》与《管子》《吕氏春秋》中的某些篇章,都有将学术思想转化为意识形态的内容。《礼记·王制》以邹衍的九州地理景观为基础,来划定各种社会秩序。③《管子》《吕氏春秋》的理论基础是五行论,与四时强行配比来力图规划社会活动。《周礼》依据天地和春、夏、秋、冬四时的节律来制定标准,安排社会活动,规定行事内容,后成为王莽改制的蓝图。《周易》是阐述宇宙运行与人世间的互动规律,八主则是在宇宙论、人与自然关系的思想基础上一种新型祭祀体系的创设。

八主祭祀体系不同于中国传统上至为重要的祖先崇拜,其祭祀对象既不属于人神系统,亦非单纯的某个自然神。它应是东方思想家经历了血缘分封制的毁坏崩塌后的离变之痛,对于人与人所依赖的自然环境之间的关系有了深刻认识,在此思想基础上创造出的神明体系。

商周两代是以血缘制为基础的族群政治发展而来,国家宗教以祭祀祖先为主,祭祀形式在祖先神排序、祭祀时间、地点和祭品等方面,形成了严密完整的制度。周代对血缘制的重视,不仅表现在自己族群的内部,还表现在对外族血缘的追溯和延续上。周代实行以血缘为基础的分封制,周初封国七十一,同姓五十五④,另有姜齐等异姓亲族所建之国和宋陈杞等少数非周人之封国⑤,目的是"故封建亲戚,以蕃屏周"(《左传》僖公二年)。

在血缘关系为主导的宗法制社会中,确定血缘的来龙去脉就等于确认身份、地位、权力的正当与否,祖先祭祀成为权力合法性的最好证明。⑥分封制公元前

---

① "庞子问鹖冠子曰:'圣人之道何先?'鹖冠子曰:'先人。'庞子曰:'人道何先?'鹖冠子曰:'先兵。'"(《鹖冠子汇校集注》,第114—115页)

② 李零:《花间一壶酒》,同心出版社2005年版,第103页。

③ 《礼记·王制》:"凡四海之内九州。州方千里,州建百里之国三十,七十里之国六十,五十里之国百有二十,凡二百一十国。"

④ 《汉兴以来诸侯王年表》,《史记》,第801页。

⑤ "尧子丹朱,舜子商均,皆有疆土,以奉先祀。"(《史记·五帝本纪》)"周武王克殷纣,求禹之后,得东楼公,封之于杞,是为重封,故亦称夏。"(《史记·陈杞世家》)

⑥ 葛兆光:《中国思想史》第一卷,复旦大学出版社2013年版,第34页。

11世纪开始，到战国时期已经存在了九百年，血缘纽带关系变得薄弱，诸侯国间攻伐不止，灭国灭宗事件屡有发生，周天子只能维持表面的"天下共主"的象征意义。面对靠血缘关系维持的和谐与秩序坍塌的社会现实，思想界在以血缘关系为基础的祖先祭祀之外，寻求新的宗教支持。

在盛行探讨宇宙论的思想背景下，属于时空系统的天地日月四时和物质的阴阳本质属性等哲学概念，不仅成为宇宙构成要素，需要顺应协调，还升格为神明，成为祭祀对象，并强调了以"兵主"所代表的人的地位，生成了强调人与自然关系的新型祭祀体系。

八主祭祀的思想理念与齐国稷下学宫黄老学派最为接近，属于自然类的宇宙观，不认同神创宇宙，有很深的阴阳思想。虽然不能指认八主祭祀具体的创立者，但可以寻其思想踪迹。马王堆帛书《十六经》中的《观》《道原》与《鹖冠子》中的《度万》所论宇宙生成模式[①]，《经法》中的《六分》与《鹖冠子》中的《近迭》《泰鸿》所论人与自然的关系的内容[②]，基本思想与八主类同，并且《十六经》中的《五正》《正乱》和《鹖冠子》中的《世兵》都有与蚩尤相关的内容[③]，马王堆帛书中的"黄老言"和《鹖冠子》，是目前发现与八主思想理念最为接近的著作。

八主祠中，除兵主所在区域的历史文化环境不详外，文献和考古材料说明，秦汉时期以前即为祭祀之地。

八主的每个祭祀地点都邻近城址或居邑，如天主与临淄城、地主与梁父城、阴主与曲城、阳主与三十里堡城、月主与归城、日主与不夜城，城址和这些祭祀地点的考古工作揭示出，这些祭祀地点在成为八主祠之前就是当地居邑的祭祀地。天主借用了齐国都城临淄城南"天齐"祭祀，梁父为封禅中禅地的地点之一[④]，延用为地主。阴主祠、阳主祠均位于邻近陆地的海岛之上，在阴主祠邻近的曲城应为当地土著居邑，年代久远[⑤]，三山岛荒僻孤绝，但采集的遗物中有

---

① 参见《长沙马王堆汉墓简帛集成·肆》，第152、189页；《鹖冠子汇校集注》，第162—163页。
② 参见《长沙马王堆汉墓简帛集成·肆》，第134页；《鹖冠子汇校集注》，第114—117、138—139、227页。
③ 参见《长沙马王堆汉墓简帛集成·肆》，第155、159页；《鹖冠子汇校集注》，第272页。
④ 管仲曰："古者封泰山禅梁父者七十二家。"（《史记·封禅书》）
⑤ "周成王十四年，秦师（清孙渊如校正本作'齐师'）围曲城，克之。"（《竹书纪年注》卷下，四部丛刊景明天一阁本）

属于东周时期的（图十五）。阳主祠祀遗址的具体情况尚不明确，其西南的三十里堡古城从战国时即为大型都邑，秦汉时期的腄城、汉晋时的牟平[①]、阳主祠所在的芝罘岛上从两周时期就有居邑。月主日主的祠祀地为沿用早期祭祀的特征最为明显。月主祠位于莱国都城归城的外城圈内，从莱山山腰位置的月主祠举目东望，中秋之夜的月亮从莱山中部一个陡直的窄缝中冉冉升起，精妙的月相引发了对月亮的崇拜。从采集的遗物分析，战国时期就存在建筑（图十六），一直到唐代不断修复重建，秦汉时期作为八主中月主的祭祀地。荣成市成山头地处山东半岛的最东端，邻近不夜城。成山头海陆相接，岩壁峭立，浪花拍岸，旭日东升之际海鸟祥集。从遗物年代和地理环境分析，虽不能确知是否为祭日场所，但在这个人迹罕至的海岬上采集和发掘到商末周初时期的鬲足和战国时期的陶鼎（图十七），推测很早即为祭祀之地，后作为日主祠被纳入八主祠中。八主祭祀的创设者把齐地早已存在的祭祀地点囊括并指定为新的祭祀地点。

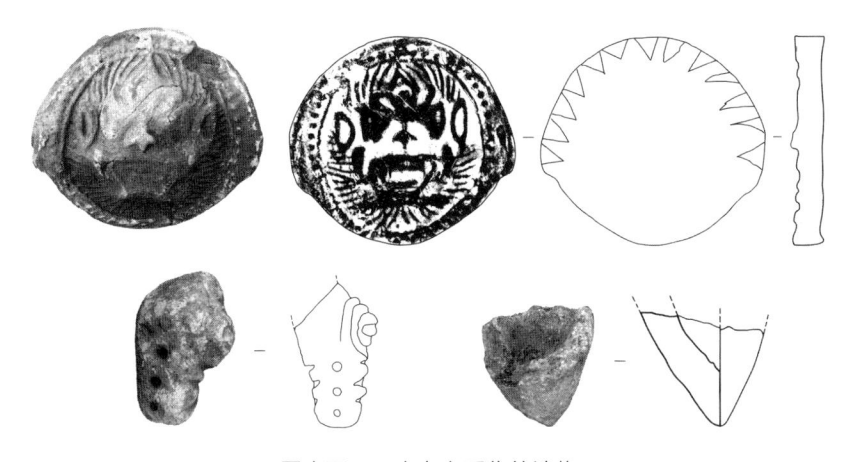

图十五　三山岛上采集的遗物

秦汉时期，国家政治体制否定了血缘制为基础的分封制，实行皇权下郡县二级行政制度。政治体制的变化必然导致国家宗教等意识形态的变化，分封制的瓦解降低了以血缘为纽带的祖先祭祀体系的重要性，以地缘政治为基础的集权政治需要新的宗教体系。秦皇汉武时期就是国家宗教的转型期，宗教政策的特点是"衔接古今，协同上下，调和东西，折衷南北。……他们强调的是政治

---

① 参见王睿、林仙庭、聂政主编：《八主祭祀研究》，第85页。

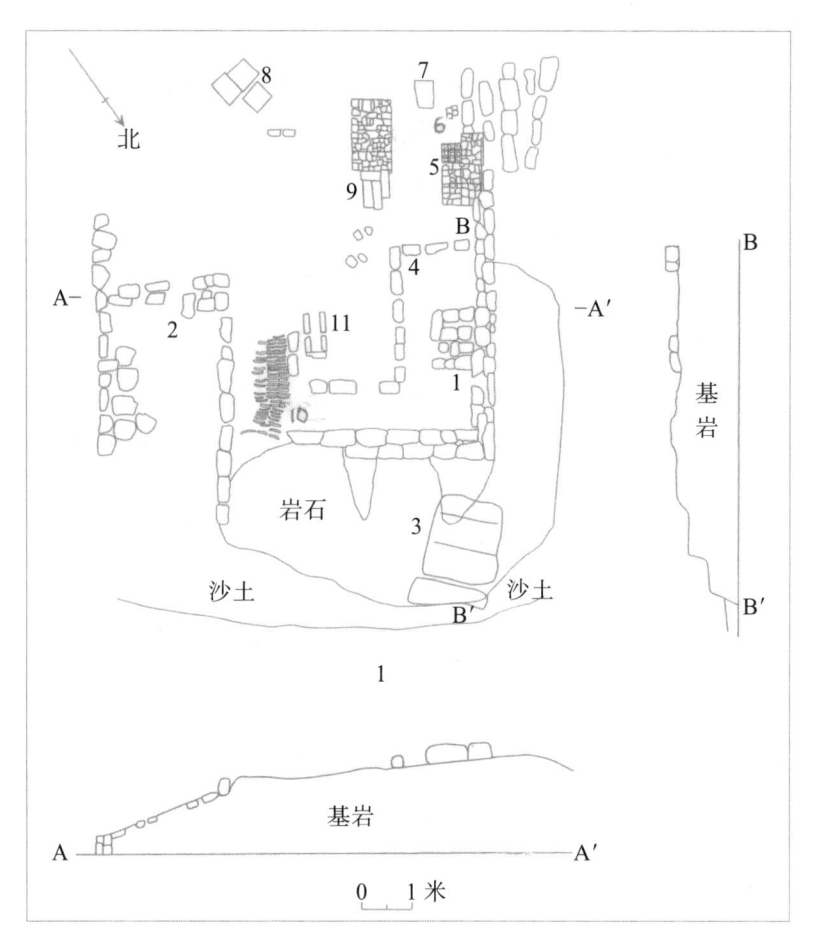

图十六　月主祠建筑基址

1.石台　2.石铺甬道　3.石台阶　4.石砌台面　5—9.砖铺地面　10.板瓦堆积　11.凹形槽

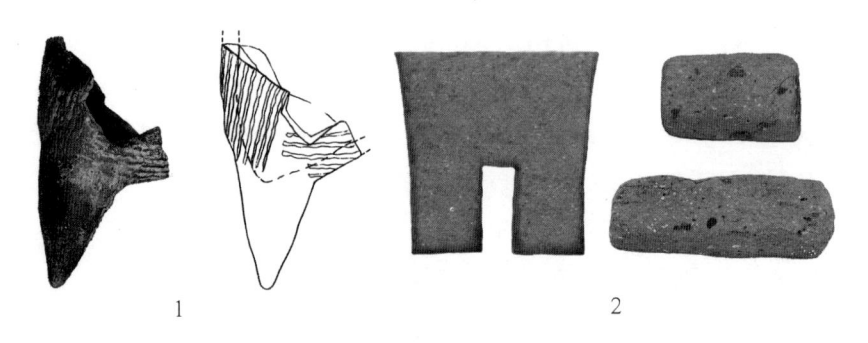

图十七　成头山上采集和出土遗物

1.商末周初陶鬲足（采集）　2.战国时期陶鼎

上的一元化和宗教上的多元化"。①秦皇汉武利用巡守和封禅来实施对东方的经略，加上对长生不老之术的痴迷，精研天地奥秘和人事废兴、练就了一套政治生存术的东方思想家，成功兜售了他们的宗教思想。秦汉时期以前，八主祭祀可能只是存留于思想层面。

四、八主祭祀的历史影响

八主祭祀虽然在国家祀典中只存续了秦汉两代，但其理念对中国国家宗教的发展影响深远。从秦皇汉武的国家宗教转型期到汉成帝时期郊祀制的确立，都能看到八主祭祀所代表的东方祭祀传统的影响。

秦汉时期，为寻得与国家政治体制相匹配的宗教政策，也是兜兜转转，摸索前行。秦的宗教政策是在保有和突出秦原有的宗教祭祀外，全面接纳各诸侯国原有的山川祭祀，通过对神祇祭祀的专擅来宣示对领土的占有。秦以首都咸阳为中心，重新排序山川祠祀，以与秦的国土相应合(《史记·封禅书》)。西汉初期对秦代的宗教政策全面接受，汉朝皇帝只是随个人经历和兴趣的不同对神祠祭祀偶有调整。②汉武帝时期开始了以太一崇拜为中心的宗教等级化改革，薄忌太一坛、三一坛、甘泉太一坛乃至明堂的设立，均以太一统领五帝，其下为众神。③除明堂制度经王莽改造后保留下来外，汉武帝的等级化神谱只是历史的一瞬，在汉成帝时期的宗教改革中被废止。

东方祭祀传统中，阴阳对等的理念根深蒂固。古老的封禅礼中用禅地来对应封天，在八主祭祀中得到充分体现，天与地、阴与阳、日与月，阴阳对等的祭祀模式对国家宗教形成与发展施以影响。汉武帝接受宽舒建议，正式立汾阴后土祠，宽舒所立太一坛及后来的泰畤，后土的祭祀地位与太一或五帝对应。④八主中强调的以兵主所代表的人主，在皇权集权统治的政治体制中，皇帝的祖先神与诸神并祀，汉武帝按公玉带所献明堂图令奉高县作明堂于汶上，"祠太

---

① 李零：《秦汉礼仪中的宗教》，载氏著《中国方术续考》，中华书局2000年版，第185页。
② 如汉高祖改秦祭祀四帝为五帝、在长安命建蚩尤祠；文帝去除秘祝之令、设立渭阳五帝庙(《史记·封禅书》)。
③ 薄忌太一坛、三一坛(《史记·封禅书》、《汉书·郊祀志》)，甘泉太一坛(《史记·孝武本纪》、《封禅书》和《汉书·郊祀志》)，明堂(《史记·封禅书》)。
④ "(元鼎)四年冬十月，行幸雍，祠五畤。……行自夏阳，东幸汾阴。十一月甲子，立后土祠于汾阴雎上。"(《史记·封禅书》)

一、五帝于明堂上坐，令高皇帝祠坐对之。祠后土于下房。"（《史记·封禅书》）宽舒和公玉带都是东方术士，前者是黄锤（腄）史，今龙口烟台一带的齐人，后者则是济南人。

汉成帝时，祭祀改为不到原地祭祀而是迁至长安，成为南郊祭天、北郊祭地的雏形。[①]此后虽经反复，最终在汉平帝元始五年（公元 5 年）王莽当政时，郊祀制确立下来[②]，成为在中国延续两千年的国家祭祀体制。

郊祀制以国都为中心，阴阳观念体现在对天地祭祀的对应和方位的安排上，四时的观念由祭祀时间来表现，构筑了以君王为中心的微型宇宙。郊祀制是儒家成为国家主流意识形态后，利用和改造了战国晚期以来黄老思想中的自然观的宇宙论思想而建立，虽不是由八主祭祀直接发展而来，但思想上暗合，可谓简略版的八主祭祀。

八主祭祀被废止后，其某些祭祀对象在汉代新兴祭祀中获得一席之地或地位有所提升，刘邦得天下后在长安立蚩尤祠。"日""月"在秦原有的神祇中只作为天星的成员来祭祀[③]，在汉武帝构制的神谱甘泉泰一坛中受到隆重对待，"祭日以牛，祭月以羊彘特，太一祝宰则衣紫衣及绣。五帝各如其色，日赤，月白。"（《史记·孝武本纪》）"（元鼎四年）十一月辛巳朔旦冬至，昧爽，天子始郊拜泰一。朝朝日，夕夕月。"[④]汉武帝时的亳忌太一坛祭阴阳使者[⑤]，李零推测与八神中的阴主阳主有关[⑥]。汉宣帝又立"日""月"之祠，"京师近县鄠，则有劳谷、五床山、日月、五帝、仙人、玉女祠"（《汉书·郊祀志下》）。"天齐"本是齐国原有的祭祀对象，"天齐渊"本为泉水，把它想象为天之腹脐来寓意天下的中心所在。此意念被借用至都城长安，在汉长安城外今人所称七里塬上发现以一巨型坑为主体的遗址群，巨型坑之时代、地望、形状及其地名均与史载汉初

---

① "（建始）二年（前 31 年）春正月，罢雍五畤。辛巳，上始郊祀长安南郊。诏曰：'乃者徙泰畤、后土于南郊、北郊，朕亲饬躬，郊祀上帝。'"（《汉书·成帝纪》）"四百七十五所不应礼，或复重，请皆罢。"（《汉书·郊祀志下》）

② 祭祀地点于永始元年（前 16 年）再迁回原地，于绥和二年（前 7 年）迁回长安，于建平三年（前 4 年）恢复原地，见《汉书·郊祀志下》。

③ "雍有日、月、参、辰、南北斗、荧惑、太白、岁星、填星、辰星、二十八宿、风伯、雨师、四海、九臣、十四臣、诸布、诸严、诸逐之属，百有余庙。"（《汉书·郊祀志上》）

④ 《史记·孝武本纪》，亦见于《汉书·武帝纪》。

⑤ "后人复有上书，言'古者天子常以春解祠，祠黄帝用一枭破镜，……阴阳使者以一牛。'令祠官领之如其方，而祠于忌太一坛旁。"（《史记·封禅书》，亦见于《汉书·郊祀志上》）

⑥ 李零：《"三一"考》，载氏著《中国方术续考》，第 245 页。

所修建的"天齐"祠相合，为模仿"天齐"祭祀，挖坑以像天之腹脐来借喻为天下中心。①

八主祭祀在国家祀典中废止后，八主的祠祀地点依然承担了当地居民的祭祀功能，各自演绎了一段民间宗教发展史，直至今天仍然发挥着作用。②

---

① 秦建明、张在明、杨政：《陕西发现以汉长安城为中心的西汉南北向超长建筑基线》，《文物》1995年第3期。按，原文图一中的"王帝坛"应为"五帝坛"之误。另见西北大学文化遗产学院、咸阳文物考古研究所：《陕西三原县天井岸村汉代礼制建筑遗址调查简报》，《考古与文物》2017年第1期。

② 参见王睿《山东威海成头山始皇庙庙志》，载故宫博物院考古部、故宫博物院考古研究所编：《故宫考古文集》，故宫出版社2020年版。

山东半岛秦汉祭祀遗址的发现与调查

林仙庭

在我的家乡山东半岛，民间一直流传着许多有关秦皇汉武东巡访仙求药的故事，许多地名如荣成市成山始皇庙，烟台市芝罘岛阳主庙，龙口市莱山月主祠，牟平区养马岛、辇道山等，都是这个传说故事的遗留。

1982年，我从山东大学考古专业毕业，分配至烟台市博物馆做考古和文物保护工作。我接触的文物保护单位就有成山遗址、芝罘岛阳主庙遗址，这引起了我极大的兴趣。从此，我在下乡工作时就特别留意对这些遗址的调查。

一、月主莱山的调查与发现

1984年4月12日，我到龙口市归城去处理一宗文物案件。归城是山东半岛最大的周代古城遗址，半岛地区半数以上的青铜器都在这一带出土，史籍中多把归城目为莱国都城。山东资深的考古学者王献唐曾就归城出土的一批青铜器写过一本《黄县𣁋器》，结论是，归城之国不是莱国。于是，也有人说，归城之南的莱山也并非《汉书·郊祀志》记载的中华五大名山之一的莱山。

我从归城仰望着雄伟的莱山，心想，如果能在莱山发现秦始皇祠月主的遗迹，不就可以解决这些疑点了吗？

我独自一人来到莱山北麓的庙周家村，由村会计周仁能带路，在村周围调查。村南部有明清以来的莱山庙，村西山沟有庙台里，据散落的筒瓦看，是清代建筑，都不是我要找的目标。老周说，往南山里有个山梁叫庙堼，挺远，有五六里路，路也不好走。我缠着他带我上了庙堼。庙堼是莱山山腰的一个稍平的小山包，东南方仰对着莱山主峰"莱山尖"，其余三面视野较开阔。这里是农田和山峦的交接处，农民也不常来。在山包顶部，我发现了一些残碎的、侧面带菱格纹的条形砖，零乱的砖石下面，显露出几块平整的带花纹的平板铺地砖，这显然是汉代的建筑基址。我大喜过望，赶紧拍照记录。只可惜，这遗址面积太小，不是我想象的帝王祭祀的场面。

回村时，老周看我兴奋的样子，说村北边儿还有徐懋功的葬茔（坟墓）。徐懋功是唐初征高丽的统军将领，山东半岛是唐军发兵的地点，这里有很多有关的传说。我决定跟老周去看看。

"葬茔"的地点，在村东北一里许的一条小山沟的东侧，现有一个高六七米的黄土台，向沟的一侧，因取土形成了一个垂直壁立的断面，下部是生土，上部是密密麻麻的夯土层。土层的南侧，一个柱洞清晰可见（图一）。断崖底下堆满了青灰色的瓦砾，有板瓦筒瓦、平板砖踏步砖、圆瓦当半瓦当。看到这里，我暗暗吃惊：这才是帝王气象！

我把四件完整的圆瓦当背回烟台市博物馆，负责人李前亭也着实感到震惊：这样的文物、这样的遗址在山东半岛是第一次发现！三天以后，李前亭和我住进了庙周家村，开始了对这处遗址的第一次发掘。可惜的是，第二天李前亭接到电话要他参加烟台市的文物保护规划会议，只留下我孤军奋战。这次发掘，清理出庙堼的一处建筑基址，有平板砖铺的地面、条形砖和石块筑就的残墙断壁（图二）。在夯土台处，清理了夯土的现存范围。经调查，这块夯土仅仅是原有建筑的五分之一，多年来，村民建房、积肥用土都取自这里，曾有一次，夯土台塌方，将拉车取土的毛驴都砸死了。最严重的破坏是1958年，在夯土台西侧的山沟里，修了一座小水库，直接劈下夯土台的黄土堆土坝。之后我们将庙堼遗址、夯土台遗址两次公布为市级、省级文物保护单位。到2010年我们再去这里做秦汉祭祀遗址发掘课题时，夯土台又损失过半，可见文物古迹的保护之艰难！

图一、图二　莱山庙周家村行宫、月主祠遗址

1984年的发掘，我们收获了大量的建筑文物（图三），其中有形形色色的踏步砖、铺地砖，从直径7厘米的半瓦当到直径39厘米的汉代卷云纹大瓦当、直径60厘米的秦代多重云纹大瓦当。我们还修复了唯一一件汉代大板瓦，板瓦高108、宽42厘米，由几十口袋细碎瓦片成功复原，也真是奇迹。这特别要感谢烟台市博物馆赵娟锲而不舍地拼对。这些大板瓦、大瓦当，可算是古代建筑构件中的鸿篇巨制，由此可知当时祭祀建筑的宏大规模，除了秦皇汉武，谁又有过这样的奢侈与张扬？！

二、日主成山的调查

　　日主成山，当地又叫成山头，在山东半岛的最东端。从中国传统文化的中心中原来看，这里是最早看见日出的地方。虽然偏远，但却不是人烟罕至，这里不是深山老林，只是海岸边的低矮山丘。成山有紧紧聚拥在一起的三个山峰，被称为成山三峰，海拔也仅百米。成山上的秦汉祭祀遗迹，自古便见于记载，主要是山前的始皇庙，南峰上的立石。不同时代的文人墨客也多有吟咏诗词。

　　1985年6月9日，我去成山检查文物保护情况，来到了成山。我沿西坡循山而上，在山脚下的校场沟，看见一些秦汉砖瓦，采集了一块穿璧纹平板铺地砖，今天知道这种花纹很罕见。又上至秦皇庙处，这是一座近代建筑。1987年，成山驻军在这里施工，挖出一块北宋宝元二年（1039）的石碑，碑文为"秦皇祠诗一首"（图四），可知此庙在宋代称秦皇祠。在这里仰视成山中峰，山顶上的一座雷达天线，正在徐徐转动。一条盘山公路通往雷达，劈开的山坡处暴露了不少的秦汉时期的砖瓦碎片，有的还挺大。我贪婪地翻看挑选标本，突然一块瓦片吸引了我，它夹在土坡中，露出又薄又平的一个断面。一般瓦片都有弧度，它可能是瓦当？我用手铲仔细地把它挖了出来，还真是一件瓦当，圆瓦当。完整的当面上一半儿有网格纹，另一半有两个字，可能是"天主"吧（图五）。这是至今我们在山东半岛各个秦汉祭祀遗址中唯一发现的一件文字瓦当，可谓老天不负有心人。

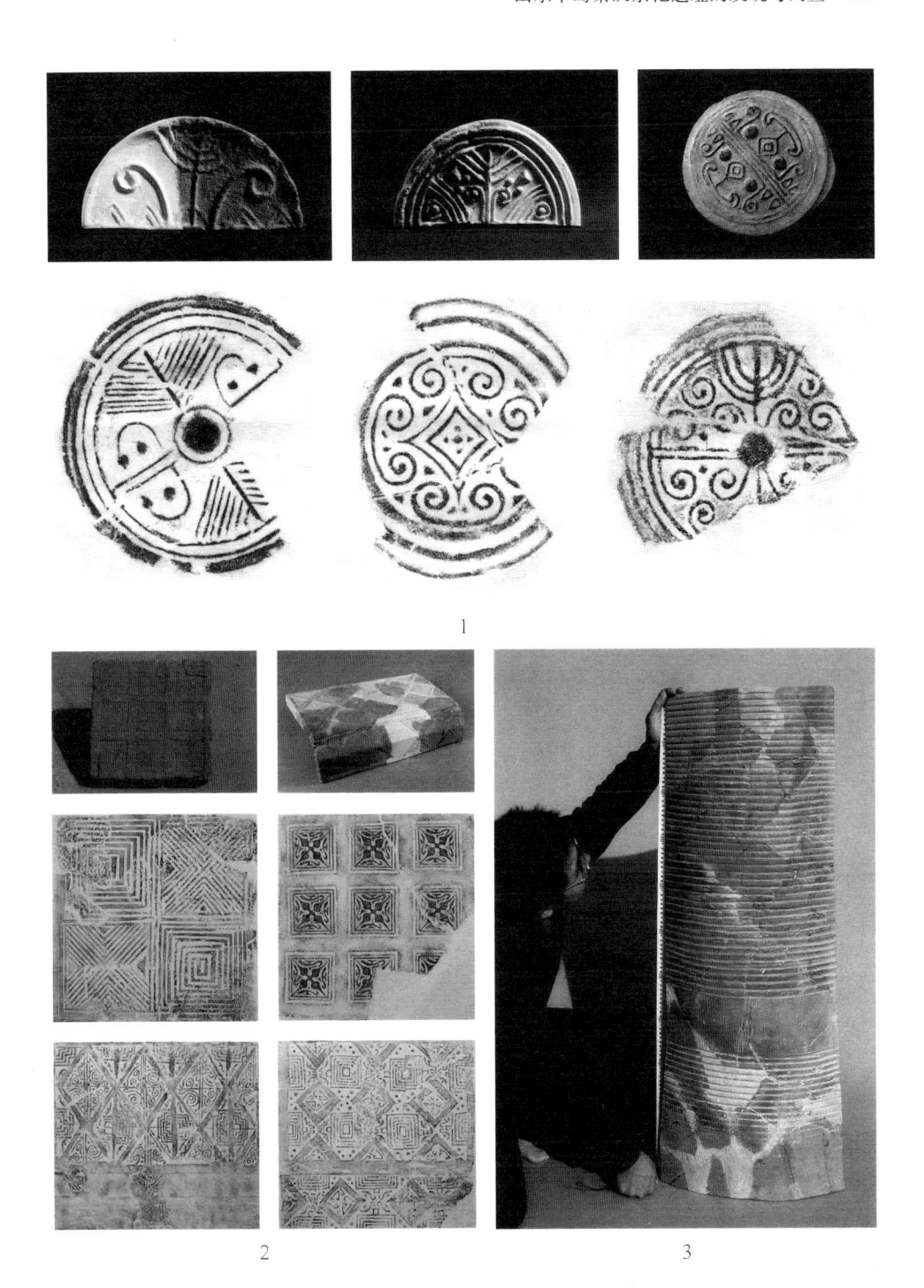

图三　莱山出土遗物

1. 瓦当　2. 铺地砖　3. 板瓦

图四　北宋诗碑拓片　　　　　　　图五　"天主"瓦当

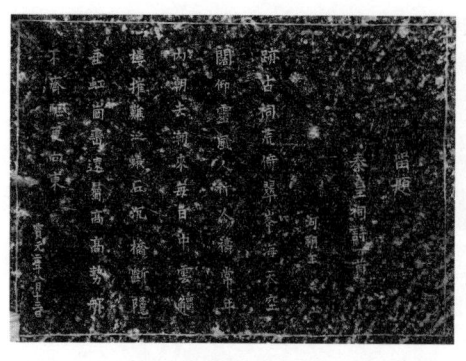

　　稍后，荣成县的文物干部张起明带病偕同成山所在的龙须岛公社文化站站长李胜成，赶来与我一道做调查。我们行至成山中峰的雷达建筑北侧，在草皮下发现三块平板花纹砖，依次叠压着，就如同台阶一般。这种砖在莱山夯土台遗址出土过很多，我们叫它踏步砖。但这三块踏步砖，立沿只有6厘米，而莱山夯土台遗址出土的踏步砖立沿则高达10厘米。我猜想，可能成山中峰这儿地处山巅，坡陡难走，踏步要减少高差。我们匆匆拍了照片，绘了草图，取下砖装了起来，免得执勤的哨兵干涉我们。

　　1987年4月24日，因检查东部各县文物保护情况，我与同事于晓丽、侯建业又来到了成山。这时成山正在进行史无前例的旅游开发建设，筑大门、建宾馆，多处地段削高填低，暴露出许多砖瓦文物。其间张起明收集了不少砖瓦文物。我们这次也采集了许多标本，多是砖瓦，少见瓦当。成山三峰以南隔着一条窄窄的深沟又有一个小山包，当地叫做"东酒楼子"或者"酒楼棚子"。1950年代那里建了一个海洋水文观测站。在山包的中央是个观测台。建台施工时挖出几件玉璧、玉圭等汉代玉器。这次调查可以看到观测台周围仅有细小的汉代碎瓦片。据参加施工的工人讲，施工时瓦片很多，都让民工用小车推到南边儿顺着悬崖倒海里去了。近几年的考古勘探也未发现这儿有建筑夯土。

　　成山西南侧的地方，地势较低，是成片农田，当地叫做南马台。在它的东南角靠近海岸处，因为修筑通往"东酒楼子"的大路而露出了一片夯土剖面。我们觉得这是一个新情况，做了清理、测绘，这个资料收在今天的报告里。

　　这次工作结束时，我把我们这些天采集的标本选了一些，带回烟台博物馆，特地把整齐一点的给张起明留下。说起老张对文物的感情，当年还发生过一件轰动全省文博界的要闻：老张原在山东省益都博物馆工作。当时省里新建石刻艺术馆，从他馆里调两尊北朝石佛造像，县领导、馆领导都同意，作为文物保管员的他，竟嚎啕大哭拒绝签办调拨手续。我临上公共汽车时，他又推着自行车赶来了，把我留给他的宝贝也都带来了，说，你都带走吧，放一块儿好搞研究。说得我差点淌下泪来。

1987年，新设了威海地级市，成山头不再是烟台博物馆的工作范围了。因我心有所系，加上跟老张私交很好，不断地交流成山遗址方面的有关消息。成山头旅游的建设项目越搞越多。文史馆、信号台、停车场、旅游大道等等，有土的地方几乎挖了个遍。张起明就像个救火队员，随着工程转，也向我输送了不少信息：停车场、信号台北侧，施工时都发现了秦汉遗址，出土的砖瓦也集中，可见成山遗址与莱山不同，遗址地点很分散，主要祭祀地点竟然设在成山中峰的山顶上。月主莱山祭祀地点在山腰和山麓，可能是莱山太高（最高处海拔960米），工程难度太大的缘故吧！

2012年，因为参加秦汉祭祀遗址的考古课题再来到成山头，成山遗址又是一变：不仅山下重建了雄伟的"东大门"城楼，山南侧建成了连为一体的大广场，往"酒楼子"的方向开辟了一条大道。这一切全为水泥覆盖，1987年发现夯土遗迹的地方也全都埋在了地底下。成山中峰顶上的方弧形雷达天线现在变成了一个大球体，支撑它的三条钢架向北、东北、东三个方向插在中峰上，不用说，伴随着钢架的就是三个大坑。地面上、山坡上七零八落地散布着一些大瓦片、踏步砖等。我们采集了几次，其数量超过了烟台市博物馆、荣成市文物管理所已往收集的成山文物的总和。其中一件菱格卷云纹踏步砖竟可以复原，让我们知道它长70、宽37厘米的完整尺寸。这也是各个秦汉祭祀遗址中仅有的一例。可见这个颇有规模的祭祀建筑就建在中峰顶部。其时代也很单纯，就是秦—西汉。我们把瓦当残片全部采集，但数量极少，说明山巅建筑没有多次修缮。

三、阳主芝罘岛的调查

芝罘岛是一个三面环海的陆连岛，位于烟台城市的北郊，调查起来十分方便。芝罘岛东西横长4公里，北部为陡峭的临海断崖，南为缓坡。这里的古迹是阳主庙。它坐落在康王坟前面的山坳里。现存的庙是明清两代留下的,庙里有元代元贞元年(1295)的石碑,证明元代这里就叫阳主庙。地方志中有关阳主庙的记载,主要是从这碑文里摘抄的。庙里还有一尊石造像,据形态、服饰看应是明代遗物。阳主庙的末代道士说,它就是阳主神像,也叫"梁王大帝"。可能他把庙里不同时代祭祀的神主混一块去了。"文革"中,这两件重要文物都由驻军送缴烟台市博物馆。据《汉书·郊祀志上》记载:东莱腄县有芝罘山祠。芝罘山祠可能是阳主神祠在汉-晋时期的另一种叫法,是今天阳主庙的的前身。看起来,这类祀神的建筑早期叫做祠,日主成山在宋代就叫秦皇祠。《郊祀志上》说"行礼祠名山川及八神",这里祠是动词,反过来用做名物,符合汉语的习惯。

1967年阳主庙驻军改造营房,将大殿拆除,在地基下挖出了八件玉器:璧两件、圭两件、觿四件,应是秦代的祭祀所用的礼器(图六),我们判断这组高规格的瘗玉与秦始皇东巡登芝罘有关。其后的调查主要就是围绕玉器的出土地点展开的。

阳主庙周围没有调查到秦汉时期的遗迹遗物。庙后的山峰当地叫做"康王坟",民间传说是姜氏齐国的末代君主康公贷死后埋在这里。或许山上有祭祀土台被老百姓当做了坟墓,就如莱山夯土台被当做徐懋功的葬茔那样?征得驻军许可我登上了山顶。此山为整体的花岗岩,山顶仅有一点点积土,不是夯土,范围也小,仅数平方米,有几块现代杂砖。陪我登山的军官说,1966年军队曾在这里设过瞭望哨所。

芝罘岛既然出土祭祀玉器,就应该像莱山、成山那样有相应的祭祀建筑遗迹。从史籍记载看,秦始皇登过芝罘,二世胡亥又立过芝罘刻石,《史记·秦始皇本纪》收录了刻石文字。可见芝罘是东巡祭典中的重要一环,怎能连从事祭祀活动的建筑都没有?

芝罘岛石头多土壤少,有遗址很容易观察到。芝罘岛中部的大疃村东的山前近海坡地上,有东周遗址和西汉墓葬。1993年至1997年,因建设工程需要,我们在这里进行了几次小规模考古发掘。遗址西部的一座小墓引起了我的注意,它长60.7、宽50厘米,墓圹用几块残破的灰色平板砖砌成,墓口盖着一片残长60多厘米的大板瓦。平板砖虽然制作粗糙,但其平面上却模印着一个个不太规整的折线三角形(图七),与我们在莱山夯土台遗址中见到过的秦汉时期的建筑

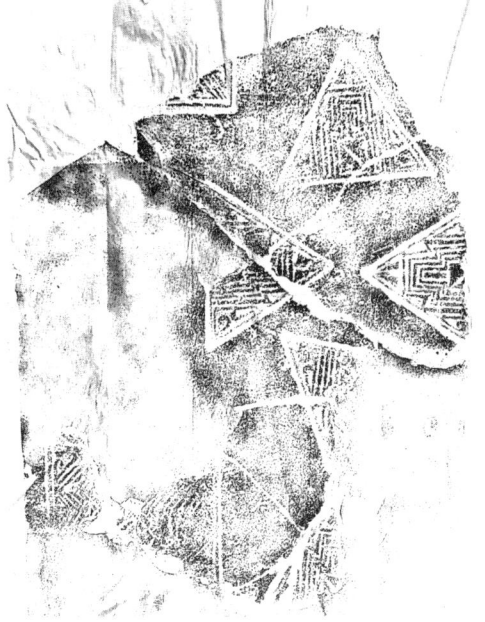

图六 祭祀阳主的玉器　　　　图七 大疃村出土的铺地砖拓片

用砖形制一样。这种砖在当时算是一种比较高档的建筑材料，怎么可能跑到这种简陋的小墓里？合理的解释应该是从别的地方捡来的。若此，使用这种砖的建筑一定就在附近。我注视着与墓地一沟之隔的大疃村，疑惑和希望都在这里。

2004年，大疃村拆迁改造，我们得到消息时，半个村子已经挖成了建筑基槽，平整的生土地面上散布着一些圆形土坑，清理后出土了一些汉代的灰陶罐、白陶壶等汲水用器，可见都是汉井。大疃村张先生是位很有文化修养的有心人，他把工地上出现的各种遗迹、遗物绘了一张图，而且还收集了一件折线乳丁纹半瓦当。后来在我们整理秦汉祭祀遗址的发掘资料时，张先生又把他的这些资料和文物送给我们。在大疃遗址的出土遗物中，也有砖瓦，其中还真就有村东小墓中的那种铺地砖，可见这确实是一处西汉建筑遗址。从简陋的铺地砖和半瓦当看，芝罘岛的秦汉建筑显然没有莱山、成山那样的雄伟气魄，或许这反映出秦始皇登芝罘并不是把这里作为祭祀的重点，而是确如史籍所记载的，只是为了"射杀大鲛鱼"。

四、阴主三山调查记

阴主三山到底在什么地方，一直有争议。归结起来有三种说法：

最古老的说法见于《汉书·地理志上》曲成"有参山"。曲成现在写做曲城，属招远市，以前招远是掖县（今称莱州市）的一部分。今莱州市境内有一个三山岛，岛上有秦皇祠，民间也有八神的传说，地方志也有记载。

第二个说法来自清嘉庆《招远县志》，把招远市曲城的小山指为阴主三山。这里汉代设曲成县（《汉书·地理志上》）、曲成侯国（《后汉书·郡国志四》）。现在仍然保留着汉代的曲成故城遗址。遗址附近的南山，虽然也有几座（粗略地说也可以算是三座）矮矮的山峰，但我们数次勘察，并没有发现秦汉时期的遗迹。看来这种说法是对《汉书·地理志》的误解。

第三个说法来自民国《福山县志稿》所载王鹗的《八神阴主庙记》，认为阴主在福山区的磁山。王鹗是福山望族名宦，里籍又在磁山脚下的古现村，其说也许有所根据。1987年，我去磁山考察，只见到近山顶处"福山八景"之一的磁山庵。这是一座依托自然山洞建成的简陋庙宇，废墟上有明清的瓦件、石碾。磁山一带没有发现秦汉遗迹。磁山以东3公里处有一座保存较好的汉代古城址，应是秦腄县、汉牟平县。《史记·秦始皇本纪》记载秦始皇东巡的路线是"过黄腄，穷成山，登芝罘"，黄有莱山，腄有芝罘，而磁山距腄县治所更近，如阴主在此，焉有舍近求远之祭之理？所以，阴主在磁山一说，不足凭信。

此后很长一段时间，我还是注重莱州三山岛的调查。现在的三山岛已不再是一个岛。它在一片绵长的低平海滩上突兀拔起，三座山峰东西排列，临海并立。最东的山峰被金矿挖去一小半。山上没有多少土也没有什么遗物。中间的山峰很完整，规则的圆锥形山体山上覆土较厚。土中有珍珠门文化的细碎陶片，也有明清的厚瓦片、带琉璃釉的陶片，但就是没有秦汉时期的陶片。近山顶部，有一周壕沟。当地人说是从别处搬土来修的工事。这也可能是珍珠门文化陶片的来源吧。

最西边山峰体量较小，完全是一座石头山，顶部嵯峨嶙峋。民间关于秦始皇的传说都在这座山上，什么"酒盅"、"马蹄窝"等等。山下南坡稍平缓。这儿原有一座海神庙，我1987年去调查时早已拆除，村民说建筑垃圾都推到下面水坑里去了。在海神庙周围采集到少量的汉代瓦片，但远不是建筑废弃后的感觉。这次采集到一件圆瓦当，当面图案为阔口暴目、络腮胡须的武士头像，应为北朝时期。海神庙是确实有的，但不敢确定与阴主有什么关系。

我推测阴主之祠在三山岛有一个重要原因。那就是它以东 22 公里的曲成故城！曲城是两汉县治，曲城遗址出土的齐中簋等大批青铜器证明，这里西周时已是古国文化中心。曲城附近，一定会有一个高等级的祭神地点。

三山岛所在的广袤海滩，史籍称为"万里沙"（《汉书·地理志上》）。汉武帝曾在这里搞过大规模的祭祀活动，建有"万里沙祠"（《汉书·郊祀志上》），其遗址就在三山岛以南 20 公里的姜家村。总之，三山岛是一个弥漫着神仙迷雾的地方。阴主神的地点，以三山岛的可能性为大。

五、关于八神祭祀遗址的几点认识

（一）八神祭祀遗址产生的历史文化环境

纵观八神祭祀遗址所在之地，必是先秦古国文化的中心。"国之大事，在祀与戎"，可见祭祀与古国关系之密切。这个先秦古国文化的中心，在秦汉时期则演变成县治。如天祠主所在临淄，在史前是鲁北文化区的中心，周代为齐都；地主祠所在泰山梁父，在史前是鲁南文化区的中心，周代为鲁都；四时主祠所在琅琊，在史前是鲁东南文化区的中心，周代为莒国都城附近的临海之地。

山东半岛四神的文化渊源虽不如前述各例脉络清晰，但仍有考古资料可据考察。莱山月主祠的祭祀遗址规格最高，它的周代古国也是半岛最强大的莱国，其都归城近在莱山脚下，这一带有出土包括十余件有铭青铜器在内的大量青铜器的庞大贵族墓地，是半岛地区的周代文化中心。至汉代设黄县，秦始皇东巡"过黄腄"，就是这个黄县。

阳主芝罘所在的古国应为己国（或曰纪国），烟台市芝罘区曾出土周代的己爵、己华父鼎（图八）、纪侯鼎（图九）。可知己国就在芝罘岛附近。秦设腄县，汉晋为牟平县。其城址在芝罘岛西南 15 公里的三十里堡古城址，城南有半岛最大的汉墓群。

日主成山所在的古国应是成山以西 26 公里的不夜（或称夜国）。荣成市学福村西周贵族墓曾出土有"乍宝尊"铭文的铜尊。它附近的不夜城遗址、梁南

图八　己华父鼎及其铭文

图九　眚侯鼎及其铭文

汉墓都是汉代不夜县的遗留。

山东半岛对八神日主、月主、阴主、阳主的祭祀当然不会始自西周，应当有更加悠久的历史源头。《史记·封禅书》说"八神将自古而有之，或曰太公以来作之"，正合山东半岛情形，也许太史公去古未远，知道我们今天不知道的史料。

（二）山东半岛的八神祭祀是海洋文化的反映

八神之祀在史籍中说是秦始皇"行礼祠名山大川及八神"（《封禅书》《郊祀志上》）。山东半岛的莱山，代表的是半岛最大的莱国，历史厚重，山也雄伟，《汉书·郊祀志》中列为五大名山，作为月主，应是名副其实。半岛其余的成山、芝罘等，就山形而言确实矮了一大截，但依然不乏古老文化，古老文化流传下来的表征便是神。从这个意义上讲，它们作为名山也当之无愧。山东半岛地处沿海，自然形成不了"大川"，但却濒临浩瀚大海。大海也是养育人类文化的源泉。这一点，从原始社会贝丘文化的繁荣，到史籍记载中的东莱鱼盐之盛都可证明。管仲治理齐国，有"海王之国"的发展计划，由此可见山东半岛海洋文化蓬勃发展之一斑。有一种观点把中国古代神话分为昆仑、蓬莱两大系统，其蓬莱神话指的就是"海上三神山"神话（流传到今天的以"八仙过海"为内容的蓬莱神话已经是古代蓬莱神话的移花接木）。战国秦汉时期的为数众多的神仙活动家如卢生、徐福等被称为"燕齐方士"，说明"三神山"神话发生的地点就在燕齐所在的山东沿海。今天，我们发现的八神祭祀遗址也是最好的证明。"三神山"神话不但深入民间，而且吸引了帝王，齐景公、秦始皇、汉武帝等莫不趋之若鹜。这些人间枭雄的大驾光临，又反过来带来了山东沿海八神祭祀的空前繁荣。

"秦子"再议

梁 云

2006年笔者曾著《"秦子"诸器的年代及相关问题》，讨论"秦子"是谁的问题。[①]该文发表后，又有新的资料出土，如甘肃礼县大堡子山乐器坑。[②]迄今为止，学界关于"秦子"研究论文有二三十篇，问题非但没有解决，争议反呈扩大趋势，且有扑朔迷离之感。在东周金文研究历史上，"秦子"问题争议之大与"曾国之谜"颇为相似，东西相映，实可称之为"秦子之谜"。近日笔者梳理相关资料并检讨以往研究，感觉旧说需要修正，同时又获新知，故撰成此文。

目前带"秦子"铭文兵器有四戈一矛，包括陕西省历史博物馆藏"秦子元用"戈（图一，3）、广州博物馆藏"公族元用"戈（图一，1）、故宫博物院藏"中辟元用"戈（图一，2）、澳门珍秦斋藏"左辟元用"戈（图一，4），及《三代》著录的一件秦子矛（20.40.3）（图一，5），铭文与"公族"戈相同。秦子戈皆为三角锋中胡二穿的形制，援上刃内曲；秦子矛矛叶狭长，銎孔仅到矛身中部。其年代均属春秋早期。

容器有盉、簠。盉现藏于美国，为小口扁体式，附铸鸟、熊、虎等动物（图二），盉体后缘铸2行16字（重文二字）："秦子乍铸用享其万寿子子孙孙永保用。"器形华美繁缛，年代稍早于礼县圆顶山春秋墓铜盉，属春秋早期。澳门珍秦斋藏秦子姬簠盖已残损，簠铭的后半段铸于盖内面："……時。又（有）嬰（柔）孔嘉，保其宫外。昷（温）共（恭）秉囗，受命囗鲁，义（宜）其士女。秦子之光，邵（昭）于囗（夏？）四方，子＝（子子）孙＝（孙孙），秦子姬囗

[①] 梁云：《秦子诸器的年代及有关问题》，《古代文明》（第5卷），2006年。
[②] 早期秦文化联合考古队：《2006年甘肃礼县大堡子山祭祀遗迹发掘简报》，《文物》2008年第11期。

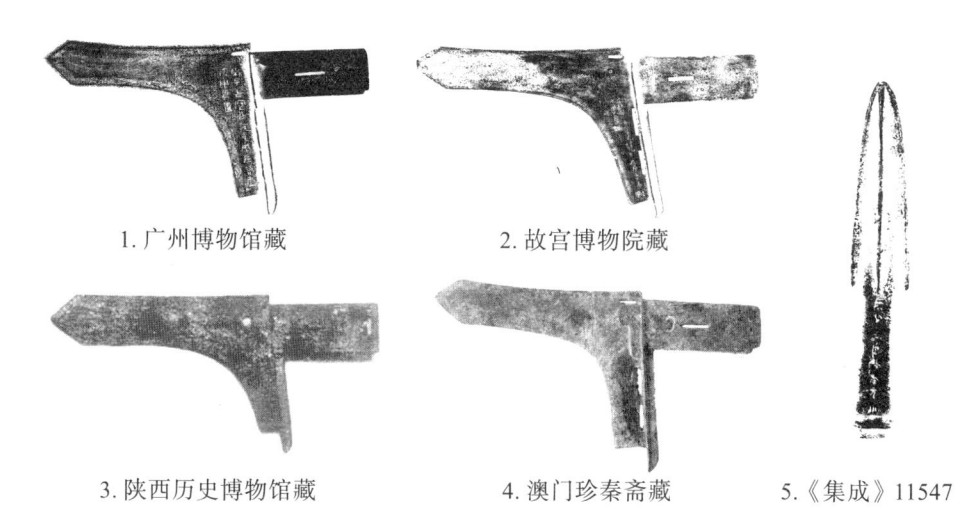

1. 广州博物馆藏　　2. 故宫博物院藏　　3. 陕西历史博物馆藏　　4. 澳门珍秦斋藏　　5.《集成》11547

图一　秦子戈、矛

图二　秦子盉

图三　秦子簋盖纹饰

享。"① 李学勤和董珊均对铭文进行了隶定和研究。② 从簋盖所饰细长的勾连虺龙纹（图三）来看，其年代在春秋早、中期之交。

乐器有镈、甬钟。如前所述，包括大堡子山 K5 所出秦子镈及甬钟（图四、

K5:1 　　　　　　　　K5:3 　　　　　　　　K5:5

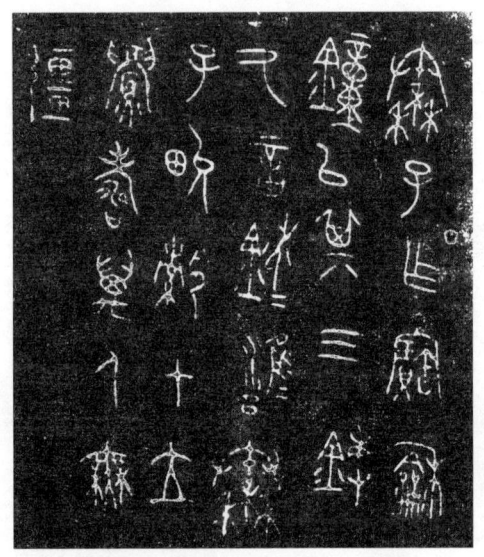

K5:1 正鼓部铭文

图四　礼县大堡子山 K5 镈钟及铭文

---

① 董珊：《秦子姬簋盖初探》，《故宫文物月刊》总 122 期，2005 年 6 月。
② 李学勤：《论秦子簋盖及其意义》，《故宫文物月刊》总 122 期，2005 年 6 月；董珊：《秦子姬簋盖初探》，《故宫文物月刊》总 122 期，2005 年 6 月。

图五），日本美秀（MIHO）博物馆所藏秦子甬钟（图六）[①]，均属春秋早期。

从器形和铭文字体看，"秦子"诸器大多属春秋早期，具体把它们置于春秋早期偏晚阶段是比较合适的。个别器物属于春秋早、中期之交，如秦子姬簋盖，不排除其年代进入春秋中期的可能。

关于"秦子"的身份，在学界争议较大，聚讼难决：

陈平先生曾论证秦子为秦文公太子静公（《史记·秦本纪》作"竫公"）。其理由是：（1）从太公庙秦公钟、镈和传世秦公钟、簋来看，秦之国君多称公而不称子，故秦子不应是在位的秦国君；（2）戈铭直接署为"秦子"，而不像《左传·定公五年》所载秦之诸公子中的秦子蒲、秦子虎那样后缀私名，可知其地位较诸公子应更加显要；（3）戈、矛铭中的秦子能作器授予公族，并统帅国子之

1. K5:6　　2. K5:8　　3. K5:9　　4. K5:10

5. K5:11　　6. K5:12　　7. K5:13　　8. K5:14

图五　礼县大堡子山 K5 编甬钟

[①] 日本 MIHO 博物馆《中国战国时期的灵兽》，2000 年。

| MIHO 秦公钟一 | MIHO 秦公钟二 | MIHO 秦公钟三 | MIHO 秦公钟四 | MIHO 秦公钟一铭文 |

| MIHO 秦子钟一 | MIHO 秦子钟二 | MIHO 秦子钟三 | MIHO 秦子钟四 | 秦子钟二铭文 | 秦子钟三铭文 |

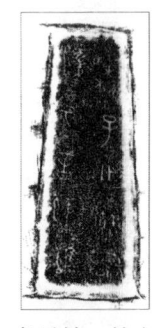

图六 MIHO 博物馆藏秦公钟与秦子钟

倅，功业显赫，非居太子之位 30 年以上的静公莫属；(4) 出子乃无知孩提、傀儡之君，生前恐无以秦名义作造兵器的可能。① 他后来又同意秦子是秦国君的意见，但认为在宪、出、宣三者中以宣公的可能性最大。②

王辉先生认为秦子就是宪公之后即位的出子，其理由是：第一，"秦子"的称呼是子上加国名，子后无私名，这表示的是国君。若非国君，则太子称大子，如虢太子元徒戈不称虢子；诸公子称公子某或秦子某，如公子铖、秦子虎，皆加私名。第二，宋、卫等国嗣君在《春秋》中称为宋子、卫子，都是在其父死后居丧期间的称呼。这种称子的习惯，是新君表示不忘父亲，是他幼小的儿子；

---

① 陈平：《秦戈、矛考》，《考古与文物》1986 年第 2 期。
② 陈平：《〈秦子戈、矛考〉补议》，《考古与文物》1990 年第 1 期。

同理，"秦子"之"子"也是"诸侯在丧称子"的意思，应是秦国春秋早期某位初即位的幼君，宪公、出子、宣公初即位时都可称秦子，又以出子的可能性最大。第三，出子虽是孩童，但也是一国之君，并不妨碍以他的名义制造兵器。①后来他又认为秦子戈、矛的"秦子"仍可能是出子；其余秦器的"秦子"最可能是宪公，但文、武、德、宣公的可能也无法绝对排除。②

李学勤先生曾认为秦子是襄公受封为诸侯以前的称呼。③秦子姬簋盖面世后，他改易旧说，认为秦子乃太子静公，"子"就是太子的意思。簋盖器主为秦子、姬，也就是秦子和他的姬姓夫人，铭文主要颂扬了秦子的威仪德行。④

董珊先生同意秦子是出子的意见，参考秦武公钟、镈铭文，认为簋盖的器主"秦子姬"是一个专有名词，专指出子的生母鲁姬子，这种称谓方式是母以子贵的产物；铭文主要记述了鲁姬子的操守事迹；可知武公、德公生母王姬与鲁姬在宪公末年有"并后"现象，引起后来的乱政。他还推测"这件器物是秦子为其母秦子姬所作的一件祭器。……鲁姬子在秦子在位时就死去"。⑤

赵化成、吴镇烽、陈昭容等先生主张秦子身份是太子，应为静公。主要理由是《左传》等文献记载中"秦子"、"秦子蒲"等应指秦太子或公子；秦子器包括贵重的礼乐器，还有供公族、左辟、右辟使用的兵戈，作器者非年长权重的太子不能胜任。⑥持相同观点的还有张天恩、王伟等。⑦近年来"静公说"渐成学界的主流意见。

程平山先生认为"秦子器的时代处于春秋早中期之际，秦子器主人应是秦德公太子宣公"。⑧李峰先生认为大堡子山K5的年代晚于太公庙秦武公钟，在

---

① 王辉：《关于秦子戈、矛的几个问题》，《考古与文物》1986年第6期；《读〈秦子戈、矛考补议〉书后》，《考古与文物》1990年第1期。
② 王辉：《秦子簋盖补释》，《高山鼓乘集》（王辉学术文存二），中华书局2008年版。
③ 李学勤：《"秦子"新释》，《文博》2003年第5期。
④ 李学勤：《论秦子簋盖及其意义》，《故宫文物月刊》总122期，2005年6月。
⑤ 董珊：《秦子姬簋盖初探》，《故宫文物月刊》总122期，2005年6月。
⑥ 赵化成、王辉、韦正：《礼县大堡子山"秦子"乐器坑相关问题探讨》，《文物》2008年第11期；吴镇烽：《秦子与秦子墓考辨》，《文博》2012年第1期；陈昭容：《秦公器与秦子器——兼论甘肃礼县大堡子山秦墓的墓主》，《中国古代青铜器国际研讨会论文集》，上海博物馆、香港中文大学文物馆，2010年。
⑦ 张天恩：《试说秦西山陵区的相关问题》，《考古与文物》2003年第3期；王伟：《从秦子簋盖词语说到秦子诸器——兼与董珊先生商榷》，《宁夏大学学报》（人文社会科学版）2008年第3期。
⑧ 程平山：《秦子器主考》，《文物》2014年第10期。

秦武公设邽、冀县之后，与宣公在位时期非常相符。[1]

王占奎先生全盘检索了《春秋》中公侯"称国与子"实例，发现它是继任者在位初期的特有称谓，时间大致有五至九个月，其身份均为新君，与太子的称谓不同；"称国与子"者不必是先君的儿子或太子；过了初期在位的国君，《春秋》中一律"称国与爵"。他认为秦子不是秦国太子，而是包括宪公、出子和武公在内的二代或三代秦新君。[2]

朱凤瀚先生系统收集相关资料，认为春秋金文中冠以国名的"子"带有一定的亲属称谓性质，使用者为列国公族成员中的国君与诸公子；已知秦国青铜器铭文中"秦子"均为在位秦公，大堡子山 K5 镈铭"秦子"是宪公或武公。[3]

"秦子"的称谓方式是"称国与子"，后不缀私名。判断秦子是谁，需要回答三个问题。

第一，秦子是秦国的国君还是秦国太子？

考察文献记载，如王占奎先生所言，《春秋》中"称国与子"者，均为即位初期的新君；《春秋》中太子均称为"世子"，而且前加国名，后缀私名，如曹世子射姑、郑世子忽、晋世子申生、陈世子款、楚世子商臣、卫世子臧、齐世子光、蔡世子般、宋世子佐等；二者截然不同。"秦子"是秦国太子的说法，不仅于经文无据，而且遇到了太子称"世子"的反证。

杜预注《左传》庄公九年的"秦子、梁子"曰："二子，公御及戎右也。"王占奎先生认为，"此秦子更有可能是鲁国的一名军人而不是秦太子……大凡御戎和右多数都记有私名。所以秦子、梁子极有可能是私名而非秦太子、梁公子"。[4] 山东春秋时有"秦"地名，此说可信。

考察金文资料，春秋时期的金文中，太子称"大子"，前或加国名，后或缀私名：

虢大子元徒戈（三门峡 M1052：53、54）

---

[1] 李峰：《青铜器和金文书体研究》，上海古籍出版社 2018 年版。
[2] 王占奎：《秦子与大堡子山秦墓墓主》，待刊。
[3] 朱凤瀚：《关于春秋金文中冠以国名的"子"的身份》，《古文字与古代史》（第五辑），"中央研究院"历史语言研究所，2017 年。
[4] 王占奎：《秦子与大堡子山秦墓墓主》，待刊。

大子车斧（三门峡 M2011:183）

上曾大子䏍殷，乃择吉金，自作□彝……（山东临朐泉头村 M乙.1《文物》1983 年第 1 期）

内（芮）大子白作为万宝鬲子＝孙＝永宝用享（梁带村 M26:150）

内（芮）大子作铸鬲子＝孙＝永宝用享（梁带村 M19:260）

惟王正月初吉丁亥，黄大子白克作仲嬴媵盘，用蕲眉寿，万年无疆，子＝孙＝永宝用之。（《两周金文辞大系》文 172 页，图 187 页）

齐侯命大子乘遽来句（敏）宗伯，听命于天子。（洹子孟姜壶，《集成》9729）

可见"秦子"是太子的说法，不仅在春秋金文中找不到例证，反倒遇到了太子称"大子"的反证。

李峰先生收集了东周时期称"子"的铭文，涵盖了秦国之外的 12 个国家，除个别（单子伯盨）属个人称谓，其他均为国君的称谓，属国君自称或臣民尊称。[①] 现将"称国与子"且无私名的铭文摘录列表如下：

国别	器名	称谓	铭文	资料来源
陈	陈子匜	陈子	唯正月初吉丁亥，陈子子作□孟妫□女媵匜。用祈眉寿万年无疆，永寿用之	《集成》10279
邾	寻伯匜	邾子	寻伯作邾子□□媵匜，（子＝孙＝）永宝用	《集成》10221
黄	黄子鼎	黄子	黄子作黄甫（夫）人孟姬则永宝霝（灵）冬（终）	《考古》1984.4

需要注意陈子匜，"陈子"为陈国国君，其子称"陈子子"，需要加一个"子"字以表明身份。1983 年在河南光山县宝相寺发掘的黄君孟墓，有双椁；南椁 G2 铜器多有"黄子作黄甫（夫）人行器"铭文[②]，器类有鼎、豆、鬲、壶、盘、方座等。此"黄子"一定是黄国国君，因为黄国太子在金文中称"黄大子"（上例）。李学勤先生认为"黄子"就是北椁 G1 铜器铭文中的"黄君孟"，《太平

[①] 李峰：《青铜器和金文书体研究》，上海古籍出版社 2018 年版，第 157 页。
[②] 河南省信阳地区文管会、光山县文管会：《春秋早期黄君孟夫妇发掘报告》，《考古》1984 年第 4 期。

寰宇记》引《十三州志》载黄国子爵，与器铭合。① 周代是否存在五等爵制本来就很可疑②，黄国是否子爵姑且不论，"黄子"器铭说明春秋金文中确有"称国与子"者为国君的实例。

应该说，"静公说"论者充分注意到秦国历史上文公在位 50 年之久，静公长期为太子可能辅佐其父治国，并考虑到秦子器铸造精良、种类齐全，从而推断秦子为静公，不能说没有道理。但此说无论在时代最接近的文献（《春秋》）还是金文中，都找不到相应例证，且遇到反证，不可避免地陷入"有理无据"的境地。相反，"国君说"在文献中有理，在文献、金文中有据（例证），可谓"有理有据"。

具体分析秦金文，秦子姬簋盖铭文说秦子"受命□鲁，义（宜）其士女。秦子之光，邵（昭）于□（夏？）四方"，显示这位秦子是国君。秦金文中有"受天命"或"受大命"之说：

秦公曰：我先祖受天命，商（赏）宅受或（国）……秦公其畯龢在位，䐭受大命，眉寿无疆，匍有四方，其康宝。（太公庙秦公钟）

秦公曰：不（丕）显朕皇祖，受天命，鼏宅禹迹……严龚夤天命，保业厥秦，虩事蛮夏……（天水秦公簋）

秦公曰：不（丕）显朕皇祖，受天命，竈有下国……严龚夤天命，保业厥秦，虩事蛮夏……（宋著录盉和钟）

陈昭容先生曾详加论证，上面三例中"受天命"专指秦开国之君襄公，并说"先秦'受天命'一词通常指国祚、帝位而言，尤其特指开国之君"。③ 西周金文中"受大命"者还特指文王、武王，如《大盂鼎》《毛公鼎》《师克盨》；到太公庙秦公钟，开国之君"受天命"，作器的秦公"受大命"，二者的区分很清楚。秦子姬簋盖铭文中的"受命"与太公庙钟的"受大命"一回事，都是践祚登基。

周克殷后，周人把天命的选择和认可作为其政权合法性的神圣依据，在金

---

① 李学勤：《光山黄国墓的几个问题》，《考古与文物》1985 年第 2 期。
② 王世民：《西周春秋金文中的诸侯爵称》，《历史研究》1983 年第 3 期。
③ 陈昭容：《秦公簋的时代问题》，《中央研究院历史语言研究所集刊》第 64 本第 4 分。

文中也频繁地出现文王、武王"受天有大命"、"应天命"、"应受大命"的字眼，后来被封的诸侯国袭用了这个说法，始封之君称"受天命"，如秦公钟。上天的认可是通过很隆重的祭天仪式来实现的，秦襄公被封为诸侯后，"乃用骝驹、黄牛、羝羊各三，祠上帝西畤"(《史记·秦本纪》)。[①] 始封君之后的秦君要谨遵天命，即"严龚夤天命"；祭天的活动也要世世代代进行下去，如文公作鄜畤祭白帝，宣公作密畤祭青帝，灵公作吴阳上畤、下畤分别祭黄帝、炎帝，献公作畦畤祭白帝等。每一位秦君即位后通过祭天来获得上帝及祖先的认可，恐怕是一件大事[②]，而这件事有可能琢之盘盂、勒于金石。秦祭天场所称为"畤"，秦子姬簋铭的上半段在器身，下半段转读到器盖，盖铭的首字为"畤"，说明其上半段内容与祭天有关，这与下半段的"受命"相吻合。总之，秦子即位后在某处的畤举行了祭天大典，以求得上帝和祖先的认可及佑护，宣扬自己的威仪和德行，宣称自己合乎法统，应受大命，并铸造了铜簋来纪念这件事——或者这件铜簋就是为祭天而铸造的。

论者认为簋盖"受命□(屯？)鲁"不同于"受天(大)命"，是祈求上天或祖先赐予嘉命厚福，属于周代金文中常见的嘏词套话。如此解释忽略了盖铭中"受命"与"畤"的内在联系，郊礼祭天乃国之大事，非国君不能主持。况且铭文还说"秦子之光，邵(昭)于□(夏？)四方"，完全是一国之君的口气。类似的例子如《尚书·泰誓》"惟我文考若日月之照临，光于四方，显于西土"；《诗经·大雅·文王》"文王在上，於昭于天"；《诗经·大雅·崧高》"申伯之德，柔惠且直。揉此万邦，闻于四国"。朱凤瀚先生也认为盖铭反映秦子的地位像是秦国在位之君，显然有君临天下的语气。[③]

大堡子山 K5 和 MIHO 秦子钟均说"秦子眈(峻)鬶才(在)立(位)"。"眈"通"峻"，在西周金文中已经出现，或解作"大"，如大盂鼎"眈正厥民"；或解作"长"，如瓰钟"瓰其万年，眈保四方"；颂壶"眈臣天子"；或解作"高"，如瓰簋"眈才(在)立(位)，乍(作)鼄才(在)下。"王辉认为"鼄"

---

① 事实上，秦为诸侯是出于周王的册封，与天命无关；从礼制上讲，秦为周之藩臣却宣称自己"受天命"，并郊祀上帝，属于很严重的僭越。《史记·六国年表》说："太史读《秦纪》，至犬戎败幽王，周东徙洛邑，秦襄公始封为诸侯，作西畤用事上帝，僭端见矣。《礼》曰：'天子祭天地，诸侯祭其域内名山大川。'今秦杂戎翟之俗，先暴戾，后仁义，位在藩臣而胪于郊祀，君子惧焉。"

② 祖先的神灵常伴上帝左右，如天水秦公簋："十又二公，在帝之。"

③ 朱凤瀚：《中国青铜器综论》，上海古籍出版社 2009 年版。

通"蒂"，意为根本。①"眈"、"寴"在秦器铭文中常见，如凤翔秦公一号大墓磬铭："乍寴配天。"②天水秦公簋："眈寴在天，高引有庆。"宋代著录秦公钟："眈寴在位，高引又（有）庆。"徐中舒认为金文中的"眈寴"相当《诗经·崧高》中的"骏极"③，晋姜鼎中有"乍寴为亟"。李零同意徐说，认为眈是高的意思，晋姜鼎中"乍寴"与"为极"互文，"寴乃假为至字，是为民立极的意思，与《尚书·洪范》'皇建其有极''惟皇用极'用法相同，这里寴字的用法读法与之相同"，并认为天水秦公簋的"受天"的"天"字，是"立"字的讹写。④这个说法很有道理。眈豨或与眈寴同义，秦武公镈"秦公其眈豨在位，膺受天命"，有高高在上的意思。不管怎样，都是一国之君的口吻。

金文中"在位"一般指在天子位或诸侯位。毛公鼎："王若曰……余一人在位。"龖簋："王曰……畯才（在）立（位）。"上举秦金文诸例皆秦公自称，可知是秦国君的惯用语。吕大临《考古图》、薛尚功《历代钟鼎彝器款识法贴》著录有"遣磬"，铭文云"□之配……以虔夙夕才（在）立（位），天君赐之厘。"有学者认为"遣磬"主人是春秋时期一代秦公的夫人。⑤王辉先生认为该磬不合古器铭通例，生搬已著录彝铭加以拼凑，错字很多，因此是伪刻。⑥

论者认为"在位"泛指担任各种职位，除国君外一般人也经常使用，如大家熟悉的"不在其位，不谋其政"（《论语·泰伯》）。这其实是套用文献语句解释金文辞例。具体到秦金文的语言环境，凡"畯豨在位"（《秦武公镈》）、"畯寴在天"（天水《秦公簋》）、"畯寴在位"（宋代著录《秦公钟》）之类用语，均为秦君自述；从已知推未知，可知"秦子"也是秦国国君。

目前著录的"秦子"兵器铭文说是用于"左右市（师）鈇（旅）"。"市鈇"二字虽然在学界有师旅、贡旅、士伍、被甲等不同解释，但都认为与军队有关，指军队的组织或编制。由此可见"秦子"是军队的统帅，统领由公族之良组成的精锐师旅。这一点持"静公说"的学者也不否认。但是，太子掌兵不合先秦

---

① 王辉：《商周金文》，文物出版社2006年版，第210页。
② 王辉、焦南峰、马振智：《秦公大墓石磬残铭考释》，《中央研究院历史语言研究所集刊》第67本第2分，1998年。
③ 同上。
④ 李零：《春秋秦器试探》，《考古》，1979年第6期。
⑤ 李学勤：《秦怀后磬研究》，《文物》2001年第1期。
⑥ 王辉：《"遣磬"辨伪》，《古文字研究》第19辑（1992年）。

制度,《史记·晋世家》记载晋献公作二军,命太子申生将下军,伐东山赤狄。里克谏曰:

> 太子奉冢祀社稷之粢盛,以朝夕视君膳者也,故曰冢子。君行则守,有守则从,从曰抚军,守曰监国,古之制也。夫率师,专行谋也;誓军旅,君与国政之所图也:非太子之事也。师在制命而已,禀命则不威,专命则不孝,故君之嗣适不可以帅师。君失其官,率师不威,将安用之?

大意是太子负责宗庙、社稷的祭品,并检查国君膳食;国君出行则留守,有人代守则随行抚军,留守叫监国,是自古以来的制度。军队统帅须谋划专断,发号施令,这是国君和正卿的职责,不是太子的事情。统领军队关键在上令下行,太子请命于国君,则没有威严;如独断专行,又会不孝。所以国君的继位嫡子不可以统帅军队。以太子为军队统帅是错误的任命,统帅没有威严,又怎么可以呢?

因为晋献公之举太过反常,所以太子申生会问里克:"吾其废乎?"献公命太子帅师出征,并将故都曲沃封给他,遂使举国皆知申生将被废黜。《史记·十二诸侯年表》云:"申生将军,君子知其废。"我们当然不能说"秦子"也属于这种反常的特例。里克说这番话的时间在公元前660年,与秦子戈、矛的年代很接近。太子监国而不掌兵既是当时通行的制度,也是由来已久的传统。因此,"秦子"不可能是秦国太子,而应是秦君。

第二,秦子是秦国历史上某个人的专称,还是多个人共用的泛称?

"静公说"的前提是认为"秦子"是秦国太子,但在春秋早期秦国前后有多位太子,除了静公外,文公、宪公[①]、武公、宣公都曾经为太子,从逻辑上讲他们皆可称"秦子"。因此,即便认为"秦子"是秦国太子,也不能说它是某位太子的专称。

秦子器年代主要集中在春秋早期后段,即公元前720—前670年,这期间在

[①] 宪公为静公长子,《秦本纪》云:"四十八年,文公太子卒,赐谥为竫公。竫公之长子为太子,是文公孙也。"

位的秦君有文公、宪公、出子、武公、德公、宣公。秦子器虽然大部分属于同一时期，但内部还有早晚差别，甚至不排除个别器物晚至春秋中期的可能。关于秦子器的年代，学界的认识并不一致。秦子簋盖捉手内饰方折细长的勾连虺龙纹，朱凤瀚先生认为其年代不早于春秋中期，并认为簋铭字体与凤翔秦公一号大墓石磬铭文接近，因此将此簋年代归入春秋中晚期。① 李峰先生通过比较大堡子山 K5 与太公庙秦武公镈、甬钟的高宽比，认为前者的年代晚于后者。② 可见秦子器形制和纹饰表现出的时代特征虽然相对集中，但远未到出自一人之手的程度，从这个角度说"秦子"也应是历史上多人共用的泛称，而非某个人的专称。换言之，历史上有多个秦子，目前所见秦子器有多个器主，非一人之物。

第三，"秦子"的含义是什么？

如前所述，"秦子"不是太子，其身份应是秦国国君。"秦"自然是国名或以国为氏，"子"的含义是什么？是否如《左传》所言是新君居丧期间的称谓？《左传》僖公九年云"凡在丧，王曰小童，公侯曰子。"《礼记·杂记》："君薨，太子号称子，待犹君也。"杨伯峻先生《春秋左传注》又总结为："《春秋》之例，旧君死，新君立，当年称子，逾年称爵。"③ "新君说"和"太子说"并无本质区别，太子居丧期间其实是代君身份。《春秋》中确将旧君去世当年的嗣君称为"子"，但第二年正月后皆改称爵（公、侯），未见一例逾年仍称"子"的。可见太子正式获得国君身份是在丧期结束之后。金文中"国名+子+私名"比较多见，已有学者认为不宜归为新君居丧期间作器。李学勤先生早就认为，《春秋》中"称国与子"的书法属于经学范围，不宜移用到青铜器铭文上。④ 朱凤瀚先生指出《春秋》中"某（国名）子"均为他称，不同于金文中自称；它出于史书自身体例要求，带有作者（孔子）主观上褒贬倾向，不合乎历史实情。⑤ 这个判断无疑是正确的，比如秦君被《春秋》称为"伯"，但金文中只见"秦公"和"秦子"，不见"秦伯"。

虽然《春秋》有把个别在旧君葬后的新君仍称为"某（国名）子"的，如

---

① 朱凤瀚：《中国青铜器综论》，上海古籍出版社 2009 年版。
② 李峰：《礼县出土秦国早期铜器及祭祀遗址纲论》，《文物》2011 年第 5 期。
③ 这一概括基本准确，但《春秋》还有个别新君当年称爵的例子，如鲁宣公十年的"齐侯"和鲁成公四年的"郑伯"（王占奎：《秦子与大堡子山秦墓墓主》，待刊）。
④ 李学勤：《"秦子"新释》，《文博》2003 年第 5 期。
⑤ 朱凤瀚：《关于春秋金文中冠以国名的"子"的身份》，《古文字与古代史》（第五辑），2017 年。

僖公二十五年的卫子，但大多数例子中新君称子的时间和居丧期间大体重合。《左传》言公侯在丧称子，可能因为居丧期间新君仍是嗣子身份。先秦时丧礼备受重视，有一些禁忌不得不遵守，如居丧期间不言乐，不作乐，不得擅动兵戈。礼书明确规定丧中禁乐，《礼记·曲礼下》："居丧不言乐。"《礼记·丧大记》："期九月之丧，既葬，饮酒食肉，不与人乐之；五月、三月之丧，比葬，饮酒食肉，不与人乐之。"《礼记·杂记下》："父有服，宫中子不与于乐。母有服，声闻焉不举乐。"在文献中也有具体实例，如《左传》襄公二十九年记载季札如晋，正值晋君丧期，听到钟声，说："君又在殡，而可以乐乎？"《左传》定公九年记载宋国子明叫乐大心（桐门右师）去迎乐祁的灵柩，说："吾犹衰绖，而子击钟，何也？"居丧期间不言乐、不举乐，自然不需要也不能制作乐器。但秦子钟铭文却说"秦子作宝鈦钟"，而且钟声悠扬，显然不是居丧新君该做的事情。

龚自珍曾说："古无因讣丧而受嘉命者，乐舞是吉祭，无以丧人时而匄眉寿者。"[①] 居丧时主人不为自己祈求眉寿，这很合乎人情常理，无需礼制规定。但秦子钟铭文却说"眉寿万人（年）无疆"，秦子盉铭文说"其万寿"；很难想象这些器物作于居丧之时。

《春秋》有不伐丧之义。《春秋》襄公十九年："秋七月辛卯，齐侯环卒。晋士匄帅师侵齐，至谷，闻齐侯卒，乃还。"《左传》云："闻丧而还，礼也。"《公羊传》云："还者何？善辞也。何善尔？大其不伐丧也。"先秦因伐丧而起的最有名战事是崤之战，秦国乘晋文公卒而未葬，袭郑灭滑，晋大夫先轸说："秦不哀吾丧而伐吾同姓，秦则无礼，何施之为？"于是决定还击秦军，"子墨衰绖，梁弘御戎，莱驹为右。……遂墨以葬文公，晋于是始墨。"（《左传》僖公三十三年）正因为战争的道义不伐丧，国有丧事就不宜兴作兵戈，更不可擅启战事。况且穿着丧服出征很不吉利，这也是晋襄公要把丧服染成黑色的原因。秦子戈、矛铭文中秦子为公族、中辟、左辟作造兵器，用于左右师旅等军队，与居丧氛围太不协调。

由此可见，金文中"秦子"不是居丧新君，而是正常在位国君。那么，正常在位国君为什么不称"公"而称"子"呢？以往研究正因为没想通其中关节，才认为"秦子"是秦君称"公"之前的称谓。"秦子"与"秦公"其实是在位国

---

① 龚自珍：《两齐壶释文》，载《金文文献集成》（第16册），线装书局2005年版，第618页。

君同时并用的称谓，二者并不矛盾。朱凤瀚先生认为器铭称"秦公"还是"秦子"，似乎依据器用不同而有所选择——称"秦公"的多为政治性礼器，称"秦子"的多为家族内所用祭器。①这很有启发性，令人豁然开朗。

朱先生在分析春秋时邓、楚、曾、许、黄、秦等国自称"某（国名）子"金文资料的基础上，认为这种称谓与爵位（子爵）无关，也不属于新君在丧称子的情况，而带有一定亲属称谓的性质，使用者仅限于国君及其近亲，不出国君与群公子的范围。这个概括来自大量实例，可信而全面。所举例证除了个别为"国名+子"不缀私名（黄子、秦子），其他均为"国名+子+私名"的格式。后者身份分析分几种情况：一是明确为在位国君，如曾子斿（鼎）、许子盥自（镈）、许子妆簠盖。二是确定为国君那个人，但不确定他是否已经即位，如曾子與（瑚、缶）。三是可能为国君但尚未确认，如楚子弃疾器、楚大师邓子钟。四是群公子，但不排除其中有国君自称的，如曾子单鬲、曾子白皮鼎、曾子伯䌦（盘）、曾子仲宣□（鼎）、曾子寿鼎、曾子南戈、曾子義行瑚、薛子仲安瑚、内（芮）子仲殿鼎、奠（郑）子石鼎等。朱先生说，"此种自称，就'子'的本来意义而言，可以理解为具有该国氏之公子身份者所用称谓。"②其说可从。

我们认为"国名+子"的本义就是"国君之子"，时君和先君之子皆可用此称谓。国君之子同辈有排行，所以又有"国名+子+排行（伯、仲、叔、季）+私名"的区分，如曾子伯䌦（盘）、曾子仲宣□（鼎）、曾子季关臣（簠），这种称谓等同于"国名+排行（伯、仲、叔、季）+私名"，如曾伯文（簋）、曾仲大父䵼（簋）、曾叔旃（鼎）。国君之孙称"某（国）孙"，不得称"某（国）子"，如曾孙定（鼎）、曾孙史夷（瑚）。太子当然是国君之子，能否称"某（国名）子"？逻辑上当然可以，但金文反映的实际情况恰恰不行。如前所述，金文中太子皆自称"大子"。已知称"某（国名）子"金文资料中无一例身份可确认是太子。比如称"曾子+私名"者有18位，身份为国君或群公子，没有可确定为太子者；相反，山东的曾国太子称"上曾大子"。出现这种现象，可能因为太子是法定继承人，身份特殊，需要在称谓中特别标明，即加一"大"字，以与其他公子相区分。文献中也有类似表述，如《礼记·王制》："乐正崇四术，立四教，

---

① 朱凤瀚：《关于春秋金文中冠以国名的"子"的身份》，《古文字与古代史》（第五辑）。
② 同上。

顺先王诗书礼乐以造士，春秋教以礼乐，冬夏教以诗书，王大（太）子、王子、群后之大子、卿大夫元士之适子、国之俊选皆造焉。"

太子之子继位为君的，比如秦宪公，能否称"秦子"？其父静公不享国，但死后谥号称公，被作为国君对待，宪公自然可以称"秦子"。

金文中"国名+子"有广义和狭义两种含义，前者指时君和太子之外的国君之子，称谓采用"国名+子+私名"的格式；后者专指时君，称谓采用"国名+子"（无私名）的格式，意即公族大宗宗子。国君是当然的大宗宗子，是谁当时人尽皆知，称谓无须加私名。"秦子"意即秦国嬴姓氏族大宗宗子，强调其族内的宗子身份，以此称谓作器多用于宗族内活动，所作兵戈亦用于公族之良组成的近卫亲军。宗子统领公族，秦子戈、矛铭文从这个角度理解就很妥帖。"秦公"则强调其国君身份，以此称谓作器多为鼎、簋、壶等成套礼器，铭文或回顾开国历程，或宣扬建功立业，或祈求国泰民安，政治性较强。

以前我们根据《秦记》中记为"子"的国君仅（前）出子一位，出子即位属于废长立幼，不合秦的继统法，因而认为"秦子"专指出子，现在看来有误。诚如赵化成先生所言，出子为谥号，"出"即"黜"，不是在位时称呼，出子即位是否合法属于后人认识，不影响他成为国君后称公。① 《汉书·古今人表》中"秦出公曼"和"秦武公、出公兄"，就是证据。学者们将秦子簋盖铭文中"秦子、姬"释为秦子及其姬姓夫人，也是很对的。将秦武公钟铭的"公及王姬"和秦子簋铭的"秦子、姬"都定为母子关系，在金文中没有例证，也不符合对母称谓的方式，因而不能成立。

那么，秦子姬簋铭的"秦子"是谁？《秦本纪》说"武公弟德公，同母，鲁姬子生出子。"鲁姬子应是宪公的庶妾，宪公夫人另有其人，是否姬姓不得而知。宪公"生十岁立"，他即位之初年龄尚幼，不可能娶妻，因此可以排除在外。"出子生五岁立，立六年卒"，也不可能娶妻，也应排除在外。武公在位20年，即位时年龄不详。周代贵族早婚，《左传》襄公九年记载晋悼公对鲁襄公说的话："国君十五而生子，冠而生子，礼也，君可以冠矣！"当时鲁襄公十二岁，听了这番话回国途经卫国时，在那里行了冠礼，不久便成婚了。这个例子说明先秦贵族男子12岁可行冠礼成婚，15岁可生子。《淮南子·论训》高诱注云："国君十二岁

---

① 赵化成、王辉、韦正：《礼县大堡子山"秦子"乐器坑相关问题探讨》，《文物》2008年第11期。

而冠，冠而娶，十五生子，重国嗣也。"《尚书·金滕》郑玄注亦云："天子、诸侯十二而冠。"如果宪公15岁时（前710年）生武公，那么武公即位时14岁，完全可以娶妻；而且秦武公钟、鼎铭文均言武公夫人为姬姓（王姬）。如此，武公很可能是秦子姬簋铭的"秦子"。王占奎先生亦认为武公是最合适人选。德公、宣公年龄也合适，但是否有姬姓夫人，文献失载。穆公有姬姓夫人，娶自晋国，《史记·秦本纪》"（缪公）四年，迎妇于晋，晋太子申生姊也。"李峰先生力主这位"秦子姬"是穆姬，即晋献公之女，该器可能是秦康公为其母穆姬所作。① 如果秦子姬簋盖确实晚至春秋中期，那么穆公就是最佳人选。

秦子姬簋铭中的"秦子"不一定是大堡子山 K5 和 MIHO 秦子钟的器主，因为历史上有多位秦子。根据笔者对大堡子山秦公大墓器物组合的复原，MIHO 秦子钟应出自大墓 M2。德公、宣公所作之器无由埋入大堡子山秦公墓，他二人可以被排除。如此，剩下文公、宪公、出子、武公，都是 K5 和 MIHO 钟铭"秦子"的候选人。

K5 镈铭除了多"以其三镈"四字，内容与 MIHO 钟铭完全相同；语句格式、字体写法也完全一样，宛如同一人的"签名"。这说明两套秦子钟的铭文由同一人手书，两套钟的"秦子"即便不是一个人，也是前后继位的秦公。因为先秦乐钟的制作者是镈师，同一位镈师先后为两代国君做事还算正常，若经历三代就少见了。

K5 和 MIHO 钟铭"秦"均作"羴"，上部从春省曰，下部从三禾（图七）。这种写法十分特别。大堡子山秦公器铭文"秦"字有从春省曰的，也有不省曰的，但均从双禾。此后秦武公钟鼎、天水秦公簋铭文的"秦"均从春省曰双禾，成为定式。传世或收藏的秦子戈矛、秦子盉、秦子姬簋盖铭纹的"秦"也是从春省曰双禾的写法。"秦"字省曰从三禾的写法，应是大堡子山秦公器至秦武公器过渡期间特有的书法现象，有鲜明的时代特征。值得注意的是，珍秦斋藏秦政伯丧戈"秦"字也是从春省曰从三禾。该戈形制与秦子戈几乎一样，也是援上刃微凹，属春秋早期偏晚（图八）。器主伯丧被董珊先生考订为大庶长弗忌，伯丧、弗忌为名、字对文②，有理有据，可以信从。结合文献与金文可知，大庶

---

① 李峰：《青铜器和金文书体研究》，上海古籍出版社 2018 年版，第 151—152 页。
② 董珊：《珍秦斋藏秦伯丧戈、矛考释》，《故宫博物院院刊》2006 年第 6 期。

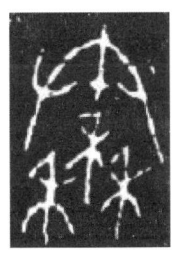

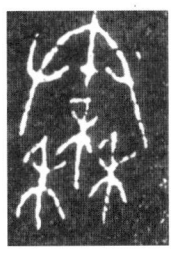

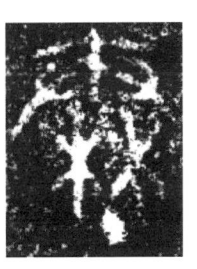

| MIHO 钟 | K5 镈 | 秦政伯丧戈 | 秦武公鼎 | 天水秦公簋 |

图七　春秋秦器中"秦"字写法

图八　秦政伯丧戈及铭文摹本

长弗忌为宪公、出子时期正卿，执掌国政，故能操纵出子、武公的废立。有理由说，这种从三禾的"秦"字写法在秦金文历史上曾短暂流行，是宪公、出子时期特有现象。

　　传世秦子戈、矛及海外收藏秦子盉出土地点不明，难以考证器主，只能根据年代范围宽泛地归于文公、宪公、出子、武公、德公。秦子戈、矛铭文多有"作造"，这种用语还见于珍秦斋秦政伯丧戈和秦武公鼎，但不见于其他时期器铭，从这个角度说目前著录的秦子戈、矛似乎属于宪公至武公时期。

秦汉雍五畤的发现与研究

游富祥　陈爱东

畤祭是秦人的祭祀传统，畤是对秦地祭祀上帝场所的特殊称谓[①]，汉则承秦制。史籍记载，秦汉时期先后立西畤、鄜畤、密畤、吴阳上畤、吴阳下畤、畦畤、北畤、泰畤、广畤共九畤（表1）。

因"自古雍州积高，神明之隩，故立畤郊上帝"（《史记·封禅书》）[②]，故秦汉诸畤集于雍[③]者有五，史称"雍五畤"。《封禅书》云："唯雍四畤上帝为尊，其光景动人民唯陈宝。"《索隐》："四畤，据秦旧而言。秦襄公始列为诸侯，而作西畤；文公卜居汧、渭之间，而作鄜畤；皆非雍也。至秦德公卜居雍，而后宣公作密畤，祠青帝；灵公作上畤祠黄帝，下畤祠炎帝；献公作畦畤，祠白帝；是为四。并高祖增黑帝而五也。"《正义》引《括地志》："鄜畤、吴阳上下畤是。"

对于上述两条记载，现代学者多有考辨，基本形成共识。《索隐》对于鄜畤、畦畤的地点说法有误，恰好颠倒：鄜畤在雍，畦畤不在雍，而在栎阳；《括地志》则明显缺漏一畤，即鄜畤。《汉书·郊祀志下》载："衡又言：'……今雍鄜、密、上下畤，本秦侯各以其意所立，非礼之所载术也。汉兴之初，仪制未及定，即且因秦故祠，复立北畤。'"[④]按匡衡所言秦雍四畤即鄜、密、上下畤，汉初复立北畤，合雍五畤。可见，秦雍四畤（鄜畤、密畤、吴阳上畤、吴阳下畤）并汉高祖增北畤，合称秦汉"雍五畤"，为当时帝国祭祀天地的最高级别。

---

① 田亚岐很早就提出畤是秦人独创的祭祀天、地与五帝的固定场所，又为汉人所继承（田亚岐：《秦汉置畤研究》，《考古与文物》1993年第3期）。田天认为畤在文献中一直是秦地对祭祀建筑的特殊称谓，该名称不见于周代传统祭祀，所谓吴阳武畤和好畤仅存在于传说中，《索隐》之说并不可靠，不足信（见田天：《秦汉国家祭祀史稿》，生活·读书·新知三联书店2015年版）。依据目前的考古发现来看，二田此说颇有见地。

② 《史记·封禅书》以下简称《封禅书》。

③ 此处"雍"的地理范围当指秦故都雍城，而非汉代雍县，学者多有研究，本文不多赘述。

④ 《汉书·郊祀志》以下简称《郊祀志》。

表 1　秦汉诸畤简表

	立畤者及时间	地点	祭祀对象	备　注
西畤	襄公八年（公元前 770）	西	白帝	《史记·十二诸侯年表》
鄜畤	文公十年（前 756）	鄜	白帝	同上
密畤	宣公四年（前 672）	渭南	青帝	同上
吴阳上畤	灵公三年（前 422）	吴阳	黄帝	《史记·六国年表》
吴阳下畤	灵公三年（前 422）	吴阳	炎帝	同上
畦畤	献公十七年（前 368）	栎阳	白帝	同上
北畤	高祖二年（前 205）	不详	黑帝	《史记·封禅书》
泰畤	武帝元鼎五年（前 112）	甘泉	太一	《汉书·武帝纪》
广畤	平帝元始五年（5）	长安北郊	后土	《汉书·郊祀志》

早年关于雍五畤的研究多限于畤的起源、地望以及祭祀礼仪的讨论，著述颇多。但是由于考古资料的缺乏，再加上史料记载简略且多有矛盾之处，这些讨论均一直难有较一致意见，至于畤的形制结构等就更加难以进行深入的研究。

2004 年甘肃礼县鸾亭山发现一处祭祀遗址，遗址内发现夯土墙、房址、灰坑、灰沟、祭祀坑等祭祀遗迹，并在房址、灰沟中出土玉圭、玉璧、玉人等祭祀用玉，祭祀坑与灰坑出土大量动物骨骸，包含牛、羊、猪、鹿、狗和一些禽类个体。[①] 发掘者认为此即秦汉西畤遗址[②]，此说颇有见地。以鸾亭山遗址发现的遗迹和玉器、动物骨骸判断，这里应为汉代西土一处重要祭祀地点，是汉西畤的可能性极大。汉承秦制，西汉立国"悉召故秦祝官……如其故仪礼"，基本全盘接收了故秦祭祀，则秦代西畤在鸾亭山或附近。这是考古发现的第一处畤祭祀遗存实体，依据鸾亭山的发现，我们可以明确畤遗存的地理位置、布局结构、祭祀方式、祭品组成等。参考鸾亭山遗址的发现，2015 年起，为寻找秦汉雍五畤，中国国家博物馆与陕西省考古研究院联合宝鸡市各区县博物馆对宝鸡市境内相关地点进行了详细的考古调查、勘探和发掘，相继发现了血池、吴山、下站、蔡阳山等祭祀遗址及附属夯土台设施，并对其中的血池和吴山遗址进行了考古发掘，取得重要成果。这些考古成果的发现为我们研究秦汉雍五畤地望、

---

① 早期秦文化联合考古队：《2004 年甘肃礼县鸾亭山遗址发掘主要收获》，《中国历史文物》2005 年第 5 期。

② 梁云：《对鸾亭山祭祀遗址的初步认识》，《中国历史文物》2005 年第 5 期。

形制结构、祭品使用、祭祀对象等提供了难得的实物材料，以下试结合考古发现对雍五畤诸问题进一步申论，刍荛之见，请方家指正。

一、考古发现概况

（一）血池遗址

血池秦汉祭祀遗址位于陕西省凤翔县柳林镇血池村东至北斗坊村之间的山梁与山前台地上，东南距秦雍城遗址15公里，总面积470万平方米。经过全面的考古调查与勘探工作，共确认相关遗迹包括各类建筑、场地、道路、祭祀坑等3200余处（个），主要分布于两个相邻的条状山梁中部。2016—2018年，经过三年考古发掘，发掘总面积约5000平方米，发现夯土台、祭祀坑以及建筑遗迹等。祭祀坑数量最多且形状各异，主要有以下几类：方形或长方形车马祭祀坑、不规则牲坑、长条形马坑、方形马坑、横截面呈倒三角形牲坑等。其中车马祭祀坑内埋藏驾乘状态的车马组合，长条形马坑南北纵长形，长约100、宽约1.5—2米，东西平行分布，坑内整齐排列马牲。[①] 各类祭祀坑共出土器物2200余件（组），主要有玉器，如玉人、玉珩（璜）、玉琮、玉璋、玉璧残片，青铜车马器，弩机，箭镞，木偶车马等（图一）。除器物外，还出土大量马、牛、羊牲骨，根据测定，这些动物全部为幼年个体。更为重要的是血池发现刻划"上畤"陶文的陶片（图二），这是考古第一次发现有关"畤"的

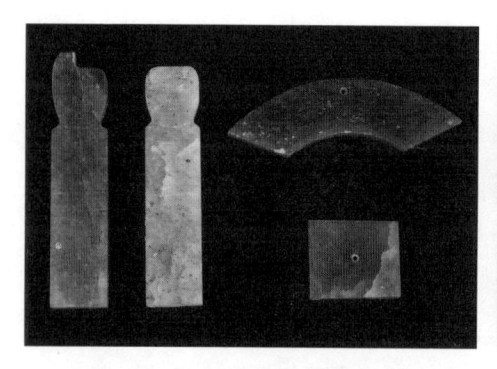

图一　血池遗址祭祀坑玉器组合　　　　图二　血池遗址"上畤"陶文

[①] 陕西省考古研究院、中国国家博物馆、凤翔县文物局、宝鸡市考古研究所、凤翔县博物馆、宝鸡先秦陵园博物馆：《陕西凤翔雍山血池秦汉祭祀遗址考古调查与发掘简报》，《考古与文物》2020年第6期。

文字实物。综合以上发现，发掘者判断该遗址为"专门祭祀天地及黑帝的固定场所——北畤"。①

（二）吴山遗址

吴山祭祀遗址位于陕西省宝鸡市陈仓区新街镇庙川村北侧山前缓坡上，西距吴山主峰3.8公里，东北距秦都雍城48公里，最高处海拔高程为1112米，最低处海拔高程为1052米，落差近60米（图三）。在1970年代后期曾因平整土地修梯田出土了车马器、玉人等重要文物，陈仓区博物馆依据线索从当地村民手中征集了一件车軎和一件玉人（女性）（图四），表明此地应是一处先秦时期的祭祀遗址。2016—2018年，经过三年的考古调查、勘探和发掘，确认遗址总面积约10.2万平方米，相关遗迹包括祭祀坑、道路、灰坑、建筑等共106处，其中祭祀坑96处。目前共发掘面积800平方米，发现车马祭祀坑8处，平面基

图三　吴山

---

① 田亚岐、陈爱东：《陕西凤翔雍山血池秦汉祭祀遗址》，载国家文物局编：《2016中国重要考古发现》，文物出版社2017年版。

本都呈方形，埋藏驷马一车。所有祭祀坑出土各类器物总计 220 余件组，主要有玉器（包含玉人、玉琮）、车马器、箭镞、铁锸等（图五、图六）。除器物外，还出土 32 具马骨，经测定，均为幼年个体。根据发现遗迹以及出土器物，发掘者判断该遗址为祭祀炎帝的吴阳下畤。①

图四　吴山玉人（陈仓博物馆藏）

图五　吴山遗址祭祀坑玉器组合 　　　　图六　吴山遗址祭祀坑出土铁锸

---

① 游富祥、张晓磊、董卫剑、刘子豪：《陕西宝鸡陈仓吴山祭祀遗址 2018 年发掘收获》，载国家文物局编：《2018 中国重要考古发现》，文物出版社 2019 年版。

（三）下站遗址

下站遗址位于陕西省宝鸡市陈仓区潘溪镇下站村，处于秦岭北麓渭河南岸的山梁之上，遗址周围为典型的黄土地貌，沟壑深陡，其东西两侧均为冲沟型河谷，台地南北狭长，长约4.3公里，遗址所处位置东西宽仅540米。台地上地势呈缓坡状，由南向北逐次形成多级台地，较为平坦，遗址南北范围约430米，其南部海拔为665米，北部海拔为654米，落差11米，高出渭河海拔约120米（渭河海拔约527米）。其正北直线距离21.8公里为秦都雍城，距血池遗址直线距离约35公里，距吴山遗址直线距离约59公里，台地北缘距渭河河道仅800余米。

经过前期多次调查走访，确认在下站村发现了与血池遗址具有相同特征的"玉人"遗物，随即对下站村周边进行了详细的考古调查，在断面发现了祭祀坑遗迹（图七），判断该遗址与凤翔血池遗址遗迹及包含物极其相似，可能也是一处祭祀遗址，随即对遗址进行详细考古勘探。通过本次勘探，基本搞清了该遗址的范围、遗迹分布及布局，共发现各类遗迹单位1414处，祭祀坑1409处，沟道4条，建筑遗址区域1处。其中祭祀坑分为长条形、长方形和圆形。长条形祭祀坑位于遗址东部，分布范围约7万平方米，南北长约430、东西宽近170米。祭祀坑平行分布，宽窄相间，长短不等，内多含有马骨。长方形祭祀坑分两种：第一种小而浅，内多含有骨块；第二种大而深，深度大多超过4米，大多内含灰烬、木炭粒、烧土块。建筑遗址区域为一个大体范围，位于祭祀坑合围中心区域，地面采集有板瓦、筒瓦、瓦当残片，外部多为粗绳纹或细绳纹，内部为布纹或素面（图八），

图七　下站遗址祭祀坑

图八　下站遗址采集砖瓦

未发现夯土基础类遗迹。根据对勘探出的各种遗迹的情况分析，尤其是与2016年陕西凤翔雍山血池祭祀遗址做一个横向比较，基本确定该遗址也是一处规模较大的祭祀遗址。位于渭南的秦汉大型祭祀遗址，史籍记载只有一处，即密畤。

（四）蔡阳山遗址

蔡阳山遗址位于灵山主峰以南约1.7公里处半山腰上，在雍城正西11.8公里、血池遗址南略偏西4.3公里处。地属陕西省宝鸡市凤翔县唐村乡蔡阳坡村，当地人亦称此山为蔡阳山。该处地形地貌主要为山梁和山坡台地，自北向南逐渐下降，山梁上由于水土流失地层相对较浅，且有姜石堆积，向南缓坡地带地层较厚。

经过详细调查和勘探，共发现遗迹177处，均为祭祀坑（图九）。祭祀坑类型主要有长方形坑、长条形坑两种，方向不同，分东西向与南北向。最大的长方形坑长6、宽4米，最深的坑有5米。长方形坑内多见骨、板灰，个别见铜饰；长条形坑主要分布在山顶平台，有东西向、南北向，最深坑2米，坑内含活土、灰点等，未见骨、板灰等，或为建筑墙基。在遗址北边的两座山顶上，地形高亢、平整，推测应有夯土台等祭祀场所，但经调查基本为姜石堆积，未见任何遗迹。

图九 蔡阳山遗址祭祀坑剖面

（五）夯土台

1. 雍山夯土台

雍山夯土台位于陕西省宝鸡市凤翔县雍山山顶、雍山庙南约500米，西南距血池遗址约800米，向南可俯瞰秦都雍城（图十）。GPS中心点为34°34′12.93″N，107°16′18.06″E，顶部高程1113米。该夯土台为圜丘状，上部为密实夯，下部为粗夯，通高5.2、基座直径23.5米，上部夯层厚6—8、下部夯层厚35—40厘米。夯土台外围有一圈围沟，直径约31、口宽5、深1.5米。发掘者认为该夯土台为血池祭祀遗址祭坛[①]。

2. 彭祖塬夯土台

彭祖塬夯土台位于陕西省宝鸡市凤翔县柳林镇彭祖原村北山头上，东距血池遗址5公里，该地为凤翔县与千阳县交界处，西望千阳川道一览无余，东与雍山血池夯土台遥遥相望，相互呼应（图十一）。夯土台位于山包顶部，GPS中心点为34°35′38.63″N，107°14′22.40″E，顶部高程1072米。经勘探，该夯土台呈覆斗状，上径2、底径24、高5.3米，为实体夯，土质坚硬，夯层厚8—15厘米。夯土台外2米环绕一圈围沟，围沟宽6、深约2.8米，沟内含木炭星、姜石等活土及少量淤土。

---

① 田亚岐、陈爱东：《陕西凤翔雍山血池秦汉祭祀遗址》，载国家文物局编：《2016中国重要考古发现》，文物出版社2017年版。

图十　雍山夯土台　　　　　　　　　　　图十一　彭祖塬夯土台

3. 烈王坟夯土台

烈王坟夯土台位于陕西省宝鸡市凤翔县范家寨乡临阵坡村北1公里山顶上，血池遗址东北约15公里，凤翔县城正北约11公里（图十二）。GPS坐标为34°36′47.85″N，107°24′50.64″E，顶部高程1118.0米。夯土台现存高度约8米，底座最大直径约22米，平面近似圆形，上面最大直径2.4米，夯层厚度8—13厘米，夯土细密、坚硬，为五花土。夯土台西侧被盗挖破坏，暴露的夯土层次分明，夯土台背侧底部有一盗洞，下挖约5米深度，经观察，洞壁全为生土，表明台下无遗迹。夯土台底部周围的东、西、南探勘发现多个灰坑遗迹，这些灰坑环绕夯土台分布，围成一个环形，应当与雍山、彭祖塬一致是外侧围沟。

4. 水沟夯土台

水沟夯土台位于陕西省宝鸡市凤翔县糜杆桥镇水沟村北山梁顶部，西距烈王坟夯土台约5.5公里，向南俯瞰凤翔塬（图十三）。GPS坐标为34°35′10.54″N，107°27′52.89″E，顶部高程1052米。该夯土台近方形，现存高度约3米，底部边长约9米，夯层厚约10—20厘米。经勘探夯土台四周有方形围墙。

5. 刘家湾夯土台

刘家湾夯土台位于陕西省宝鸡市陈仓区县功镇刘家湾村北侧200米台塬顶

秦汉雍五畤的发现与研究　155

图十二　烈王坟夯土台

图十三　水沟夯土台

部，司川河与金陵河交汇处西南交角，西北距吴山直线距离 23 公里（图十四）。GPS 坐标为 34°31′4.15″N，107°3′17.49″E，顶部高程 898 米。夯土现存高度约 6 米，底部最大径约 10.3 米，平面近似圆形，顶部最大径约 2 米，夯层厚约 10—20 厘米，夯土略粗，坚硬，为五花土。四周为农田，边缘被挖掘侵蚀较多。该夯土台扼守司川河口，控制着司川河川道进入金陵河川道这一陆上通道。

6. 日弄山夯土台

日弄山夯土台位于陕西省宝鸡市陈仓区县功镇西北 2.5 公里日弄山顶，西北距吴山约 19.5 公里（图十五）。GPS 坐标为 34°32′45.76″N，107°3′26.93″E，顶部高程 927 米。夯土现存高度约 8 米，底部最大径约 20 米，平面近似圆形，顶部最大径约 2.3 米，夯层厚约 20 厘米，粗夯，五花土，夯土质量较差。在吴山即可远眺日弄山，日弄山处于金陵河中游最狭窄处，翻过日弄山金陵河川道逐渐变宽，此处恰处于扼守金陵河通道的咽喉所在。日弄山夯土台与刘家湾夯土台可以互见，二者可将金陵河县功镇这一带宽阔的河川掌控在视线之内。

7. 远门下夯土台

远门下夯土台位于陕西省宝鸡市陈仓区新街镇远门村北约 800 米台塬顶部，庙川沟与金陵河交汇夹角处，扼守吴山东侧山口，西距吴山约 4 公里（图十六）。GPS 坐标为 34°39′31.63″N，106°57′4.07″E，顶部高程 991 米。夯土台现存高度约 7 米，底部最大径约 17.5 米，平面近似圆形，顶部最大径约 2.5 米，夯层厚约30厘米，五花土粗夯，夯土质量较差。远门下夯土台不仅扼守吴山东侧通道，还与日弄山夯土台遥相呼应，二者可互见，控制着金陵河上游至吴山的这一段川道。

8. 景家庄夯土台

景家庄夯土台位于陕西省宝鸡市陈仓区新街镇景家庄村西侧400米台塬顶部，西南距吴山4.4公里（图十七）。GPS坐标为34°42′13.92″N，106°55′27.35″E，顶部高程1094米。夯土台现存高度约7米，底部最大径约19米，夯层不清，粗夯，质量较差。夯土台向北可见梨树坡夯土，向南与远门下夯土台相呼应。

图十四　刘家湾夯土台

图十五　日弄山夯土台

图十六　远门下夯土台

图十七　景家庄夯土台

9. 梨树坡夯土台

梨树坡夯土台位于陕西省宝鸡市陈仓区新街镇梨树坡村西 700 台塬顶部，陇县八渡河与金陵河分水岭上，南距吴山约 7.5 公里，扼守着陇县经八渡进入金陵河川道的通道（图十八）。GPS 坐标为 34°43′52.12″N，106°53′39.06″E，顶部高程 1108 米。夯土台现存高度约 7 米，底部最大径约 20 米，夯层厚约 25 厘米，粗夯，夯土质量较差。夯土台向北克遥望八渡河川道，向南与景家庄夯土台相呼应，吴山主峰也处于视线之内。

图十八　梨树坡夯土台

二、收获与认识

（一）雍五畤地望考察

早期关于雍五畤地望的探索多依赖文献记载和零散的考古材料，所以臆测的成分较多。如今大量考古祭祀遗存的发现和发掘为探索雍五畤地望提供了更加丰富的实物资料。通过对发现祭祀遗迹与出土遗物分析，我们基本可以确定血池、吴山、下站、蔡阳山四处遗址为秦汉畤祭祀遗存。

2016 年血池遗址发现大量祭祀坑，出土大量玉器、车马等祭祀文物，2017 年，在对血池遗址此前出土的建筑材料和陶片进行分类整理时，又在几块汉代陶缸（瓮）的残片上发现了"上畤"的陶文，书写字体近似汉隶。这是考古首次发现"畤"字陶文，是迄今为止对"畤"文化遗存属性判断的最直接实证，从文字角度证明了血池遗址是秦汉畤遗存之一。乍看"上畤"陶文很容易让人联想到秦灵公所立吴阳上畤，以为血池遗址即是吴阳上畤，其实非也。首先，"阳"即山南水北为阳，吴即吴岳，今宝鸡市西北吴山，古雍州西镇山，而非血池遗址所在之雍山，所以"吴阳"应当指吴山之阳。2016年笔者曾对吴山周围进行了详细的考古调查和勘探，发现吴山南侧为崇山峻岭，森林密布，人迹罕至，地形条件完全不适合设置祭祀场所，反而在吴山东麓台塬发现大量祭祀遗存。古代东方为少阳[①]，以少阳论，吴山东麓亦合"吴阳"这一概念。2018年发掘吴山遗址，分析所发掘祭祀遗迹与出土祭祀器物，证明该遗址即祭祀炎帝的吴阳下畤。[②] 既然吴阳下畤位于吴山东麓，那么与吴阳下畤具有相同地理概念的吴阳上畤从方位考虑也应当位于吴山东侧，距下畤即吴山遗址不远。而血池遗址虽位于吴山以东，却位于雍山南坡，距吴山40多公里，中间还隔着千阳岭（千河与金陵河的分水岭），作为"吴阳上畤"稍显远。其次，依据考古类型学判断，血池遗址祭祀坑中出土遗物年代基本集中在汉代，没有更早期的秦代遗物，雍五畤中只有北畤是汉代建立，其余四畤均是利用秦时旧畤。最后，从考古发现的各个遗址的方位来看，血池遗址位置最北，汉初高祖刘邦"立黑帝祠，命曰北畤"（《封禅书》），这里"北"应指代方位。匡衡有言："青赤白黄黑五方之帝皆毕陈，各有位馔"（《郊祀志下》），表明汉代雍五畤所祀五帝已经是五方帝，不复秦"上帝"之尊，黑帝为北方帝，立畤应当位于诸畤之北。所以血池遗址为汉北畤可能性最大，发掘者的认识是比较中肯的。

下站遗址经调查、勘探，发现与血池完全相同的祭祀坑，并采集到汉代的遗物，走访村中乡老，言之凿凿地说村里早年挖出过大量玉器，其中就包括血池出土的玉人，说明下站遗址与血池遗址性质相同，也是秦汉畤文化遗存，而文献记载"秦宣公作密畤于渭南，祭青帝"（《封禅书》）。雍五畤中只有密畤位于渭河南岸，所以下站遗址为密畤无疑。

蔡阳山遗址位于灵山主峰南约1.7公里处半山腰上，地势相对平缓，距千河约5公里。《封禅书》记载："文公梦黄蛇自天下属地，其口止于鄜衍。……于

---

① 《汉书·律历志》："少阳者，东方。"
② 游富祥、张晓磊、董卫剑、刘子豪：《陕西宝鸡陈仓吴山祭祀遗址2018年发掘收获》，国家文物局编：《2018中国重要考古发现》。

是作鄜畤。"一般认为鄜畤位于鄜衍，即使不在同一地也应当相距不远。"鄜衍"之"鄜"，《集解》与《索隐》皆谓左冯翊鄜县，但是文公时秦的势力范围尚未抵达左冯翊，所以此说不从；文公居汧渭之会，"鄜"应当距"汧渭之会"不远。"衍"两种意见，《集解》引李奇曰"山阪曰衍"，《索隐》依郑注云"下平曰衍"，又引李奇《三辅记》云"三辅谓山阪间为衍"，二者意见刚好相左。但是无论山阪或山阪间都是位于"山阪"。"山阪"即山坡，"山阪间"即山坡中间的平缓地带，《尉缭子》载："武王伐纣，背济水向山阪而陈"。① 至于"汧渭之会"的具体所在，学界尚未达成一致，但是经过详细考古调查，结合陈仓区博物馆藏魏家崖出土金虎与金铺首，我们认为陈仓区魏家崖、陈家崖两村所在千河入渭东北角为"汧渭之会"所在②，2014年10月在魏家崖村民魏炳祥家后院抢救清理春秋早期秦贵族墓一座，出土文物30件（组），其中，青铜礼器12件③，更加佐证了我们的认识。

魏家崖（陈家崖）遗址向北约10公里的千河东岸马道口遗址在1973年出土羽阳宫鼎一件，李仲操通过考辨鼎铭认为马道口一带就是鄜畤所在。④1982年在马道口以北约1.5公里的孙家南头发现一处秦汉宫殿遗址，采集到"蕲年宫当"。1990年代，陕西省考古研究院发掘了孙家南头遗址，出土大量文字瓦当，发掘者认为该遗址为秦汉蕲年宫遗址。⑤田亚岐认为蕲年宫是鄜畤的一部分，即鄜畤在孙家南头一带。⑥李、田二位的意见颇为有理，但是孙家南头与马道口遗址均未发现祭祀坑一类遗存。2008—2009年，笔者与梁云、田亚岐等对千河两岸遗址进行了详细考古调查⑦，判断鄜畤应当在马道口与孙家南头一带⑧。2018年陕西省考古研究院在陕西省凤翔县西部灵山做工作，发现蔡阳山遗址。该遗址距孙家南头遗址约5公里，位于孙家南头遗址东北灵山山坡上较为平缓地带，向下可俯瞰蕲年宫与千河川道，与文献记载"鄜衍"高度吻合。

---

① 华陆综:《尉缭子注译》，中华书局1979年版。
② 梁云:《鄜畤、陈宝祠与汧渭之会考》，《秦始皇帝陵博物院》2011年第一辑。
③ 刘江:《陈仓区千河镇一座春秋墓葬出土30件珍贵青铜器》，简报待刊。
④ 李仲操:《羽阳宫鼎铭考辨》，《文博》1986年第6期。
⑤ 焦南峰、王保平、周晓陆、路东之:《秦文字瓦当的确认和研究》，《考古与文物》2000年第3期。
⑥ 田亚岐:《秦汉置畤研究》，《考古与文物》1993年第3期。
⑦ 中国国家博物馆、陕西省考古研究院:《2009年千河下游东周、秦汉遗址调查简报》，《考古与文物》2015年第3期。
⑧ 梁云:《鄜畤、陈宝祠与汧渭之会考》，《秦始皇帝陵博物院》2011年第一辑。

综合以上判断蔡阳山遗址即秦汉时期鄜畤，而孙家南头蕲年宫遗址应当是雍五畤附属离宫。

目前雍五畤已基本明确其四，只有吴阳上畤还未发现，从立畤时间与畤名判断，吴阳上畤当与吴阳下畤处相同方位，即吴山东侧；且不会相距太远，所以吴阳上畤当处吴山以东、千河以西这一区域内。

（二）畤的地理位置与形制结构

畤是秦与西汉特有的祭祀场所名称，关于其位置，《封禅书》有两处记载："自古以雍州积高，神明之隩，故立畤郊上帝，诸神祠皆聚云"；"盖天好阴，祠之必于高山之下，小山之上，命曰畤"。前者揭示了雍地诸畤建立的原因——雍州积高，神明之隩，后者则指明了立畤的地貌特征——高山之下，小山之上。从考古发现看，目前发现的所有畤祭祀遗址除甘肃礼县鸾亭山外，其余均在秦都雍城周围，且位置均位于高山与小山之间相接的缓坡地带，可佐证文献记载。

关于畤的形制与结构，文献记载较少，特别是雍五畤的形制几乎没有记载。史籍仅对汉武帝所立薄忌太一坛与甘泉泰畤的形制有较为详细的描述。《封禅书》记载薄忌太一坛："为坛开八通之鬼道。"《索隐》引司马彪《续汉书·祭祀志》云："坛有八陛，通道以为门。"又《三辅黄图》云："上帝坛八觚神道八通，广三十步也。"《郊祀志上》记载甘泉泰畤："（武帝）令祠官宽舒等具太一祠坛，祠坛放薄忌太一坛，坛三陔。五帝坛环居其下，各如其方，黄帝西南，除八通鬼道。……其下四方地，为醊食群臣从者及北斗云。"颜注曰："陔，重也。三陔，三重坛也。"西汉晚期匡衡奏罢雍五畤与泰畤时称："甘泉泰畤紫坛，八觚宣通象八方。五帝坛周环其下，又有群神之坛。……紫坛有文章采镂黼黻之饰及玉、女乐、石坛、仙人祠，瘗鸾路、驿驹、寓龙马，不能得其象于古。"（《郊祀志下》）颜注曰："觚，角也。"据上述文献描述可知，泰畤即泰畤坛本身，畤仅指祭坛本体而言。泰畤坛依文献应当为上下三层八角形坛，最上层太一坛，中层五帝坛，下层四方群神之坛。坛上有各种装饰，坛八方有八条台阶上下。

雍五畤的形制是否与泰畤相同则不得而知。但是就目前考古发现来看，并未发现泰畤坛遗迹，也未发现任何秦汉时期的祭坛实物可与文献记载对应，文献记载泰畤形制更是与血池、吴山等遗址的考古发现相去甚远。通过考古调查与血池、吴山遗址的发掘来看，雍五畤祭祀遗存主要由祭祀坑、建筑与夯土台等几部分构成，其中祭祀坑是遗址的主体，占据遗址的绝大部分。

以血池、吴山遗址为例，发现数量最多的遗迹是各类祭祀坑，坑内埋藏大量祭品。祭祀坑类型多样，按埋藏祭品分主要有车马祭祀坑、牲坑和空坑三类。车马祭祀坑又可分三种形制：其一，平面基本呈方形的竖穴土坑，这一类祭祀坑形制较大，制度规整，坑底放置类似木椁的木质箱体，箱内放置车马一驷，驾乘状态，青铜车饰与马具齐备，并放置玉人、玉琮等祭祀玉器；其二，平面为长方形的窄长形竖穴土坑，这一类坑形制略小，坑内常放置车马模型；其三，竖穴带洞龛形坑，这类坑大小与第二类相近，洞龛内或出土模型车马，或出土祭祀玉器。牲坑主要有四种形制：其一，长条形竖穴坑，这类坑一般平行分布，每个坑长度都在80—100米左右，宽约1.5米，坑内放置排列整齐的幼年马驹，无任何马具；其二，平面呈方形竖穴坑，这一类坑形制较小，坑内一般整齐放置数匹幼年马不等，无马具；其三，平面长方形，竖向截面呈V形坑，这类坑形制较小，坑内放置牛、羊；其四，不规则形坑，坑内放置马、牛、羊。空坑发现较少，主要为平面长方形的竖穴土坑。《封禅书》记载："雍四畤……春夏用骍，秋冬用駵。畤驹四匹，木禺龙栾车一驷，木禺车马一驷，各如其帝色。黄犊羔各四，珪币各有数，皆生瘗埋，无俎豆之具。"又载："（文帝）增雍五畤路车各一乘，驾被具。"《郊祀志》的记载与《封禅书》基本相同，"禺"即偶。考古发现证实了文献记载雍五畤献祭祭品的种类和"瘗埋"方式，祭祀物品无论是数量还是种类，其丰富程度又都远多于文献记载。

建筑遗迹与砖瓦、瓦当等主要发现于血池和下站遗址，而吴山和蔡阳山遗址则基本没有发现。砖瓦、瓦当的发现表明血池和下站遗址内包含建筑，而且是有屋顶的建筑。但是依据文献对泰畤坛的描述，泰畤应当无此类建筑，那么这些建筑功能如何则未可知，可能是祭祀祠、堂，也可能是皇帝斋戒沐浴的斋宫，或者是祠官馆舍，或是用于祭品存放的库房等，又或者是皆而有之。《汉书·礼乐志》记载："以正月上辛用事甘泉圜丘，使童男女七十人俱歌，昏祠至明。夜常有神光如流星止集于祠坛，天子自竹宫而望拜。"韦昭曰："以竹为宫，天子居中。"师古曰："《汉旧仪》云：竹宫去坛三里。"又《汉书·武帝纪》记载："十一月辛巳朔旦，冬至。立泰畤于甘泉。天子亲郊见，朝日夕月。"臣瓒曰："《汉仪》郊泰畤，皇帝平旦出竹宫，东向揖日，其夕，西南向揖月，便用郊日，不用春秋也。"依文献可知，泰畤附近修建有竹宫，天子在祭祀时常居其中。韦昭认为竹宫是以竹为宫，有学者据此认为"竹宫非一般意义上的宫殿，而是……以竹围成的'墙'"①，墙是一种矮墙，竹墙就是竹子围成的矮墙，这个意见恐怕不是很恰当。血池遗址出土瓦当中即有"来谷"与"竹宫"文字瓦当②，说明竹宫应当是一个有屋顶的宫室建筑，天子祭祀时居其中，则竹宫应当是皇帝的斋宫。又《汉书·百官公卿表》记载雍五畤置太宰以下诸官，五畤各一尉；又引如淳曰"五畤在雍故有厨"，说明雍五畤设有官署并处理祭品的庖厨。综上，可知血池遗址除祭祀坑外，还应当包含斋宫、祠官官署、厨舍（处置祭品）等建筑。

除血池和下站遗址外，吴山和蔡阳山遗址则没有发现大量的建筑材料，也未发现建筑遗迹，很可能没有斋宫、祠官官署与厨舍。凤翔孙家南头遗址1990年代发掘出土有蕲年宫当、来谷宫当、竹泉宫当、橐泉宫当等文字瓦当。据发掘者描述，这四种文字瓦当分别出自不同建筑屋顶，表明孙家南头遗址同时建造有蕲年、来谷、竹泉、橐泉四座宫室。蕲年、来谷从字面理解即有浓重的祭祀、向天祈求丰收的涵义，与今北京天坛祈年殿类似。"橐"，囊也，《说文解字》曰："小而有底曰橐，大而无底曰囊"；又《诗·大雅·公刘》曰："迺裹糇粮，于橐于囊。"说明橐泉宫亦与祈祷粮食丰收有关。竹泉宫，史籍无载，当即竹宫别称，竹宫为皇帝祭祀时的斋宫。雍地有为数众多的秦汉离宫，供皇帝出行驻跸，但是孙家南头遗址一处集四座具有浓厚祭祀色彩的宫室建筑则殊为奇怪。以前有学者认为孙家南头遗址属于鄜畤的一部分③，从功能角度考虑很有道理。虽然蔡阳山遗址的发现证明鄜畤不在孙家南头，但是鄜畤附属的斋宫却非常有可能在孙家南头，并且是四座宫室的其中一座。《汉书·地理志上》记载："橐泉宫，孝公起。祈年宫，惠公起。"惠公时，秦的都城仍旧在雍，惠公之后出子在位一年即被杀，继位的献公将都城迁到栎阳，秦孝公时又迁到咸阳。秦的政治中心虽然不断东迁，但是国家祭祀的中心确没有随之迁移。考虑到返回雍城祭祀的方便，秦很可能为祭祀雍四畤修造了专属的斋宫。《史记·秦始皇本纪》记载："四月，上宿雍。己酉，王冠，带剑。长信侯毐作乱而觉，矫王御玺及太后玺，以发县卒及卫卒、官骑、戎翟君公、舍人，将欲攻蕲年宫为乱。"始

---

① 田天：《秦汉国家祭祀史稿》，生活·读书·新知三联书店2015年版。
② 陕西省考古研究院、中国国家博物馆、凤翔县文物局、宝鸡市考古研究所、凤翔县博物馆、宝鸡先秦陵园博物馆：《陕西凤翔雍山血池秦汉祭祀遗址考古调查与发掘简报》，《考古与文物》2020年第6期。
③ 田亚岐：《秦汉畤研究》，《考古与文物》1993年第3期。

皇加冠应当告于上天，住宿蕲年宫正说明该宫为皇帝祭天的斋宫。1973 年孙家南头南约 1.5 公里的马道口遗址出土一件西汉铜鼎，鼎铭有"汧共厨"，李仲操考证"汧共厨"是供应雍五畤祭祀具食用的庖厨①，此说颇有见地。笔者于 2008 年和 2009 年曾参与对马道口、孙家南头遗址的考古调查工作，发现孙家南头至马道口长约 1.5 公里范围内是一个大型宫殿遗址群。吴山与蔡阳山遗址都没有发现建筑的痕迹，说明其斋宫、祠官官署、厨舍可能都集中到了孙家南头至马道口一带，孙家南头遗址四座宫室中有三座为鄜畤、上畤和下畤三畤斋宫，但是彼此更为准确的对应关系还没有找到相关的考古材料证据。北畤为汉代新增，且代表汉家正统，是汉王朝代秦的合法性来源，因此特为北畤修建斋宫及一应官署设施，其它秦四畤仍沿袭秦的旧制。

夯土台最初被认为是畤的祭坛，是举行祭祀的场所。但是，随着这一类遗存不断被发现，且分布呈现一定规律性后，祭坛之说就不能解释所有发现的夯土台。从考古发现来看，彭祖塬、雍山、烈王坟、水沟的夯土台基本沿凤翔北山东西呈一线分布，刘家湾、日弄山、远门下、景家庄、梨树坡夯土台则沿金陵河两岸呈线性分布。这两组夯土台分属不同的地域，在各自区域内两两可互见，且都位于山沿前部高处，视野开阔。其中雍山、彭祖塬、烈王坟、水沟四座夯土台做过考古工作，前三座夯土台外围均环绕一条围沟，水沟夯土台稍显特殊，外围是方形围墙。除雍山夯土台距离祭祀遗迹较近外，其余夯土台附近均未发现任何祭祀遗迹。《郊祀志上》记载："秦以十月为岁首，故常以十月上宿郊见，通权火，拜于咸阳之旁。"张晏曰："权火，烽火也，状若井挈皋矣。其法类称，故谓之权火。欲令光明远照，通于祀所也。汉祀五畤于雍，五十里一烽火。"②师古曰："凡祭祀通举火者，或以天子不亲至祠所而望拜，或以众祠各处，欲其一时荐飨，宜知早晏，故以火为之节度也。它皆类此。"（《郊祀志上》）颜师古对此已经说得非常明白，雍五畤不仅距当时的帝都长安（或咸阳）较远，且彼此之间相距也不近，皇帝在举行祭祀时若不亲至或是五畤需同时举行祭祀，即以烽火来传递信息、控制进程。由此判断上述所有调查发现的夯土台应当都是烽燧，是畤的附属设施，供传递消息之用，祭坛之说恐不足信。先秦文献中

---

① 李仲操：《羽阳宫鼎铭考辨》，《文博》1986 年第 6 期。
② 《封禅书》张晏："五里一烽火"更合乎考古发现实际，《郊祀志》此条"十"为衍文。

并无雍五畤祭坛的相关记载，所谓"筑土为坛"以祭天、"除地为场"以祭地很可能是汉儒以当代的祭礼延伸至前代。所以雍五畤可能并无祭坛，只是在祭祀时整理出可供使用的场地即可，类似所谓的"除地"。

综上，考古发现雍五畤中各畤都应当是由祭祀坑、场、斋宫等建筑构成的功能完备的综合体，不仅仅是单独一个祭坛。北畤（血池）因汉代新增，代表汉家正统，所以拥有独立的结构体系；其它四畤继承秦时旧制，四畤祭祀场所分处，斋宫与祠官官署集中统一管理。

（三）雍五畤祭祀对象与性质

《封禅书》记载雍五畤的祭祀对象为白、青、黄、炎、黑五帝[①]，与五行配合即代表西、东、中、南、北五个方位，即五方帝。五方帝一般认为是上古五帝在阴阳五行学说盛行之后，开始与五行相配而产生的结果，而阴阳五行学说流行是在战国中后期邹衍五德终始论提出之后，那么《封禅书》的记载就不能解释为何早期的鄜畤、密畤、吴阳上、下畤的祭祀对象为五方帝。且《封禅书》在行文中对雍五畤祭祀对象又有不同的说法，如："文公问史敦，敦曰：'此上帝之征，君其祠之。'于是作鄜畤，用三牲郊祭白帝焉。"这说明立鄜畤是为了祠上帝，不知后文为何又说白帝？又如："（秦始皇封禅）其礼颇采太祝之祀雍上帝所用"，"唯雍四畤上帝为尊"等，都表明秦时雍四畤祭祀对象为至高神上帝。另《史记·秦本纪》记载："襄公于是始国，与诸侯通使聘享之礼。乃用骝驹、黄牛、羝羊各三，祠上帝西畤。""（昭襄王）五十四年，王郊见上帝于雍。"史学界一般认为《秦本纪》的文字来源于秦国史书《秦纪》，相对《封禅书》而言，记载秦国的历史更为可靠，《封禅书》从其本身叙述的矛盾、疑点即可见一斑：其记载秦的历史应当是加入了汉代的一些史料和认知，以致记述秦诸畤时多有矛盾之处。由此可见，至少在秦时期雍诸畤的祭祀对象应当是至高神上帝，而非五方帝，上帝即天，雍诸畤为秦国祭天场所，郊雍则是属于秦国家祭祀中的最高祭礼形式。

汉承秦制，高祖二年立北畤，《封禅书》记载："二年，东击项籍而还入关，问：'故秦时上帝祠何帝也？'对曰：'四帝，有白、青、黄、赤帝之祠。'高祖曰：'吾闻天有五帝，而有四，何也？'莫知其说。于是高祖曰：'吾知之矣，乃

[①]《封禅书》记载鄜畤祭白帝，密畤祭青帝，吴阳上畤祭黄帝，吴阳下畤祭炎帝，北畤祭黑帝。

待我而具五也。'乃立黑帝祠,命曰北畤。"这条记载明确了汉代雍五畤各自的祭祀对象,分祀五帝,说明自高祖始就有五帝祭祀,但汉初的五帝祭祀不同于汉武帝后期之后的五帝祭祀。高祖说:"吾闻天有五帝",则表明当时的认知五帝就代表天,为至上神,五帝之上没有更高一级的神明上帝,否则高祖就应当说"吾闻天有六帝"了。文帝时:"有司礼官皆曰:'古者天子夏躬亲礼祀上帝于郊,故约郊。'于是天子始幸雍,郊见五帝,以孟夏四月答礼焉。"(《史记·孝文本纪》)这说明至少文帝时期,雍五畤所祀五帝还是代表上帝,与高祖时期的认知是一致的,五帝地位下降至五方帝,不再作为天的代表始于武帝朝。

《封禅书》记载:"亳人谬忌奏祠太一方,曰:'天神贵者太一,太一佐曰五帝。古者天子以春秋祭太一东南郊,用太牢,七日,为坛开八通鬼道。'于是天子令太祝立其祠长安东南郊,常奉祠如忌方。"亳忌将"太一"列为至高神,将五帝降为太一之佐,五帝虽然仍旧是帝神,但在亳忌的体系中已经不能作为至高神代表天,所以雍五畤祭祀五帝就不再是祭天,而仅仅是祭祀五方天帝。《史记·天官书》记载:"中宫天极星,其一明者,太一常居也。"《正义》曰:"泰一,天帝之别名也。刘伯庄云:'泰一,天神之最尊贵者也。'"《史记·五帝本纪》又载:"舜乃在璇玑玉衡以齐七政。遂类于上帝。"郑玄云:"昊天上帝,谓天皇大帝,北辰之星。"可见在汉代,太一、北辰、昊天上帝、天皇大帝概念基本相同,都为至高神,代表天。虽然亳忌设计了一种新的太一祭祀体系来祭天,但是此时的汉武帝仍在犹豫,并未以太一祭祀取代雍五畤祭天。[①] 元鼎五年,汉武帝郊雍,至陇西,西登崆峒,幸甘泉,"令祠官宽舒等具太一祠坛,祠坛放薄忌太一坛,坛三垓。五帝坛环居其下,各如其方,黄帝西南,除八通鬼道。太一,其所用如雍一畤物,而加醴枣脯之属,杀一狸牛以为俎豆牢具。而五帝独有俎豆醴进。其下四方地,为醊食群臣从者及北斗云。""十一月辛巳朔旦冬至,昧爽,天子始郊拜太一。朝朝日,夕夕月,则揖;而见太一如雍郊礼。"(《封禅书》)汉武帝第一次祭祀太一即显现神迹,因此太史公、祠官宽舒等建议以太一坛立太畤坛,三岁天子一郊见。至此,汉代天子接受了太一祭天体系,五帝在制度上下降为太一佐神,不复天之涵义,甘泉泰畤的太一祭祀取代雍五畤成为

[①] 《封禅书》记载:"其秋,上幸雍,且郊。或曰:'五帝,太一之佐也,宜立太一而上亲郊之。'上疑未定。"

西汉国家祭祀的最高等级。

考古出土的各类祭祀物品亦反映雍五畤分别对应的祭祀对象。目前只有血池与吴山遗址进行了考古发掘，从已发掘的祭祀坑与出土祭祀品看，两个遗址高度相似，祭祀品主要有玉器、车马器、兵器、农具、木偶车马、马、牛、羊牺牲等。祭祀品中玉器组合最具代表性，血池遗址为玉人（男女各一）、玉琮和玉璜组合，吴山遗址为玉人（男女各一）和玉琮组合，未发现玉璜。两个遗址同出玉人、玉琮，说明玉人、玉琮是五畤祭祀中普遍使用的祭品，是共性所在。血池遗址普遍使用的玉璜在吴山遗址不出，说明玉璜是血池遗址独有，是具有特别指向意义的祭品。《周礼·春官·大宗伯》记载："以玉作六器，以礼天地四方。以苍璧礼天，以黄琮礼地，以青圭礼东方，以赤璋礼南方，以白琥礼西方，以玄璜礼北方。"黑帝五行属北方，主水德，所以璜应当是祭祀黑帝的专属祭品，说明血池遗址的祭祀对象是黑帝，血池遗址是北畤。吴山遗址祭玉仅有玉人和玉琮，虽无具有特别指向性的"六器"出土，却出土另外一件自己独有的祭祀用品——铁锸。《易·系辞下》："包牺氏没，神农氏作，斫木为耜，揉木为耒，耒耨之利，以教天下。"耜，《说文解字》作"梠"："梠，臿也。从木，吕声。"（《木部》）神农氏即炎帝，历代被尊为农神，神农斫木为耜，耜与锸在战国秦汉时期演化为同一件农具，如此则铁锸用作祭品应有特指的祭祀对象，祭祀炎帝神农氏最合适不过。所以吴山遗址为祭祀炎帝的吴阳下畤。

文献记载雍五畤祭祀五帝最初是至高神，天的代表，祭祀五帝即祭天，依《周礼》记载"苍璧礼天"。但是无论是血池还是吴山遗迹目前均未发掘到玉璧，反而出土大量玉琮，令人费解。考古调查中走访遗址周围村民，则有玉璧的线索，无论是血池、吴山，还是下站遗址，村民均讲他们早年平整土地挖到过玉璧[①]，所以大概率是目前考古还没有发掘到。从文献记载看，至少从汉武帝元鼎五年亲自郊祀甘泉泰畤开始，五帝就已经下降为太一的佐神，太一成为新的至高神，天的代表，五帝已经不能再代表天，仅是方位神，祭天转向祭祀太一。所以血池发现的玉璜很可能属于汉武帝元鼎五年以后，以玉璜祭祀黑帝，因为此时黑帝仅代表北方帝，所以仅以玉璜组合的玉器来祭祀。

---

① 血池、吴山、下站遗址所在血池、北斗坊、庙川、下站村的一些年长的村民均有讲他们当年挖到过玉璧，"一种圆坨坨、中间有孔，上面画着龙、凤"，拿玉璧的照片给村民看，都一致说和他们挖到的形状基本一样。

综上，目前已经在陕西宝鸡地区（古雍地）发现血池、吴山、下站、蔡阳山四处秦汉时期祭祀遗址及其附属烽燧，经考古调查、勘探与发掘，基本确认这四处祭祀遗址为秦汉雍五畤其中之四。通过分析考古材料，我们有如下判断：第一，血池遗址为北畤、吴山遗址为吴阳下畤、下站遗址为密畤、蔡阳山遗址为鄜畤；吴阳上畤未找到对应遗址，其应当位于吴山以东、千河以西这个范围之内，下一步我们重点寻找。第二，畤不仅仅是祭坛本身（特别是雍五畤可能就没有祭坛，仅有场），它是包含坛（场）、祭祀坑、斋宫、祠官官署、厨舍、烽燧等在内的综合祭祀场所。其中，祭祀坑与祭祀坑出土各类祭祀器物是畤遗存的最基本要素。第三，从地形位置看，雍五畤各遗址位置符合文献记载"高山之下、小山之上"。第四，目前发现的祭祀坑与出土祭祀遗物年代相对集中，基本都属于秦与西汉时期，西汉以后没有发现，可与文献记载王莽元始年间废除秦汉旧祭，重新以儒家理论整合国家祭祀相印证。第五，雍五畤是建立在秦雍四畤基础上的，在秦时期，雍四畤祭祀对象为上帝，代表天，雍四畤祭祀是秦国家祭祀最高等级——祭天。汉初增设北畤，引入五方帝概念，但此时雍五畤祭祀五帝仍旧是至高神，代表天，雍五畤祭祀是汉代国家郊天祀典。至汉武帝元鼎五年亲祀甘泉太一祠坛，太一成为至高神，代天，五帝成为太一佐神，降格为五方帝，雍五畤祭祀自此不再是祀天大典，逐渐走向衰落，直至汉末被废除。从此，以儒家理论为基础设计的都城南郊祭天、北郊祭地的国家祭祀体系形成，并一直影响贯穿以后整个封建王朝。

雍畤文化遗存的新线索

张晓磊　范雯静

雍，是秦国历史上最为悠久的都城[①]，其当时的城市功能不单是政治、经济、军事中心，同时也是祭祀中心。雍地的范围约当今宝鸡凤翔为中心，北当北山，南跨渭河以至秦岭，西抵陇阪，东延至咸阳以西。[②]据文献记载，秦人先后在此设立鄜畤、密畤、上畤、下畤，即雍四畤。汉初，高祖刘邦增立黑帝祠，命曰北畤，形成完备的雍五畤祭祀系统。此后至武帝立甘泉泰畤，雍地诸畤一直是秦汉祭天的主要场所。

畤是祭祀天地五帝的场所[③]，是由秦人首先独创的，而西汉诸畤的产生，是对秦人置畤风俗的延习、补充和完善。[④]畤文化遗存主要是指进行畤祭活动过程中所产生的文化遗存，其主体是祭祀过程中所使用的坛场、祭祀坑、祭牲、道路、建筑基址、权火等，同时也包括为祭祀活动服务的附属设施，如宫殿、道路、衙署等，其本质是畤祭礼仪的物化载体。

本文主要通过近几年雍地秦汉祭祀遗址的考古发现（图一），结合文献记载，确定哪些遗存为畤祭遗存，初步总结其特征，以期对畤祭遗存的探索有所裨益。

[①] 学界普遍认为雍作为秦都的始建年代始自德公元年（前677年）。关于其迁出年代，主要有两种观点：一种观点认为迁出年代为孝公十二年（前350年），作为咸阳，筑冀阙，秦徙都之。并否认灵公所居泾阳、献公所徙栎阳为秦都。参田亚岐、张文江：《秦雍城置都年限考辩》，《文博》2003年第1期，第49页。王子今：《秦献公都栎阳说质疑》，《考古与文物》1982年第5期。另一种观点认为迁出年代为献公二年（前383年），城栎阳，并认为其性质为临时性都城。参徐卫民：《秦都城研究》，陕西人民教育出版社2000年版，第103页。《史记·秦本纪》："德公元年，初居雍城大郑宫，以牺三百牢祠鄜畤。卜居雍。后子孙饮马于河。"

[②] 《史记·高祖本纪》："八月，汉王用韩信计，从故道还，袭雍王章邯。邯迎击汉陈仓，雍兵败，还走；止战好畤，又复败，走废丘。汉王遂定雍地。冬至咸阳，引兵围雍王废丘，而遣诸将略定陇西、北地、上郡。"雍地的范围基本与项羽所封雍王章邯的势力范围相当，基本为咸阳以西，直至秦都雍。

[③] 《说文解字》："畤，天地五帝所基址，祭地。"

[④] 田亚岐：《秦汉置畤研究》，《考古与文物》1993年第3期。

图一　雍诸畤位置示意图

一、雍畤文化遗存的新发现

（一）血池遗址

血池遗址位于今凤翔县血池村东南侧的山梁上，东南距秦都雍城遗址约 16 公里。经调查与勘探确认，遗址主要分布于三道呈东北-西南走向的黄土岇梁的缓坡地带。

2015 年，为全面了解陕西宝鸡千河流域东周、秦汉时期聚落的分布，我们对千河流域进行了系统的考古调查。本次考古调查工作历时三个多月，数次到雍山踏查，发现血池遗址范围以雍山为中心，夯土台与遗址区分踞两侧，有山梁相连，四周沟壑环绕，面积约 600 万平方米。经调查和勘探发现的重要遗迹有祭祀坑、建筑基址、道路、夯土台等，仅在血池村后中山梁上一处长约 120、宽约 20 米的台地就发现祭祀坑遗迹 34 处，大小、深浅不一，并随探孔带出诸多重要遗物，如 K5 包含漆皮，K11 包含绿锈，K13 包含玉璜、铜锈（图二），K15 包含铜泡、铜质器物残片，K27 包含铜饰件。该处台地向北，地表散落较多建筑材料，如砖瓦残片、铺地砖等，应为遗址核心区域。此处山梁坡势较为平缓，山梁顶部平坦，腰部呈阶梯形，分三级台地，平面略呈梯形，北部宽约510米，南部宽约280米，南北长约1200米，面积约95万平方米。

图二　K13勘探带出的玉璜

2015年10—12月，完成考古调查面积为3平方公里，考古勘探面积为27万平方米。勘探共发现各类遗迹单位235处，其中建筑基址12处（编号：ZJ1-ZJ12）、夯土1处（编号：HT1）、祭祀坑202个（编号：K1-K202）、灰坑18处（编号：H1-H18）、沟道1条（编号：G1）、砖铺面1处（图三）。

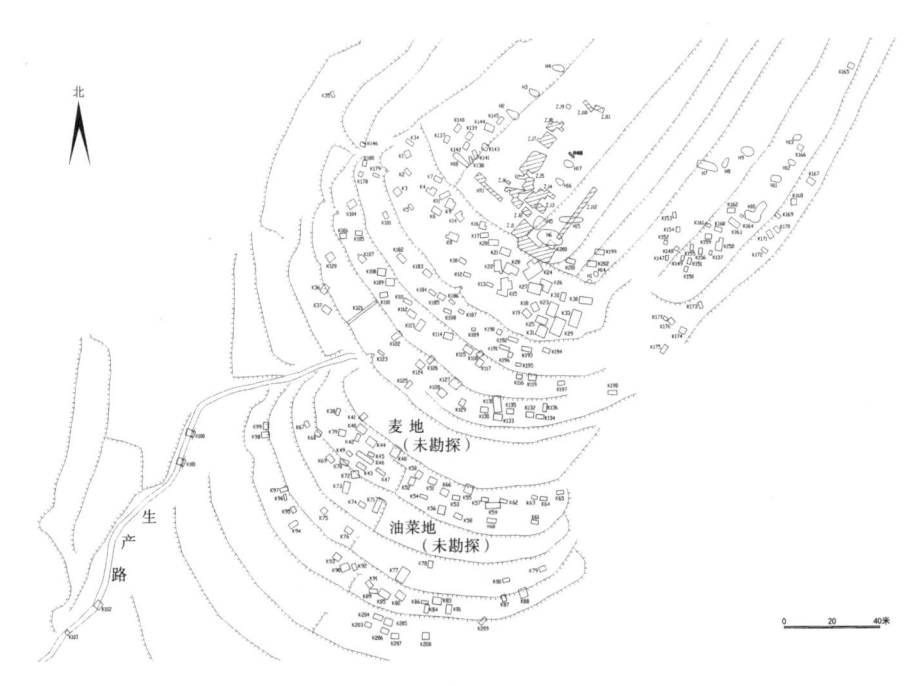

图三　2015年宝鸡凤翔血池遗址遗迹分布图

2016年6-12月间，对血池遗址进行了2000平方米考古发掘，共确认相关遗迹3200余处（个），出土各类文物共计2401件（组）。随着持续考古工作深入，已逐步确认出该遗址所具备的祭祀属性，是由夯土台（坛、墠、场）、道路、建筑、祭祀坑等各类遗迹组合而成的祭天地及五帝之固定场所——"畤"，这是迄今为止考古发现与古文献记载吻合、时代最早、规模最大、性质明确、持续时间最长，且功能结构趋于完整的秦汉时期国家大型祭祀遗址（图四）。

图四 2015年雍山调查－雍山夯土台

2017年，考古勘探主要在血池遗址东山梁祭祀坑密集区域进行，位于尧典村、北斗坊村以北，夯土台以南山坡上。根据前期调查结果与指向，对发现相关遗存的区域以及未发现相关遗存但是根据地势地貌推断较有可能存在遗迹的相关区域进行局部调查勘探。2017年7月至9月下旬，已完成考古勘探面积约为160余万平方米，勘探共发现各类遗迹单位1671处，分别为祭祀坑1654组座（编号：K571-K2224）、沟道5条（编号：G8-G12）、灰坑5处（编号：H33-H37）、道路5条（编号：L1-L5）、瓦片堆积范围2处（图五）。根据勘探结果，祭祀坑形制来看，重要分为二种，分为长条形竖穴土圹坑与长方形竖穴

图五-1　2017年血池遗址考古勘探遗迹分布图

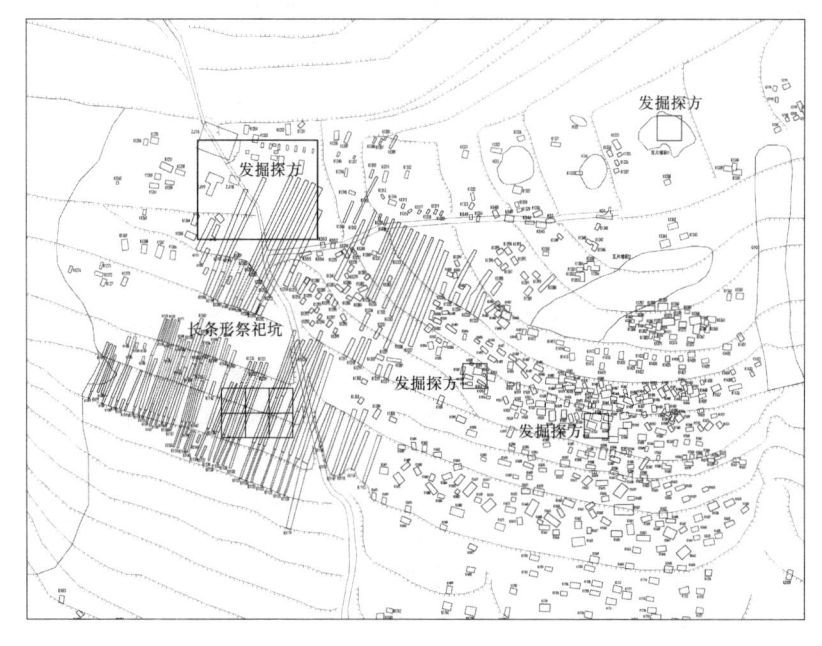

图五-2　2017年血池遗址发掘探方示意图

土圹坑两种，这与随后的发掘情况基本一致。长条形祭祀坑内均发掘出大量马骨，最长为 67、宽约 0.6—2.0 米，方向为北偏东约 26°，基本处于祭祀坑密集区域的中心部分。长方形祭祀坑大小不一，方向为东西向或南北向，基本与山梁延伸的方向垂直或平行，较为规整。

2018 年，灵山南坡蔡阳山遗址发现一处祭祀遗址。勘探发现祭祀坑 177 处。有长方形坑、长条形坑，方向有东西向、南北向，最大的长方形坑长 6、宽 4 米，最深的坑有 5 米。长方形坑内多见骨、板灰，个别见铜饰；长条形坑主要分布在山顶平台，有东西向、南北向，最深坑 2 米，坑内含活土、灰点等，未见骨、板灰等，或为建筑墙基。在北边原计划勘探的两座山顶上，地形高亢、平整，推测应有夯土台等祭祀场所，但可能因水土流失严重，勘探表明基本为礓石堆积，未见任何遗迹。

（二）吴山遗址

宝鸡陈仓吴山遗址位于陕西省宝鸡市陈仓区新街镇庙川村北黄土崩梁的山前缓坡上。遗址周围为典型的黄土地貌，沟壑深陡，河流均为冲沟型河谷，东距渭河支流金陵河约 3.5 公里，西距吴山主峰 3.8 公里，距秦都雍城约 48 公里。吴山为六盘山余脉陇山第二高峰，又名岳山、吴岳、汧山、西镇山，素有"西镇吴岳"的美称。近年来，在吴山脚下的山前缓坡上，当地村民在耕种时，经常能够捡到玉人片、玉琮、青铜车马器等。2016 年 4—5 月，中国国家博物馆联合陕西省考古研究院、宝鸡市文物考古研究所、陈仓区博物馆对吴山遗址进行了考古勘探，完成考古勘探面积约 10 万平方米，共发现各类遗迹单位 106 处，其中祭祀坑 96 个、灰坑 5 处、冲沟 1 条、铺石范围 1 处、石头范围 1 处、瓦片堆积范围 1 处、水浸土范围 1 处（图六）。祭祀坑皆为平面呈长方形的竖穴土坑，推测应当为车马坑。2018 年 10—12 月，我们四家单位对吴山遗址进行了考古发掘，发掘面积共 800 平方米。由于遗址的面积不大，遗迹比较集中，我们选择了遗址主体部分的中部一处台地进行了全面发掘，发现遗迹类型非常一致，共计 8 处车马祭祀坑。祭祀坑均驷马一车，马呈驾乘状态，驾披具，车表面髹漆彩绘，朝向东。除被盗外，每个祭祀坑均出土男女玉人、玉琮、铁锸、箭镞及大量青铜、铁质车马器。

图六　吴山遗址考古勘探遗迹分布图

（三）下站遗址

宝鸡陈仓下站遗址位于陕西省宝鸡市陈仓区潘溪镇下站村，处于秦岭北麓渭河南岸的山梁之上，遗址周围为典型的黄土地貌，沟壑深陡，其东西两侧均为冲沟型河谷，台地呈南北狭长形，长约 4.3 公里，遗址所处位置东西宽仅 540 米。台地上地势呈缓坡状，由南向北逐次形成多级台地，较为平坦，遗址南北范围约 430 米，其南部海拔为 665 米，北部海拔为 654 米，落差 11 米，高出渭河海拔约 120 余米（渭河海拔约 527 米）。其正北直线距离 21.8 千米为秦都雍城，距血池遗址直线距离约 35 千米，距吴山遗址直线距离约 59 千米，台地北缘距渭河河道仅 800 余米。2017 年在进行血池遗址发掘的同时，对渭河南岸的秦汉遗址进行了系统考古调查。在调查下站遗址的过程中，据陈仓博物馆董卫剑先生告知，1970 年代当地群众在挖涝池的时候，曾经挖出过很多的玉器，主要有玉璧、玉琮等。我们依此情况，对下站遗址进行了重点调查。在一处塌陷的窑洞剖面上，发现大量的马骨，坑的形制剖面大体呈倒 V 字形。在向当地村民了解情况时，我们向村民展示了血池遗址出土的玉人照片，村民说1970年代挖涝池的时候，出土过很多这种玉人片。由于玉人对秦汉时期的祭祀遗址具有指向性意义，我们确认下站遗址是一处秦汉时期的祭祀遗址。2018年4—5月，中国国家博物馆联合陕西省考古院、宝鸡市文物考古所、陈仓区博物馆对下站遗址进行了考古勘探，完成考古勘探面积约为27万平方米，通过本次勘探，基本搞清了该遗址的范围、遗迹分布及布局，共发现祭祀坑1409处，沟道4条，建筑遗址区域1处（图七）。其中祭祀坑分为长条形、长方形和圆形。长条形祭祀坑位于遗址东部，分布范围约7万平方米，南北长约430余米，东西宽近170米。祭祀坑平行分布，宽窄相间，长短不等，内多含有马骨。长方形祭祀坑分两种，第一种小而浅，长约2.5、宽约1.5、深约1.5—2.5米，内多含有骨块；第二种大而深，长约4、宽约3、深度大多超过4米，最深为编号K1113的祭祀坑，深11.2米，大多内含灰星、木炭粒、烧土块，少数填土深至4米以下为夯土。探孔带出铜盖弓帽与血池遗址遗物类型相同。建筑遗址区域为一个大体范

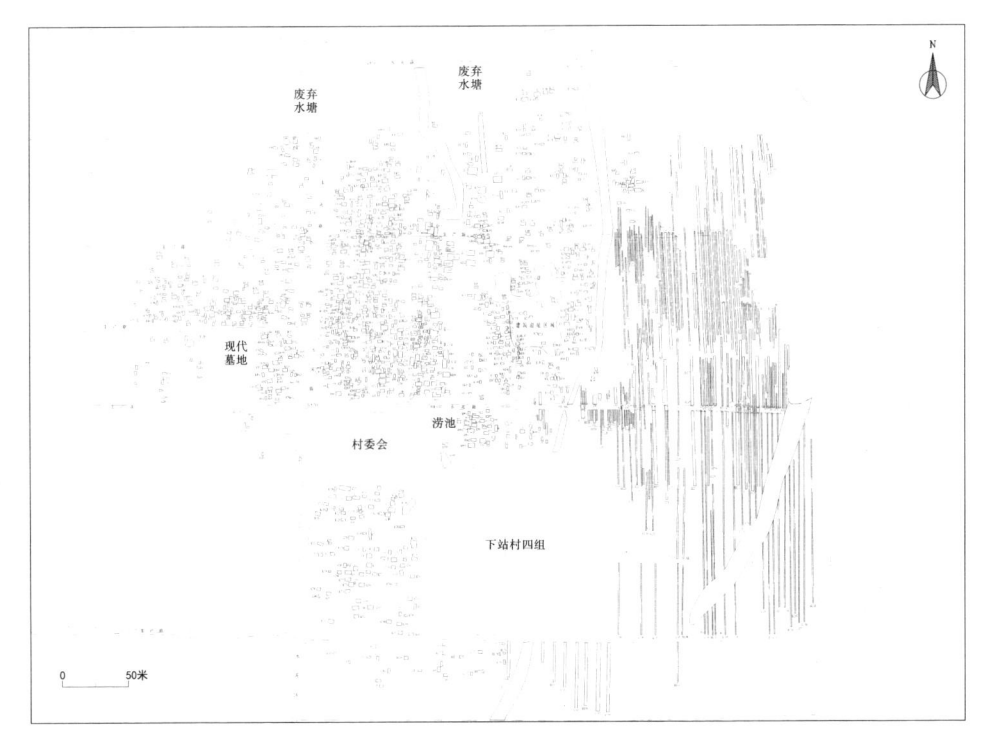

图七　宝鸡陈仓下站遗址考古勘探遗迹分布图

围，位于祭祀坑合围中心区域，地面采集有板瓦、筒瓦、瓦当残片，外部多为粗绳纹或细绳纹，内部为布纹或素面。勘探探孔内多带出砖瓦残片、烧结面、石头、红烧土、灰土等，未发现夯土基础类遗迹。遗址整体布局有一定规划，从本次勘探发现的沟道可以明显看出，遗址中间自南向北的一条沟道 G2，沟右侧均为长条形祭祀坑，左侧基本为长方形祭祀坑，形成较为明显的界限，分析其或为遗址排水设施，也可能为通向遗址区的古道路。根据对勘探出的各种遗迹的情况分析，尤其是与 2017 年陕西凤翔雍山血池祭祀遗址做一个横向比较，基本确定该遗址也是一处规模较大的祭祀遗址。

二、畤文化遗存的特征

前文列举了近年雍地的血池遗址、吴山遗址、下站遗址的基本考古情况及进展。下文将对这些遗址的考古遗存进行分类总结，我们将重点放在遗址范围之内的文化遗存。

（一）祭祀坑

血池遗址最初的发现缘于祭祀坑的勘探。仅在一处长约 120、宽约 20 米的台地就勘探出祭祀坑 34 处，并且勘探带出一件完整的玉璜。祭祀坑分布密度之高可见一斑。2015 年底至 2017 年，对血池遗址累计勘探面积 250 万平方米，勘探共发现各类遗迹单位 1671 处，其中祭祀坑就有 1654 处。由于遗址延续使用时间长，祭祀坑遗迹单位之间存在叠压打破关系，所以祭祀坑的实际数量应更多。祭祀坑数量众多，形制多样，分布于血池遗址的各个区域。毫无疑问，血池遗址畤祭遗存的主体就是祭祀坑遗存。2016 年，在血池村发掘面积 1800 平方米，共发掘祭祀坑 298 座。2017 年，在北斗坊村后的东山梁发掘面积 2000 平方米，共发掘祭祀坑 40 座。2018 年，在 2016 年发掘区南部进行发掘，发掘面积 1000 平方米，发掘祭祀坑 49 座。

根据祭祀坑的瘗藏种类，可以分为车马坑、马坑、牛羊坑、空坑。

1. **车马坑** 根据形制可分为长方形车马坑、窄长形车马坑、长方形带洞室车马坑。

长方形车马坑 平面略呈长方形，长 3.5—4.0、宽 2.5—3.0 米，长宽比较小，坑体大小与所埋车马大小相当。埋藏一般较深。坑内填土略经夯打。坑底搭设椁箱，箱内放置一车驷马，一般车在西侧，马在东侧，表现出驾驭之态。车马一般都有饰件，如马镳、马衔、当卢、络饰、节约、铜环、承弓器、弩机等。车舆内放置玉器组合和箭镞等。血池遗址的玉器组合为男、女玉人和琮、璜。吴山遗址的玉器组合为男、女玉人和琮。这种长方形的车马坑普遍见于血池遗址、灵山南坡遗址、吴山遗址、下站遗址，在各遗址范围内的数量最多，分布范围最广，形制最多样，是每个遗址祭祀遗存的主要组成部分，因此可以推定为秦汉时期畤祭活动的主要祭祀方式。

窄长形车马坑 平面呈长方形，长度一般较长，宽度较小，长宽之比较大。坑体本身远比所埋车马要大。坑内不放置木箱。一般直接摆放较小的木车、木马、马具。

长方形带洞室车马坑 形制一般为长方形竖穴坑，一侧带有洞室。坑内一般摆放小型的车马饰件，有的洞室内放置玉人。

同时存在上述三种形制的车马坑的遗址有血池遗址、下站遗址。而吴山遗址只发现长方形车马坑一种，这应当和遗址的性质和等级有密切关系。

2. 马坑 根据形制可分为长条形马坑和长方形马坑。

长条形马坑 平面呈长条形，多南北向，底部因地势呈坡状。长度不一，从十几米到上百米的都有。在遗址中分布一般比较集中，平行并列分布，规划整齐。坑内填土略经夯打。坑底一侧有生土二层台，整齐摆放大量马牲，无其它埋藏物。局部有点撒朱砂的现象。这种形制的马坑目前仅见于血池遗址东山梁和下站遗址沟东侧祭祀区域。

长方形马坑 平面呈长方形，多南北向，埋藏较浅。坑内填土略经夯打。坑内一般摆放8匹马，马的姿态多为跪卧状。在马头部和腹部会见到点撒朱砂的现象。这种形制的马坑见于血池遗址2017年发掘区域。

另外从勘探结果看，血池遗址2017年发掘区域的遗迹种类和分布与下站遗址基本相似。这说明在血池遗址2017年发掘区域这片祭祀遗址使用的过程中，同时存在下站这么一处性质相似、等级相同的祭祀遗址。

3. **牛羊坑** 依形制和方向可分为东西向长方形牛羊坑和南北向窄长方形牛羊坑。

东西向长方形牛羊坑 平面呈长方形，多东西向，直壁，坑内填土略经夯打，坑底摆放牛、羊骨。

南北向窄长方形牛羊坑 平面呈窄长方形，多南北向，口大底小，坑内填土略经夯打。坑底摆放牛、羊骨各一具。

目前牛羊坑见于血池遗址2017年发掘区域。根据勘探资料情况，下站遗址也有牛羊坑，吴山遗址则没有发现。

（二）建筑基址

2008年，中国国家博物馆与陕西省考古研究院、北京大学考古文博学院在调查秦汉离宫别馆时，对血池遗址进行了重点调查。地表散见大量秦汉板瓦、筒瓦、铺地砖等建筑材料。由于血池遗址位于山梁的半山腰处，离交通干道距离较远，所以当时认为血池遗址是一处秦汉时期的建筑基址。2015年发现祭祀坑的台地就位于该建筑基址的西侧。因此，勘探过程中对该建筑基址进行了详细勘探，主要发现有几处内填活土的沟槽、一段夯土和一处砖铺面。祭祀坑的分布大致是呈半环抱式围绕着建筑区域。从该建筑区域往山梁上方没有祭祀坑分布。2016年对血池遗址选址发掘时，拟规划发掘区域是涵盖祭祀坑和建筑区域的西南角。然而，发掘结果却是并没有明显的建筑基址痕迹。发掘区域的大量建筑材料应当是后期从更高处的台地冲落至此。但是，大量的建筑材料和砖铺面可以明确证明在这个区域是有建筑遗址存在的。

在2017年北斗坊东山梁发掘祭祀坑区域的东山东侧台地同样也存在建筑基址。受雨水冲刷及近现代梯田耕种破坏，地面之上部分已不存在，仅残留基础部分。平面近长方形，东西长19.3、南北宽14.1米，面积近300平方米，残存深度0.6米。建筑基址内分布一定数量长方形小坑，长0.9—1.5、宽0.5米，填土致密，夹杂碎陶片，推测可能为柱础。建筑基址外为生土，建筑内填土较疏松，包含大量筒瓦、板瓦、瓦当等建筑材料。绝大部分瓦当上面有涂朱。

同样建筑基址也存在于下站遗址。在遗址区域中部，大致呈不规则"凹"字形，四周均分布有较密集的长方形祭祀坑，东侧25米为沟道，沟道以东为长条形祭祀坑。根据地面散落的大量建筑材料判断，范围内存在建筑基址。而勘探过程中暂未发现明显夯土建筑，探孔内多带出砖瓦残块、烧结面、石头、红烧土、灰土等，填土为活土，1.0—1.2米深处有一层较硬土质，或为活动面，1.5—2.0米深处一般为原始生土。根据村民描述，此处曾经挖出大量瓦当、筒瓦等建筑材料。区域中心呈方形，南北36.5、东西36米，东北凸出不规则范围南北长约24、东西宽18米；西北凸出范围较小，南北长约22、东西宽11米；南部凸出一小范围，南北长约10、东西宽约8米，整个区域面积近2000平方米（图八）。

比较血池遗址和下站遗址，我们可以发现，这种大型祭祀遗址的核心区域都有建筑基址，祭祀坑则多以建筑基址为中心环绕分布。血池遗址中，带"上畤""下畤""下祠"等文字的器物残片出土于建筑基址附近。所以，祠很有可能是这些建筑基址，畤则可能是整个祭祀区域的统称。

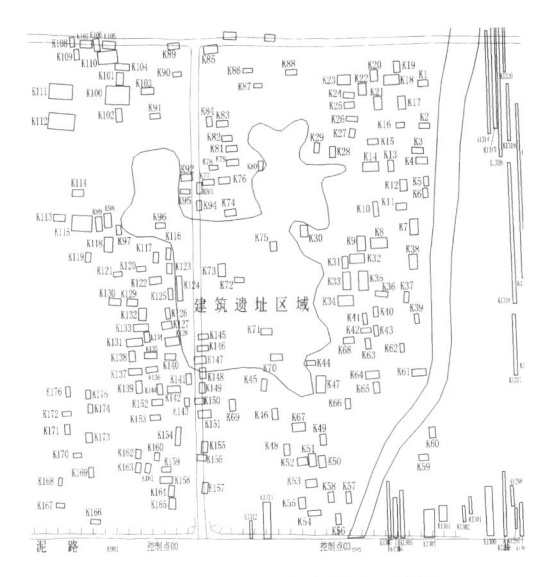

图八 下站遗址建筑基址区域图

（三）沟道系统

沟道系统主要是指位于祭祀区域范围之内的沟道，因为普遍见于目前所知的几处祭祀遗址，所以其应当是畤祭遗存的组成部分。其直观作用是对祭祀遗址进行区域划分，而其实际用途可能为通向祭祀遗址的道路。

下站遗址G2 位于遗址区中部，南北向贯穿整个遗址区，北端至下站村五组东部，南端探至四组村庄，应该被村庄占压。最近处距建筑遗址区域仅25米。以该沟道为分界，东侧为长条形祭祀坑分布区域，西侧为长方形祭祀坑分布区域，为遗址内较为重要的遗迹现象。已探出沟道南北直线距离长约304、宽4—9米，最浅处为四组北断崖下，开口距地表约1.0米，底部距地表深2.3米；其余基本在3—4米之间，开口位于③层下，距地表深1.6—2.0米。沟道内填土基本一致，为黑褐色活土，内含灰星、木炭粒、少量烧土渣等，底部有少量淤沙。沟道处于遗址核心区域，勘探并未发现与祭祀坑遗迹存在打破关系的区域，应与祭祀坑时代相同。

血池遗址东山梁G9 位于遗址区中部，北端距G8约140米，南端与G8及自然沟相通，北部平面呈不规则形，最宽处约35.3米，南部平面呈长条形，宽度基本为4.5米，总长约389.2米。开口距地表约0.8、深1.5—4.6米，填土为土灰褐色填土，见灰点、淤土等。沟道东侧为长条形马坑密集分布区域，西侧则为长方形车马坑祭祀分布。其性质与下站遗址 G2 相似。

除上述属于道路性质的沟道外，还存在一种划定祭祀区域范围的沟道。如血池遗址东山梁 G8，位于祭祀坑密集区西部，平面呈长条形，自北向南，略向东偏，南端通向自然沟道。南北总长约 345.5 米，宽窄不等，最宽处约 15.7、最窄处约 6.5、深 2.0—5.2 米，填土为灰褐色填土，含灰点、淤土等。其东侧祭祀坑分布密集，西侧祭祀坑分布零散，或为该区域祭祀坑西部围沟。

这种具有明确围沟性质的沟道目前只见于血池遗址东山梁，在其它祭祀场所没有发现这种围沟。

三、初步认识

通过上述分析，可以发现遗址范围内畤文化遗存的最主要的组成部分就是祭祀坑、建筑基址和沟道三大部分。祭祀坑的主要特点就是数量大、种类多（有车马坑、马坑、牛羊坑、羊坑等），分布范围涵盖整个祭祀场所，可见祭祀坑是整个祭祀活动最主要的场所。建筑基址往往位于祭祀场所的核心区域，祭祀坑往往环绕在它的周围，表明这类建筑在整个祭祀过程中处于核心地位。沟道往往分布于祭祀场所的中部，直观上起到了对祭祀场所进行功能划分的作用，实际用途可能是通向祭祀场所的道路。

血池遗址是目前所知范围最大、遗迹种类多样、出土遗物数量最多的祭祀遗址，其性质应为秦汉时期的畤祭遗存。这也得到"上畤""下畤""下祠"等出土文字资料的明确证明。下站遗址与血池遗址东山梁遗存的遗迹种类及其分布方式基本相似，所以其性质和等级与血池遗址在某一阶段是相当的，应当也是一处畤祭遗存。吴山遗址的范围较小，发现遗迹种类比较单一，其性质与等级不能和血池、下站两处遗址相并论，其应为祭祀吴山的山川祭祀遗存。

雍畤文化遗存的发现充分证明了文献中关于秦汉时期郊雍祠畤的真实性，但正如太史公所言："若至俎豆珪币之详，献酬之礼，则有司存焉。"（《史记·孝武本纪》）文献中记载的畤祭活动的时间、用牲、用玉、车马、瘗埋、仪式等问题，则都还需要进行深入研究。

由血池遗址新发现复原西汉雍地祭天礼仪

田亚岐　田原曦

祭祀是华夏文明的典型特征，也是中华传统文化的重要组成部分。按照古代祭祀礼仪的划分标准，可将祭礼分成五类，即吉、凶、军、宾、嘉。吉礼包括对天神、地祇和人鬼的祭祀，为祭礼之首。自古以来，祭祀礼仪有着严格的等级，祭天是一种神圣的官方行为，只能由君王主持："天子"与天神"交流"，祈求天下苍生得到护佑，达成国泰民安、风调雨顺的美好愿景。

雍城是春秋战国时期秦国国都所在地，也是秦"九都八迁"过程中建置时间最长的正式都城。秦人重视对诸神灵的祭祀，《左传》成公十三年："国之大事，在祀与戎。"早先在雍城遗址已发现的大型宗庙建筑遗址是秦人用来专门祭"人鬼"即祖先的场所。[①] 祭祀天地则在郊外。在所有祭祀的神灵当中，天神系群神之首，称作"至上神"，祭天地是君王所独有的职责，君王由此获得"君权神授"和"天子"的合法性，国家和黎民则得到"与天滋润，强国富民"的祈福。

因为地缘关系，秦人保留了较多的殷商习俗，但是在国家祭祀方面却表现为来自西周的"郊祀"制度，祭天通常在郊野举行，仪式最为隆重。自西周以来，郊祀已成常态。春秋战国时期，秦国在传承周代祭天礼仪时，将周人"祭上帝、祭祖先"的传统礼仪上升到"祭天地与五帝"的新高度，又首创"時祭"郊祀形式。秦人借着对神灵的祭祀，一方面显现自己代表周天子，在雍城的存在则是替周王室"看家护院"；另一方面则是通过这种精神和思想的力量来维护对"周遗民"的凝聚力。[②]

[①] 陕西省雍城考古队：《凤翔马家庄一号建筑群遗址发掘简报》，《文物》1985年第2期；尚志儒、赵丛苍：《〈凤翔马家庄一号建筑群遗址发掘简报〉补正》，《文博》1986年第1期；韩伟：《马家庄秦宗庙建筑制度研究》，《文物》1982年第2期。

[②] 田亚岐：《血池遗址考古发现与秦人祭祀文化的认知》，《光明日报》2019年1月7日理论版。

一、文献中的"雍五畤"

在文献中，关于雍城"畤"的记载比较丰富，《史记·封禅书》（以下简称"《封禅书》"）和《汉书·郊祀志》（以下简称"《郊祀志》"）均有所载。

自秦国东周时期置都雍城以来，直到西汉晚期，雍郊置畤时间长达五百多年，即：

公元前754年，秦文公东猎于汧渭之会，置鄜畤；

前674年，秦宣公在渭南（即渭河以南，当属雍地范围）置密畤；

前422年，秦灵公于吴阳之地置上畤，祭黄帝；

前419年，秦灵公于吴阳之地置下畤，祭炎帝。

秦都东迁后，雍城政治地位下降，而作为国家祭祀地位得以保留。公元前238年，秦王嬴政由咸阳专程抵雍城举行祭天大典，宣示他获取最高执政权的合法性。在统一中国之初，秦始皇百事繁忙，无法每年亲临雍城，于是就安排官员代行祭祀，在雍城祭祀现场采集火种，通过雍城至咸阳之间的高地，"五里一坛"，明火传递，始皇在咸阳"拜于郊庙"，迎接圣火到来。

公元前209年，秦二世在碣石举行郊祀活动（《封禅书》）。

西汉初期，汉高祖刘邦"承秦制"，继续沿用秦人雍城畤祭的礼仪、祀官和设施，又在秦雍四畤基础上增设北畤，形成完整的"雍五畤"祭祀系统，且以郊祀雍畤作为王朝最高祭礼。汉武帝时期，出现了历史上最为鼎盛的祭畤盛景。此后，西汉诸位皇帝带领百官，亲临雍城祭祀。①

《史记·孝文本纪》：文帝十五年（前165），"天子始幸雍，郊见五帝，以孟夏四月答礼"。

《汉书·景帝纪》：景帝中六年（前144），"冬十月，行幸雍，郊五畤"。

《汉书·武帝纪》：元光二年（前133），"冬十月，行幸雍，祠五畤"。元狩元年（前122），"冬十月，行幸雍，祠五畤"。元狩二年（前121），"冬十月，行幸雍，祠五畤"。元鼎四年（前113），"冬十月，行幸雍，祠五畤"。元鼎五年（前112），"冬十月，行幸雍，祠五畤"。元封二年（前109），"冬十月，行幸雍，

---

① 刘明科：《雍地——秦人畤文化中心论》，《宝鸡社会科学》1995年第5—6期；孙宗贤：《雍山——皇家祭祀文化圣地》，载《辉煌雍城——全国（凤翔）秦文化学术研讨会论文集》，三秦出版社2017年版。

祠五畤"。太始四年（前92），"十二月，行幸雍，祠五畤"。征和三年（前90），"春正月，行幸雍"。

《汉书·宣帝纪》：五凤二年（前56），"三月，行幸雍，祠五畤"。

元帝时期，实行郊雍与甘泉泰畤、河东后土祠的隔年轮流祭祀。

《汉书·元帝纪》：初元五年（前44），"三月，行幸雍，祠五畤"。永光四年（前40），"三月，行幸雍，祠五畤"。建昭元年（前38），"三月，上幸雍，祠五畤"。

《汉书·成帝纪》：永始二年（前15），"冬十一月，行幸雍，祠五畤"。元延元年（前12），"三月，行幸雍，祠五畤"。元延三年（前10），"三月，行幸雍，祠五畤"。绥和元年（前8）三月，"行幸雍，祠五畤"。

根据《史记》和《汉书》的记载，上述郊雍五畤次数最多的是汉武帝，到了汉成帝时期，执政集团上层就西汉王朝关于雍五畤存废有所争议，而雍五畤仍得以暂时保留。到了王莽时期，随着长安城诸畤的设立，雍城畤祭中心的地位宣告终结。[①]

二、血池"郊祀"遗址的考古发现

尽管文献记载较多，但以往未曾发现秦汉雍畤遗存，于是雍畤之存在一度遭到质疑，甚至有"秦侯所立雍四畤、西畤为汉人之伪窜"[②]的推断。

2016—2018年，陕西省考古研究院、中国国家博物馆、宝鸡市考古研究所、宝鸡市先秦陵园博物馆和凤翔县博物馆联合组队发掘了血池遗址，取得了重要收获。该遗址位于雍城西北郊外雍山上的沟南村、北斗坊村和血池村之间的山岗上，总面积达470万平方米，由外围环沟、坛、壝、场、道路、建筑、祭祀坑和环沟等各类遗迹组成（图一至图四），从同属性、俱时性、类同性、文献比对的唯一性判断，这就是文献中记载的"畤"遗存。[③]

司马迁曰："余从巡祭天地诸神名山川而封禅焉。入寿宫侍祠神语，究观方士祠官之意，于是退而论次自古以来用事于鬼神者，具见其表里。后有君子，得以览焉。若至俎豆珪币之详、献酬之礼，则有司存。"（《封禅书》）血池遗址

[①] 田亚岐：《秦汉置畤研究》，《考古与文物》1993年第3期。
[②] 汪受宽：《祭畤原始说》，《兰州大学学报（社会科学版）》2002年第5期。
[③] 陕西省考古研究院、中国国家博物馆、宝鸡市考古研究所、凤翔县博物馆、宝鸡先秦陵园博物馆：《陕西凤翔雍山血池秦汉祭祀遗址考古调查与发掘简报》，《考古与文物》2020年第6期。

184　历史记忆与考古发现

图一　血池遗址所处位置的山形地貌

图二　血池遗址遗迹分布图

图三　血池遗址祭坛布局图

图四　祭祀坑发掘现场

的发掘不仅证明了文献记载的真实性,发现的各类遗迹、出土的各类器物更为研究"俎豆珪币之详"和"献酬之礼"等细节提供了重要实物资料,起到了历史时期考古学证史、补史的作用。[①]

经过专家的再次考察论证,血池遗址是与古文献记载吻合的时代最早、规模最大、持续时间最长,且功能结构趋于完整的性质明确的国家大型郊祀遗址,尤其对于以该遗址为模本恢复古代郊祀传统礼仪的流程提供了重要的实物参考。

三、对郊祀规程的尝试性复原

汉武帝时期,国家实力增强,政局更加稳定,汉武帝也高度重视祭祀,因此,雍城"郊祀"活动处于鼎盛时期,祭祀礼仪的制度得到进一步完善。根据血池遗址发掘的收获,我们可以尝试复原当时祭祀礼仪的流程和可能的具体细节,包括提请、择吉、出行、抵达、涤牲与省牲、宰牲与聚血、入斋宫、坛场祭献、迎天神、送天神、瘗埋祭品等。

提请:如遇皇帝登基、太子加冕、出征、祈求丰年等国家层面的重要活动,有关礼仪官员以奏折形式禀报皇帝,提请举行官方祭祀活动。

择吉:经过朝廷大臣群议,经过皇帝恩准后,交由负责祭礼的官员再议,制定详细的祭祀规则。汉代人崇尚五行堪舆之术,遇到重要活动都要确定吉日。"择吉"目前可考的文献记载最早见于汉代,《史记·日者列传》《汉书·方术列传》均有记载,其中有一些择吉的方法在东周时期就已经形成了。

出行雍城郊外:皇帝从宫城出发,车马御驾,众官员车马列队随从(图五),白天大队人马行进,夜晚则留宿于沿途的离宫别馆。离宫别馆是专门为皇帝提供避暑、休养、处理政务之住所,前往雍山祭天遗址途中的离宫别馆则同时具备了与驿站类似的功能。

抵达雍山祭祀地:长途劳顿,抵达雍山山下,首先抵达马牛羊暂时集中圈养的地方——黑马槽。

涤牲与省牲:皇帝祭天的献祭之物有大量的马、牛、羊,称作"三牲献食"。皇帝到达血池之前,礼仪官员已从全国各地挑选并清洗"三牲",存栏于黑马槽的

---

① 田亚岐、陈爱东:《陕西凤翔雍山血池秦汉祭祀遗址》,载国家文物局编:《2016年中国重要考古发现》,文物出版社2017年版。

沟壑里，这叫"涤牲"；皇帝到来，礼官象征性牵来一匹马，皇帝要查看口齿、年龄、毛色等，以合礼仪规范之要求，这叫"省牲"。血池遗址无论是车马祭祀坑还是长条形马坑内均出土有大量马骨，根据对马骨形态的鉴定，发现这里的殉马大多为一岁到一岁半左右，与文献中"驹"的记载完全相符；通过对马骨的DNA测定及研究还进一步发现，马的步态、爆发力、灵活度等运动能力都比较一般，应该不属"战马级"，可能为体质较弱的驽马。据此，可以反映出秦汉统治者在祭祀活动中的实用主义色彩。[①]

1. 车马坑

2. 马车复原图

图五　车马坑及马车复原图

宰牲与聚血：省牲之后，庖厨开始宰杀马、牛、羊，有的切成肉块，有的只是放血，仍然保留完整的牲体。大量的血集中在池子里或大型木盆中，像"血池"。

皇帝登临斋官：在正式祭祀礼之前，皇帝要完成静思、沐浴和更衣的程序，做好祭祀前的准备工作。

坛场祭献：坛场共有三个台阶，在坛场上分别由第一个台阶到第三个台阶，分别由皇帝、百官和参祭礼官手捧盛满肉牲的祭器，依次摆放于坛场之上。

迎天神：在坛场举行盛大的舞蹈表演，礼仪官员庄严肃穆地唱着《祭天十九歌》。旨在祈福、驱邪的歌舞表演在汉代以前就已经应用于宗教祭祀仪式上。经考证，流传至今的《凤翔曲子》即源自古代宗庙和祭天仪式。

坛场上堆起柴禾，皇帝手执火把，点燃捆绑起来的芦苇穗，以示对天神的虔诚。祭礼官员则用芦苇穗蘸上盆中的血往火中撩洒，这个过程称为"燔燎"。

---

① 田亚岐、陈爱东：《凤翔雍山血池遗址初步研究》，《考古与文物》2020年第6期。

血落到火上即冒出浓烟和腥味，天神闻到后就会下凡人间。

天神临位后，在坛场将尽情享用祭品。根据"雍地百有余庙"的记载，在此期间，根据天气情况，礼官还会提请皇帝祭祀周边其他名山大川的神灵。

送天神：仪式与请天神相同，在夜间举行。从当地灵山祭礼"兆远不兆近"和"兆东不兆西"的习俗中可以窥探送神情景。

瘗埋祭品：根据《封禅书》的记载，畤祭时祭品一般有三牲、木车马、珪币等几类，以瘗埋的形式进行祭祀。汉承秦制，雍五畤的祭祀方式可能大同。[①] 祭祀活动结束后，即行撤馔，在坛场附近山坡上挖很多坑，把车马、玉器、三牲献食等祭品一同瘗埋（图六至图九）。根据对血池秦汉祭祀遗址出土的121件玉器经过拉曼光谱、红外光谱检测分析，可知其中的15件玉璋经历了损毁、火烧的过程。血池玉璋的祭祀次序是相对明确的：刚祭—燎祭—埋祭。[②]

作为秦汉时期设在雍城郊外达数百年的"郊祀"场所，血池遗址的发现填补了真实存在的空白，秦汉时期的畤祭在中国古代祭祀制度的发展中处于承前启后的地位，它与文献记载相印证，为再现秦汉郊祀之礼提供了实证资料，为还原当时隆重的祭祀场景提供了可能。

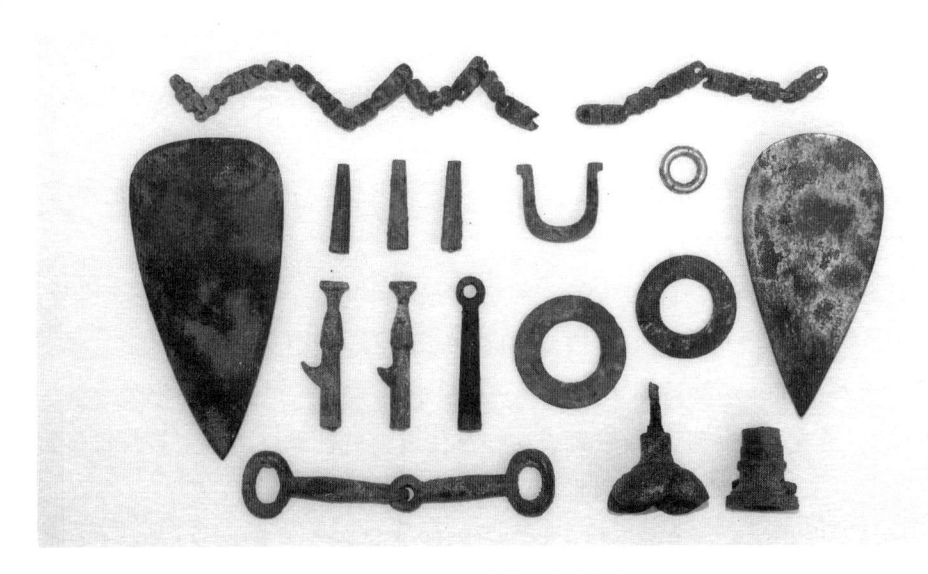

图六　血池遗址出土青铜器

[①] 田亚岐、陈爱东：《凤翔雍山血池遗址初步研究》，《考古与文物》2020年第6期。
[②] 杨岐黄、陈爱东等：《凤翔雍山血池遗址出土玉器的几点认识》，《考古与文物》2020年第6期。

图七　血池遗址出土玉器

图八　血池遗址出土铜弩机

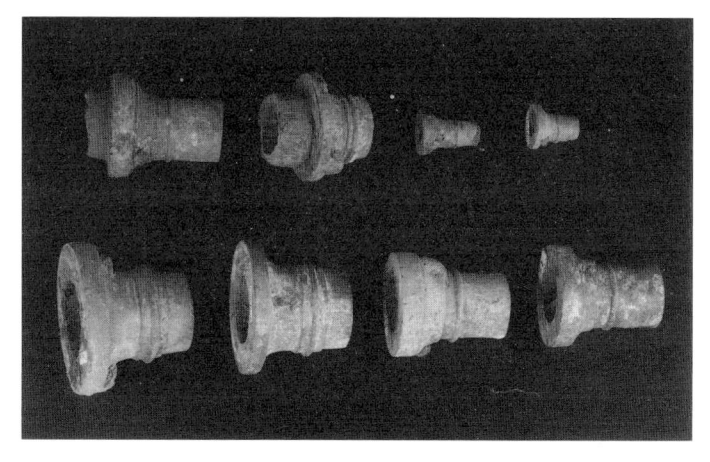

图九　血池遗址出土铜车马器

秦汉朝那湫渊遗址与万年以来东海子气候变迁

罗　丰

秦国统一六国以后，依《史记·封禅书》称：秦兼并天下后，令祠官将全国所有常奉天、地、名山、大川和鬼神按其等级划分，用这个序列举行相应的祭祀活动。[①] 按照他们所规划的等级序列，秦地的祭祀地点地位有所上升，其中旧都雍地"四畤"或"五畤"阶位最高，是秦人的祭祀中心，由皇帝亲祭，称之为"郊"，每三年举行一次。本文中要讨论的朝那湫渊，也被列入名山大川的祭祀行列之中。

秦汉时期祭祀遗址与当时的祭祀制度密切相关，目前已知的所谓祭祀地点大约有数百处，当然其重要性并不相当或一致。帝国的祭祀对象由三大部分组成：（1）以雍城为核心，分布密集的关中神祠；（2）以齐地八主祠为主体的东方主要是齐鲁的诸祠；（3）以华西、崤东区隔的名山大川。[②] 其中国家祭祀"自华以西，名山七，名川四"。名山有华山、薄山、岳山、岐山、吴岳、鸿冢、渎山。名川"水曰河，祠临晋；沔，祠汉中；湫渊，祠朝那；江水，祠蜀"（《封禅书》）。这些名山大川的祭祀相传延已久，有的在很早以前就是天子或诸侯的祭祀圣地。"自五帝至秦，秩兴秩衰，名山大川或在诸侯，或在天子，其礼损益世殊，不可胜记。及秦并天下，令祠官所常奉秦天地名山大川鬼神可得而序也"（《封禅书》）。根据这次划定的次序，全国范围内划分为：崤山以东称为东方，有名山五，大川二；华西名山七，名川四；东方祭祀时"牲用牛犊各一，牢具珪币各异"，华西"而牲牛犊牢具珪币各异"（《封禅书》）。

[①] 《史记·封禅书》，以下省为《封禅书》。
[②] 田天：《秦汉国家祭祀史稿》，生活·读书·新知三联书店2015年版，第58—69页。

一、考古所见和文献中朝那湫渊的位置

秦汉文献的记载中有一处祭祀地朝那湫渊，这处名为朝那湫渊的祭祀地和我们在考古调查的一处祭祀遗址有关。遗址现称东海子，地理坐标东经 106°20′07.37″－106°20′15.94″、北纬 35°51′53.50″－35°52′06.20″，海拔高度 1908.3－1943.1 米。西北距固原市区 20 公里，东距彭阳古城 10 公里，西距开城城址 7.5 公里（图一）。

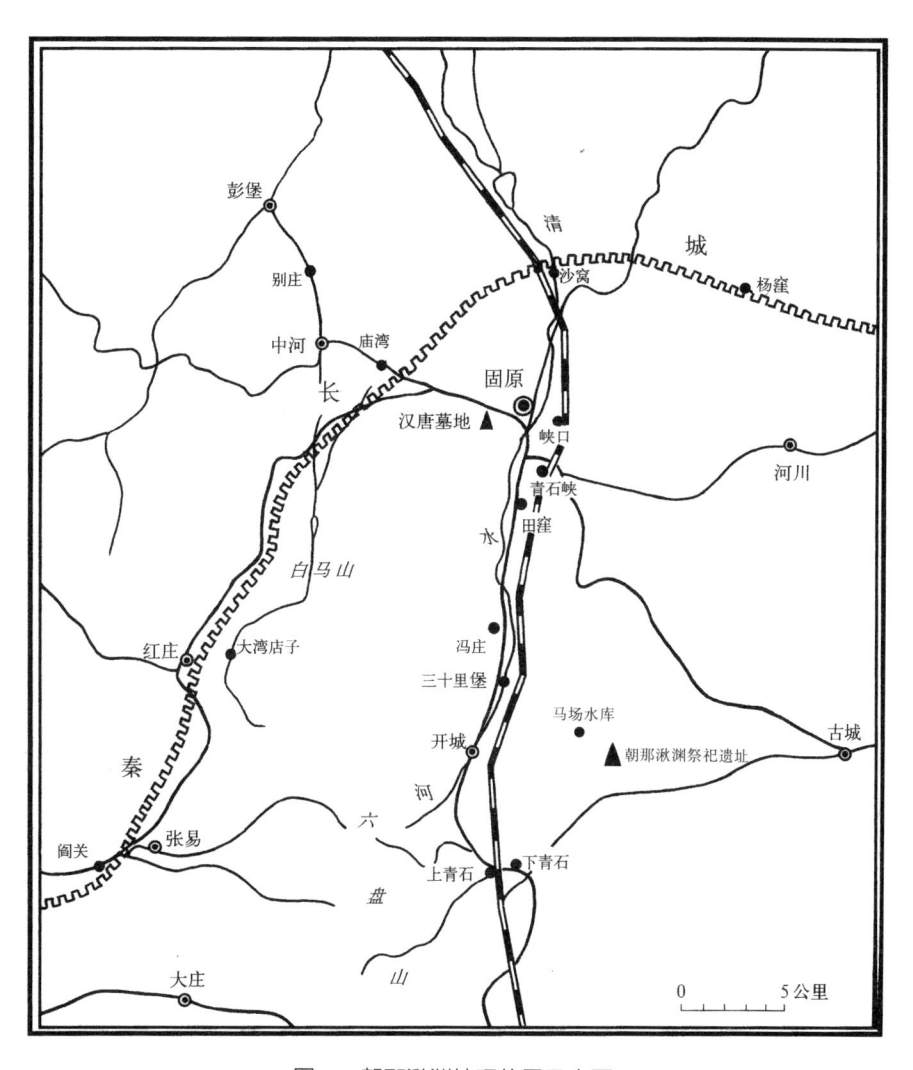

图一　朝那湫渊地理位置示意图

遗址由彭阳县海子和原州区凉马台两部分组成。海子位于西侧，呈不规则形，东西长约3000、南北宽约700米，现存水面东西长约1000、南北宽约6000、水深约4—5米，四周群山环抱。海子东侧有水坝，现被马场水库淹没。凉马台位于海子东侧台地上，地表杂草丛生，原始地貌在早年平整土地时被推毁，地面堆积有大量秦汉至宋元时期的青砖、板瓦、石块、琉璃等建筑材料及陶瓷、罐、钵等生活用具。遗址总面积约5万平方米，文化层堆积厚度0.2—2.5米。遗址中部和西部设立有保护碑及保护标志。2014年4月至6月，考古工作者对该遗址进行考古钻探，勘探面积7万多平方米。在遗址区凉马台发现夯土基址3个、夯土台9个、砖遗迹15个、灰坑9个、窑址10个。未发现围墙，是一处开放性的祭祀遗址，还了解到该遗址的地层和遗迹分布情况，该遗址上层应为宋代的建筑遗址，其下层应有秦汉时期的建筑痕迹。考古所见的这处祭祀遗址当与文献记载中的朝那湫渊有密切关联。

朝那湫渊与黄河、汉水、长江并称四大川，其中湫渊的祭祀地点在朝那。顾祖禹《读史方舆纪要》在平凉府固原州条曾称："朝那城在府东南。春秋时地名也，为秦之北境。"[①]不知有何依据。汉初朝那即秦属北地郡，元鼎三年（前114）置安定郡，属县有朝那县。朝那地名明显早于这一年代。汉初刘邦与项羽对峙时，匈奴乘机坐大，"悉复收秦所使蒙恬所夺匈奴地者，与汉故关河南塞，至朝那、肤施，遂侵燕、代。"（《汉书·匈奴传》）《史记·匈奴列传》称汉文帝前元十四年（前166）：

匈奴单于十四万骑入朝那、萧关，杀北地尉卬，虏人民畜产甚多，遂至彭阳。使奇兵入烧回中宫，候骑至雍甘泉。（《汉书·匈奴传》同）

这次匈奴入侵是汉代初年规模较大的一次，匈奴单于在汉地逗留长达一月之久，最终以汉文帝答应和亲而告终。《史记·张释之冯唐列传》称："当是之时，匈奴新大入朝那，杀北地都尉卬。"北地都尉的驻地在朝那。许慎《说文解字》在释朝䩗地名时作朝那。这应该是少数民族部族的音译。[②]

[①] 顾祖禹撰、贺次君等点校：《读史方舆纪要·陕西七》，中华书局2005年版，第2777页。
[②] 罗丰：《固原地区历代建置沿革考述》，《固原师专学报》1986年第3期，后收入宁夏固原地区方志办公室编：《固原史地文集》，宁夏人民出版社1990年版。

1977年，宁夏固原县古城出土一件铜鼎，铜鼎上有三段铭文（图二），涉及朝那、乌氏两个地名：

第二十九。五年，朝那，容二斗一升，重十二斤四两。
今二斗二升，乌氏。
今二斗一升，十一斤十五两。[①]

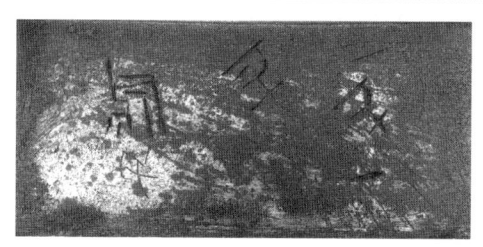

图二　固原县古城出土铜鼎及其铭文

[①] 韩孔乐等：《宁夏固原发现汉初铜鼎》，《文物》1982年第12期，第35页。

其中"第二十九"是铜鼎作为官方量器的编号,"五年"或是铜鼎制造的年份,因为武帝元鼎之前并无年号,这一年代只能推定在西汉初年为宜,另从字体和鼎的形制来看也属于汉初。"朝那"这一地名显然在安定郡建立之前就已经出现,铜鼎的铸造地当为朝那。铜鼎的出土地在现在宁夏彭阳县古城镇,应该是汉代朝那县治所,这样推测朝那湫渊在朝那的管辖范围之内。《史记·封禅书》集解引苏林曰:"湫渊在安定朝那县,方四十里,停不流,冬夏不增减,不生草木。"依照这样的记载,朝那湫渊规模宏大,范围广达四十里。《汉书·郊祀志上》颜师古注云:"此水今在泾州界,清澈可爱,不容秽浊,或谊污,辄兴云雨。土俗亢旱,每于此求之,相传云龙之所居也。而天下山川隩曲,亦往往有之。"颜师古所在的唐时,虽然以往的祭祀功能尚有保留,如遇干旱于此求雨。已经完全不像秦汉时期那样是国家主持的祭祀地点,只是干旱求雨的习俗被历代传袭下来。如元代记载称:"凡他州旱,诚敬祈祷,两旸之应,曾未旋踵。"[①]当地人觉得非常灵验。

《元和郡县图志》卷三"关内道平高县"条记载:

> 朝那湫,《郊祀志》云:"湫泉祠朝那。"苏林云:"在安定朝那县。方四十里,冬夏不增减,不生草木。旱时即祠之,以壶沺水,置之于所在,则雨;雨不止,反水于泉。俗以为恒。"今周回七里,盖近代减耗。

朝那湫渊规模比起秦汉时似乎缩减很多,所引苏林语略有不一。或许三国时苏林所说的方四十里不确,唐人所说周围七里才是事实。

二、朝那胡祠与胡戎祭祀

《汉书·地理志下》载:"朝那,有端旬祠十五所,胡巫祝。又有湫渊祠。"颜师古注:"应劭曰:《史记》故戎那邑也。"汉时的胡指的是匈奴,朝那的胡祠则并不一定单指匈奴,很可能指的是北方民族,以前的戎人当包括在内。巫在

---

① 杨经撰、牛达生等点校:《嘉靖固原州志》卷下,宁夏人民出版社1985年版,第87页。

传统文化中有重要地位，秦及汉代初年先后在长安置祠祝官、女巫，将梁巫、晋巫、秦巫及九天巫、河巫、南山巫等及他们管理范围内的各类祭祀对象，纳入帝国祭祀的管理体系。[1] 早期胡巫如何施行巫术我们不得而知，但较晚的文献中有一些记载，游牧民族实行春秋二次祭典活动。[2] 所祭的内容有三部分构成：祖先、天地、鬼神。《汉书·匈奴传》称"岁正月诸长单于庭祠小会，五月龙城大会。其先天地鬼神祭，秋马肥，大会蹛林，人畜计课校。"颜师古注云："蹛者，绕林木而祭也。鲜卑之俗，自古相传，秋天之祭，无林木者尚树柳枝，众骑驰绕三周乃止。此其遗法。"《辽史·地理志一》"永州"条在追忆以前游牧人祭祀习俗时称："春秋时祭，必用白马青牛，示不忘本。"秦汉时在各地都有地方色彩的祭祠如"九天巫祠九天"。司马贞《史记索隐》引《三辅故事》称："胡巫事九天于神明台。"神明台是汉武帝时修建的一座高台，据说有五十丈之高，台上修有九座建筑，经常有九天道士百人。[3] 这处神明台很可能由胡巫参与祭祀活动，这些所谓的九天道士很可能就是胡巫。[4] 北方民族有祭祀天的传统，后世民族所称的"天"在语渊上和匈奴的别名"撑犁"，有一定的相似之处。他们对于天界的最高数目认定可能是九天，这一数目为后世北方民族所承袭。九天道士或即九天胡巫，与北方民族的宇宙观有关联，这些胡巫掌握的法术亦有一定的医术或两者混合使用。武帝元鼎时"天子病鼎湖甚，巫医无所不至"，召上郡巫，祠甘泉宫（《史记·封禅书》）。云阳郡曾有匈奴休屠金人和径路祠（《汉书·地理志上》"左冯翊郡"条），根据江上波夫的意见匈奴人的"径路刀"即是其兵祠的象征兵器。《汉书·金日磾传》载曾获休屠王祭天金人。《汉书·匈奴传》中有一段韩昌、张猛与匈奴单于盟约祭祀的记载："昌、猛与单于及大臣俱登匈奴诺水东山，刑白马，单于以径路刀、金、留犁挠酒，以老上单于所破月氏王头为饮器者，共饮血盟。"应劭注："径路，匈奴宝刀也。金，契金也。挠，和也。契金著酒中，挠搅饮之。"

---

[1] 《史记·封禅书》，中华书局标点本，第 1357—1358 页。
[2] 江上波夫：《匈奴の祭祀》，载氏著《ユウラシア古代北方文化——匈奴文化論考》，山川出版社 1950 年，第 225—257 页。
[3] 《汉书·郊祀志下》载，武帝"立神明台、井干楼，高五十丈，辇道相属焉"。颜师古注引《汉宫阁疏》云："神明台高五十丈，上有九室，恒置九天道士百人。"
[4] 谢剑：《匈奴宗教信仰及其流变》，《中研院历史语言所集刊》第四十二本第四分（1971 年），第 574—576 页。

杀白马为祭，据前引契丹人回忆也是北方民族的传统祭祀方式。杀马习俗也影响到了秦国，雍城血池祭祀中也有许多马牺牲。考古所见北方民族短兵器有所谓"北方系短剑"等，其中短剑流行在春秋战国时期，战国中后期有一种铜柄铁剑，长度在50厘米以上，是一种中型剑。汉代匈奴人所持的兵器由过去的剑转为刀，长刀与剑相较其双面刃变成单刃，增加刀砍力量。文献中即称"径路刀"，不应与过去的"北方系短剑"相同，可能就是一种刀。

匈奴人杀贰师将军李广利时的一段说辞，也是表明以人祠兵，就是以人祭兵祠习俗。李广利降匈奴后受到优待，地位在先降汉将卫律之上。卫律害其宠，适逢单于母病，卫律便通过胡巫向单于进言："胡故时祠兵，常言得贰师以社，今何故不用？"于是，遂杀贰师以祭兵祠（《汉书·匈奴传上》）。匈奴人在祭祀兵祠时要有一些誓言，誓言的内容以俘获对方主将祭祀为誓，这种誓词也可以在主要人物有病时得以兑现，表明适用范围的广泛性。

北方游牧人的祭祀场地相对简单一些，以后世的蒙古人为例，他们主祭天地祭场为敖包（obu、obugu、obuu），敖包多设在山顶、水边和边界地[①]，这和颜师古所说祭祀活动中如无林木时树柳枝的情况大体相仿。早年朝那湫渊附近的胡人祭祀地设施大体上应与后世北族一致或近似，湖边有简单的标志物。

朝那胡祠祭祀遗法大约与此相仿，值得注意的是，朝那县"有端旬祠十五所，有胡巫祝"（《汉书·地理志下》）。仅朝那一地就有祠十五所，显然是游牧人的祭祀圣地。秦汉时原祭祀地或许已经有了某种建筑，以供胡巫固定祭祀。后来的祭祀祠则很可能由地方官府派遣胡祝官主持，依照秦汉时期的制度：

> 诸此祠皆太祝常主，以岁时奉祠之。至如他名山川诸鬼及八神之属，上过则祠，去则已。郡县远方神祠者，不领于天子之祝官。祝官有秘祝，即有菑祥，辄祝词移，过于下。（《封禅书》）

由政府派遣胡祝主持的朝那湫渊祠，每年都有祭祀活动。端旬祠显然是保留原来胡人的祭祀祠，汉兴时保留秦时祭祠，高祖刘邦下诏称：

---

① 江上波夫：《匈奴の祭祀》，载氏著《ユウラシア古代北方文化——匈奴文化論考》，第229页。

> 吾甚重祠而敬祭。今上帝之祭及山川诸神当祠者,各以其时礼祠之如故。(《封禅书》)

并且增加许多祭祠。汉文帝时,名山大川如在诸侯领地,由诸侯祝各自奉领,天子官则不领。有司建议雍五畤增奉祭品,皇帝制文曰:

> 其河、湫、汉水加玉各二;及诸祠,各增广坛场,珪币俎豆以差加之。而祝釐者归福于朕,百姓不与焉。自今祝致敬,毋有所祈。(《封禅书》)

其中的玉并无明指是哪一种类,或为琮、璧、偶人之类。坛场,据李零说,往往坛、墠、坎等功能兼具[①]。

三、朝那湫渊与《诅楚文》

秦人祭祠湫渊应该有着悠久的传统,至少在战国时期,秦人已迫使原来生活在今宁夏南部、甘肃东部的大部分少数民族向更北方向退却,并利用湫渊开展祭祀活动,著名的事件就是《诅楚文》。稍后秦人修筑长城,原来北方游牧民族的势力范围,被圈入长城以内。秦长城的修筑,使著名的朝那湫渊进入秦人版图。

自秦穆公与楚成王会盟要约之后的280多年间,秦楚相安无事。至楚宣王、楚怀王时(相当于秦惠文王、秦昭襄王时),秦楚屡相攻伐。此时两国势均力敌,形成南北对峙之势。秦国为扩大自己的势力,最担心齐、楚联合。商於之地的得与失成为决定双方成败的关键所在。秦因抢占商於之地而致楚三分,怀王因急于收复商於之地而使秦离间之计轻易得逞。怀王怒而伐秦,再失汉中,情势于楚更加不利。当此情势之下,怀王发动全国兵力与秦殊死一搏,并进逼至秦都附近。秦人恐慌之下,作《诅楚文》以求神祐。《诅楚文》的内容主要是秦王历述楚王背弃盟约、杀戮无道等罪行,祈求神灵帮助秦国战胜楚国。

[①] 李零:《秦汉礼仪中的宗教》,收入氏著《中国方术续考》,中华书局2006年版,第103—106页。

中国古代盛行诅祝之俗。所谓诅祝，即"告神明令加殃咎，以言告神谓之祝，请神加殃谓之诅"（《尚书·无逸》）。出兵征伐时，先由巫祝将对方的罪状檄告于神，从而使己获天助、敌遭天谴。《诅楚文》就是战国时代秦王诅楚王的告神之文，并勒文于石。《诅楚文》石刻，上承《石鼓》籀文，下启秦始皇泰山诸刻石的小篆，不仅是战国晚期秦楚关系的重要文献，也在古文字发展史、书法史上占据着十分重要的地位。

《诅楚文》历述楚王诸罪，祈求神灵制克楚兵、复其边城。开篇即言秦嗣王用吉玉宣璧，使其宗祝邵鼛告神以诋楚王熊相。接着痛陈楚王之罪：其先世楚成王曾与秦穆公斋盟，约定戮力同心，永世为好；今楚王背盟弃义，引六国兵一再侵秦，罪孽深重。又弃亲人，拘圉叔父，刑戮孕妇，攻伐同盟，荒淫昏庸，狠毒残暴，甚于殷纣。最后誓言秦国将上下一心，奋力自救，决心灭楚，恳请神灵降福佑秦，克剂楚师。文中的"秦嗣王"多认为是秦惠文王，所诅楚王熊相依文义当为楚怀王。春秋战国时期有所谓大事在盟，小事在诅的说法，虽然兴兵动武但秦采取诅誓有书告神的策略。

北宋时先后在三个地点发现过诅楚文，每地各出一石。三石所刻内容基本相同，惟所告之神有异。陕西凤翔开元寺出土的为《告巫咸文》，朝那湫旁出土的为《告大沈厥湫文》，出于要册者为《告亚驼文》。秦王此次诅楚，所告之神大概很多，所刻之石绝不止三块。但其余刻石尚未被发现，也可能发现时由于不被重视而遭毁弃。颇有意思的是，三块诅楚文刻石均在北宋时被发现，这与北宋托古好古之风的兴起有很大关系。此时金石收藏和研究十分盛行，加之《诅楚文》刻石具有较高的史料、书法、文学价值，一经发现就备受关注，为之题咏、著录、考证者不乏，如欧阳修（《集古录》）、赵明诚（《金石录》）等。但由于时代变迁和战乱影响，刻石及原拓南宋后已佚，今所见为后世摹刻拓本，其中所录《绛帖》和《汝帖》流传最广。《绛帖》《汝帖》仅收《告巫咸文》《告大沈厥湫文》，《告亚驼文》并未被收录（图三）。

《告大沈厥湫文》刻石于宋英宗治平年间，为农民在朝那湫旁耕田掘得。熙宁元年（1068），蔡挺出任渭州（今甘肃平凉）知州，收来移置于郡廨。五年后蔡挺升任枢密副使，后以疾罢为资政殿学士判南京留司御史台，又将该石刻带到了南京（今河南商丘县南），藏于屋壁。七十一年后，故地燔毁，时武略大夫汶阳李伯祥任职于此，雅好古文，又移置于官廨，并刻纪年月于碑阴，题作绍兴八年（1138）。①现存拓本全文共318字，或并非原石文字，因为三石文字已经后人整理，原石上一些漫漶不可辨识的文字，整理者参校他石校改过。文辞内容大体相同，唯所求告之神名称各异。

《告大沈厥湫文》中的"大沈""湫"所指为何，学界据《史记》《汉书》等文献记载，认为大沈即大渊大浸，湫即湫渊，《告大沈厥湫文》出朝那湫旁，所告之神即朝那湫神。②《史记·封禅书》正义引《括地志》云："朝那湫祠在原州平高县东南二十里。"因此，湫渊、湫渊祠在安定郡朝那

图三　诅楚文书（采自容庚《古石刻零拾》第125页）

县境。战国秦昭襄王三十五年（前272）秦灭义渠戎，设北地郡，置朝那县；汉代朝那县属安定郡。文中"又（佑）秦嗣王，用吉玉宣璧，使其宗祝邵鷔，布告于不（丕）显大神巫咸"等语句涉及祭祀用器和方式，《尔雅·释器》云："璧大六寸谓之宣，肉倍好谓之璧。"只是这里只说用吉玉宣璧而不言数目。③吉玉宣璧是当时祭祀神灵的重器，朝那湫渊大神是秦惠文王求助的对象。

郭沫若主张《诅楚文》作于秦惠文王后元十三年（前312），主要理由是

---

① 郭沫若：《诅楚文考释》，载《郭沫若全集·考古编》卷九，科学出版社1982年版；赵明诚：《金石录》卷十三，第259页；陈思：《宝刻丛编》卷二，《历代碑志丛书》本，第1—2页。
② 郭沫若：《诅楚文考释》；容庚：《古石刻零拾》，载《容庚学术著作全集》，中华书局2012年版。
③ 董逌《广川书跋》卷四"诅楚文"条中记录了三块《诅楚文》碑隶定后的录文，见卢辅圣主编《中国书画全集》第二册，上海书画出版社2009年版，第52页。

这年楚怀王因受张仪欺骗，发兵攻秦，战于丹阳，兵败后"乃悉国兵复袭秦，战于蓝田"。楚"率诸侯之兵以临加我，欲划伐我社稷，伐灭我百姓"，犯边取城。正是在这种严峻的形势下，秦王才向神祈求保佑，诅咒楚王。《告大沈厥湫文》石刻很可能就是秦人祭祀后发兵时投于朝那湫。元代李诚《重修朝那湫龙神庙碑》亦云："开成州东北，据三十五里有湫曰朝那，有山环焉。湫东冈阜上直祠设像，神曰盖国大王。考之传记，春秋时秦人诅楚之文，投是湫也。"①

秦祠官所常奉天地名山大川鬼神中有"湫渊"，而"朝那湫渊"祭祀遗址的确切地理位置存有争议，有宁夏固原和甘肃平凉、庄浪等说法，但均无实物佐证。2007年11月，固原原州区开城镇马场村出土了一块残碑（图四），碑上楷书阴刻有"跋尾赋……□那之湫则……一夕而移……不常其居……司侯长"等铭文。"那"字前所脱字应为"朝"。这为"朝那湫渊"提供了重要佐证，证实了朝那湫渊的具体位置就在固原的东海子（原州区开城镇马场村东500米）。杨经《嘉靖固原州志》卷上载："东海子，在州东南四十里，广五里，阔一里。东岸有庙，余波入清水河，即古朝那湫。"今固原市与东海子的位置与之相合。而值得注意的是，残碑所立年代很可能是宋代。一是因为在发现残碑的同时，又在东海子的东北山坡旧宅中发现两块柱础石。其中一块为覆莲瓣柱础，是流行于宋代的建筑风格。二是文中有"跋尾"二字，是北宋文人惯用在文末进行评介或说明的一种文体，如欧阳修《集古录跋尾》、方勺《秦诅楚

图四　东海子出土"□那之湫"残碑及其拓片

---

① 杨经撰、牛达生等点校：《嘉靖固原州志》卷下，宁夏人民出版社1985年版，第87页。

文跋尾》等。三是《重修朝那湫龙神庙碑》载："宋金边臣祀于祠，碑志仍存。金末，兵尘荡起，祠无人居。"①此碑当是宋碑残存。元大德十年（1306），开城地震，湫渊祠被震毁，湫渊水外泄，南流入注茹河。至元二年（1336），重新修建了湫渊祠大殿，并请学政李诚作文以记之。因而推断，残碑应该为北宋之物。②

秦据有天下的时间虽然很短，秦始皇在位只有短暂的十余年时间，但他却有五次巡游全国。始皇二十七年（前220）西巡陇西、北地，出鸡头山，过回中道，然后回到国都咸阳（《史记·秦始皇本纪》）。秦始皇平定六国后，将首次巡游的路线确定在自己原有的大后方，完全是对根据地民众的宣誓，以告慰人们对统一六国的支持。其中或许有一些祭祀活动，朝那湫渊或在其范围之内也未可知。值得注意的是汉武帝在位期间曾经六次巡幸安定郡：元鼎五年（前114）"冬十月，行幸雍，祠五畤，遂逾陇，登空同，西临祖厉河而还"；元封四年（前107）"冬十月，行幸雍，祠五畤。通回中道，遂北出萧关，历独鹿、鸣泽，自代而还，幸河东"；太初元年（前104）秋八月"行幸安定"；太始四年（前100）"十二月，幸雍，祠五畤，西至安定、北地"；征和三年（前90）"行幸雍，至安定、北地"；后元元年（前88）春正月，"行幸甘泉，郊泰畤，遂幸安定"（均见《汉书·武帝纪》）。

汉武帝的这些巡幸活动都与祭祀有密切的关系，在雍地五畤举行郊天之礼，在甘泉宫泰畤祭祀太一，都是汉帝国祭祀体系中最重要的祭礼。武帝在东方祭祀之后，常常会返回西北。③有时祭祀后也西巡安定，应该在安定即还有祭祀活动，如是朝那湫渊应是重视胡巫的汉武帝必到之处。武帝的这些祭祀目标是与匈奴战争有联系，巡狩当然也是为了备战匈奴，这样也就不难理解武帝多次巡幸安定。朝那湫渊不但是秦汉帝国的祭祀中心，也是北方胡族的祭祀中心。胡汉双祭的祭场并不仅限于湫渊，云阳也有双祭的场所。④这类祭祀场所很可能原为北方民族祭场，秦人拥有此地后亦以此为祭祀地，秦汉沿用，双方共用的时间应该很长。

---

① 杨经：《嘉靖固原州志》卷下，第87页。
② 张有堂等：《湫渊探究》，《宁夏师范学院学报》2010年第4期。
③ 例如在天汉二年（前99）"春行幸东海，还幸回中"；天汉三年（前98）三月，"行泰山修封，祀明堂，因受计。还幸北地，祀常山，瘗玄玉。"（《汉书·武帝纪》）。
④ 李零：《翁仲考》，收入氏著《入山与出塞》，文物出版社2003年版，第47页。

四、东海子近万年以来的气候演变

东海子湖位于固原市东南,是一个山间小盆地中山体滑坡形成的堰塞湖。为了解东海子遗址的历史时期气候状况,将这些迹象和所知的历史文献记录所得综合分析,使我们对于该遗址性质有进一步的理解。在一个枯水季节我们在东海子打了三个岩芯,提取的沉积物表明,东海子湖相地层主要为灰色—浅灰色黏土和粉砂质黏土为主,发育水平层理,纹层十分明显,局部含有较多的水生植物残体和水生螺壳。这是一处保存完整古气候信息序列的载体,根据其中的陆生植物残体,我们可以清晰地了解当时的植被生长情况,从而形成时间标尺。

根据岩性变化,由上到下共分为17层,年代测定结果表明:在地层底部树轮校正年代为9710±160BC,处于全新世早期。年代数据保持地层下老上新的叠置关系,说明地层没有发生倒转,受到的扰动较小。

湖相沉积基本上反映在一相对封闭环境中流入物的情况。在雨量充沛时期沉积物随着降水量的增加,沉积增厚;相反,降水量稀少的年份,进入湖底沉积物则变少。沉积物中的包含物孢粉,直接表现出水环境周围的植被覆盖情况,花粉组合中的含量变化是气候变化的折射(图五)。在地层下部含有中粗砂,含有多个峰值,说明沉积物的来源多样,分选较差,与早期不同成因类型的沉积物被冲入湖泊有很大关系。气候与降水量、植物生长之间形成一种密切的关联。东海子是史籍中记载的"湫渊",这类历史上有确切记录天然湖泊无疑是研究历史上气候变迁非常理想的地点,它地处偏僻,受现代人类活动影响较小,能比较不受干扰地记录古环境演变信息。考古工作者通过东海子湖泊地层的岩芯取样,获得记录古环境的信息数据。[①] 依据地层中的植物残体C^{14}测年,地层底部校正年代为9710±160年,处于全新世的早期;顶部年代为现今沉积物,整个地层沉积连续稳定。在最底层孢粉针叶类松层类占有绝对优势,平均高达97.39%,阔叶类和草本植物花粉的含量非常少。孢粉反映的植物信息表明,周围植被以松树为主,伴有少量铁杉的针叶林环境。这种环境持续了很长时间,从公元前4000年左右开始,针叶松类虽然占有较大的优势,但花孢粉比例上呈

---

① 刘德成等:《东海子湖环境分析报告》,2016年,待刊稿。

图五　东海子孢粉图

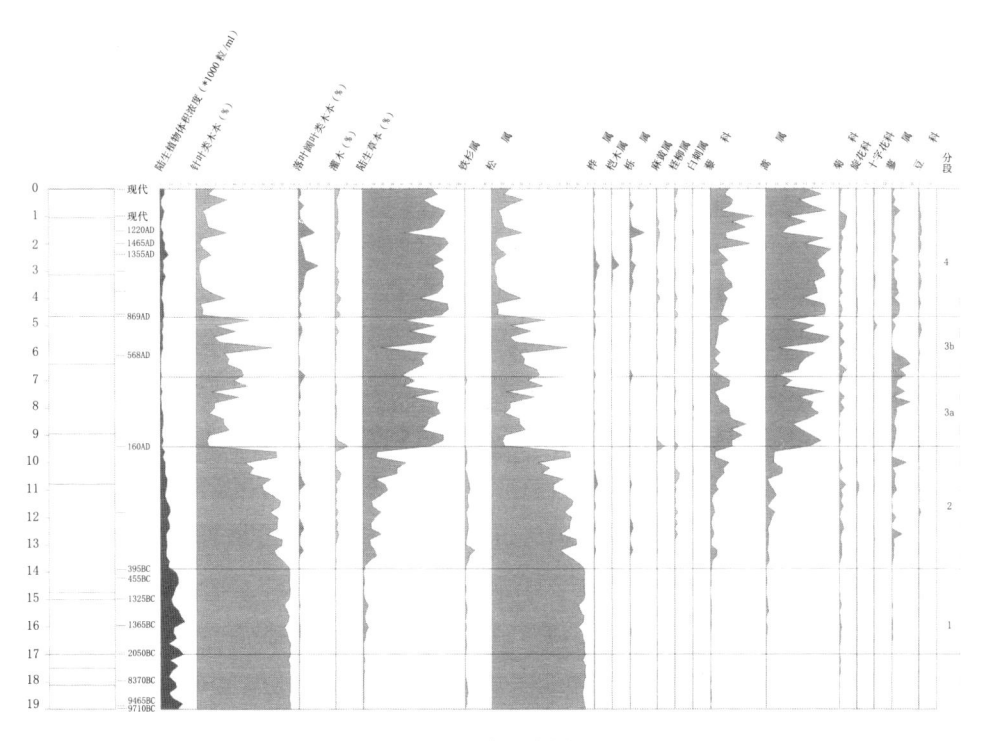

下降趋势。陆生的草本植物含量呈上升趋势，草木花粉以藜科、蒿属、菊科和蓼属为主。灌木和落叶阔叶类植物花粉开始少量出现。气候的总体表现是针叶林开始退化，森林草原的环境发生变化，气候开始变干，降雨量减少。

气象学家认为，在公元前3000—前1000年间，中国北方气候以暖湿气候为主。① 考古资料表明全新世中期是气候最适宜的阶段，考古学文化大约是仰韶文化期。在甘肃宁夏交界处葫芦河流域西吉、隆德等六县区域的新石器遗址调查表明了人类当时的活动范围。②

从公元前400年左右起，陆生植物花粉浓度较早期有明显下降。孢粉组合中以针叶类的松属占有较大优势，但由下向上比例呈下降趋势，平均含量降为80.5%，陆生草本植物花粉含量呈上升趋势，平均含量达到16.70%，上部一度超过35%，最高含量达46%。草本花粉中以藜科、蒿属、菊科和蓼属为主；灌

---

① 竺可桢：《中国近五千年来气候变迁的初步研究》，《竺可桢文集》，科学出版社1979年版，第476—478页。
② 李非等：《葫芦河流域的古文化和古环境》，《考古》1993年第9期。

木和落叶阔叶类植物花粉少量出现，各占比例略超1%。总体表现为针叶林开始退化的森林草原环境，气候变干。

湖相沉积9.40—4.67米阶段，大约为公元前161—公元870年。这个时期的陆生植物花粉浓度进一步下降。孢粉组合中针叶类花粉的含量出现断崖式下降，由第2孢粉段的80.5%降至32.7%。陆生草本植物花粉含量显著上升，成为花粉组合中的主要成分，平均含量达到64.8%，最高含量达86%。草本花粉中以蒿属、藜科和蓼属为主，含有少量菊科（1.98%）。灌木和落叶阔叶类植物花粉少量出现，各占比例约1.3%。麻黄含量为0.56%。总体表现为残留少量针叶树的干旱草原环境，生长着少量的适应干旱气候的灌木，花粉浓度的显著降低反映植被进一步退化。

公元870年至今，陆生植物花粉浓度有所回升。孢粉组合中针叶类花粉含量进一步下降，仅为12.1%。陆生草本植物花粉含量进一步上升，平均含量达到79.9%。草本花粉中以蒿属和藜科为主，含有少量蓼属（3.90%）和菊科（1.42%）。总体表现为温带草原环境，生长着少量的适应干旱气候的灌木，花粉浓度的回升主要因为草本植物的覆盖度有所增加（表1）。这样的气候变化情况大体上与邻近地区全新世以来的人类活动情形基本相符。

表1 葫芦河流域全新世中期前后的人类活动范围和活动量随时间的变化[①]

文化性质	年代范围距今（年）	人类活动范围 中心纬度北纬（度）	人类活动范围 中心高度海拔（米）	人类活动量 遗址数	人类活动量 文化堆积总埋藏量（千米²）
大地湾一期	7800—7000	34.75	1475	3	1560
仰韶早期	6800—6000	35.06	1533	23	2576
中期	5900—5500	35.12	1533	49	5537
晚期	5500—4900	35.34	1696	67	15611
常山下层	4800—4200	35.84	1897	80	8800
齐家文化	4400—3900	35.16	1642	375	10152
寺洼·周	3300—2400 3010—2720	35.21	1594	29	870
春秋战国	2730—2150	34.99	1514	7	742

[①] 引自陈铁梅：《从我国史前考古测年数据的分布看古气候和史前人口的相互关系》，载《考古学研究（二）》，北京大学出版社1994年版，第13页。

孢粉、粒度和磁化率等环境替代分析指标的研究表明，从约距今 4000 年前开始，该地区的针叶林开始发生退化；2000 年前左右，约当西汉年间，针叶林发生十分显著的退化，有理由认为针叶林的退化与人类在此活动、砍伐森林有关。磁化率值也波动异常。随着时间的推移，该地区小范围内森林持续退化直至可能消失。磁化率值持续上升，波动异常剧烈，暗示着人类在此有持续的活动，并且影响着周围的生态环境。同时也不能否认，植被的退化与全新世晚期变干的气候有一定的关系，但其影响不应该是导致该地区周围针叶林消失的主要原因[①]。文献记载中一些有关湖面缩减的数据，虽不必看成是准确丈量的结果，因为每个时代人们观察的角度并不一致，但湖水面积的增减却或许反映出气候变化中一些规律性的问题，这些记载与现代科学手段测得结果有某些吻合之处。东海子地区所见的波动现象，与同一地区六盘山顶部另一堰塞湖岩芯孢粉结果，有时会有重合，但也有差异[②]，显示出高山阻隔对小气候环境的影响。

五、简单总结

通过以上考察我们大体可知，东海子作为一个堰塞湖大约形成于距今一万年前，很可能是某一次大地震的结果。堰塞湖形成以后当地的气候是一个相对温和的时期，针叶类木本植物占有很大比重。大约从距今 4000 年开始气候进入一个干冷期，木本植物明显减少，陆生草本孢粉比例明显上升，草原环境变化迅速。公元前 3000—前 1000 年间，中国北方气候以暖湿气候为主导，东海子的环境大体相同。黄土高原上有一个天然湖泊对于周边人群有相当大的吸引力，人们围绕湖泊形成某种祭祀习俗。很可能北方游牧部族占据该区域后也在湖泊周边举行某种祭祀活动，这样的祭祀应该延续很长时间。秦人据有这一区域后，祭祀的规模扩大、等级提高，被称为朝那湫渊。秦统一六国后，原有各国的山川祭祀均被保留下来，其中秦国原有的祭祀地点地位又获提升。朝那湫渊与黄河、汉水、长江并称四大川，是由国家主持的重要祭祀地点。后来由于国家祭祀策略的变革，朝那湫渊或从国家祀典中被移除，变成一处地方祭祀场所。唐

---

① 本段据刘德成等《东海子湖环境分析报告》（未刊稿）写成，承蒙刘德成等同意使用，谨致谢意。
② 周爱峰等：《黄土高原六盘山天池记录的中晚全新世高分辨率气候变化及其意义》，《科学通报》2010 年第 22 期。

宋时期朝那湫渊干旱求雨的习俗得到承袭，地方官员也在这里建庙宇，树碑石，追述以往朝那湫渊的胜迹。宋代还出土著名的《告大沈厥湫文》碑，引起金石学家的关注。现代考古学的调查活动不但使我们有机会观察两千多年以来人类活动遗存，也通过科学调查了解到近万年以来以东海子为中心的区域气候信息，两者结合起来我们可以揭示古人祭祀地点的选择与环境之间的关系。

甘肃正宁要册湫调查报告

梁彦斌　秦博文

2019年6月21—22日，北京大学人文社会科学研究院西北考察组一行五人在北京大学中文系李零教授、故宫博物院王睿老师的带领下，详细考察了甘肃省正宁县湫头滩要册湫。为更清楚准确地了解要册湫的祭祀文化，同年7—9月，正宁县博物馆组成以梁彦斌、姚博、秦博文为成员的要册湫调查考察组，采取实地踏勘、拍照、绘图、测距、走访群众、查找资料等方式，对要册湫进行了调查，取得了一些科学详实的资料。下面就调查情况和认识向大家介绍，敬请方家斧正。

要册湫，又称"龙湫""灵湫"，位于甘肃省正宁县湫头镇湫头滩。湫头镇因"湫"而得名，因祈雨灵验而驰名全国。宋代，因有显圣庙，设显圣镇。金代，称要关镇。清初，设灵湫里，后称要册镇、湫头镇。要册湫面积约数亩之大，《魏书·地形志下》"赵兴郡"下记："阳周，前汉属上郡，后汉、晋罢，后复属。有桥山、黄帝冢、泥阳城、高平城、秋水。"从关于阳周县有湫水的记载来看，要册湫在北魏时就有了名气。隋唐至清，要册湫成了求神降福、取水祈雨的场所。传说当时湫头滩的庙宇大殿是神工修建，规模壮阔，高大宏伟，鳞次栉比。要册湫以"赐雨灵验"而闻名遐迩。自唐代以来为历代皇帝以及陕、甘、川等多省群众"祈雨"的地方，每年农历四月初八有盛大庙会。1950年代以来，原来以敬神为宗旨的传统庙会逐渐解体。"文革"期间，庙宇全被拆除，活动中断，"文革"后，虽未重修庙宇，但庙会活动陆续恢复。现在时隔多年，尽管庙宇毁坏殆尽，神像荡然无存，"湫"已干涸，种上庄家，但每逢农历四月初八正宁湫头滩显圣庙庙会时，仍有陕、甘、川三省群众自发前来参加。

一、史料中关于要册湫的记载

从《魏书·地形志下》关于阳周县有湫水的记载来看，要册湫在北魏时就有了名气。《新唐书·地理志一》云："宁州彭原郡真宁，本罗川，有要册湫。"《大明一统志》卷三十六《庆阳府》记载："要册湫，在真宁县东六十里桥山之尾。周围九亩，旁有龙祠，唐开元中建。历代皆加封号，碑刻甚多。"顾炎武《肇域志》记载，真宁县有"龙秋水。在其东六十里，……要册湫，在县东六十里"。①《方舆胜览》记载："桥山之尾有水，曰龙湫。此地是也。广九亩，深数丈，无禽鱼，萍草茂林，古树阴翳，虽值旱涝，不涸不溢。旁有龙祠，唐开元中建。"②唐僖宗乾符三年（876），始封湫神为应圣侯，并建圣祠殿以祀。光化二年（900），唐昭宗晋封湫神为普济王。南宋庄绰《鸡肋编》载："真宁县要册湫庙中，崇宁间，众碑津润如流，独一碑否，是岁多疫，宣和中复如此。"③宋代时，天子、仕宦皆视湫神为"天帝之右弼"，视灵湫为"水府之别馆"。太平兴国二年（977），宋太宗赵光义改封湫神为显圣王，并诏令工部采石，令翰林学士扈蒙撰文，朝散大夫何翰笔书，在灵湫畔立显圣碑。随后大兴土木，重修庙祠，在湫西北畔兴建显圣庙，庙内置湫神显圣塑像，"被以王者之服"，"烹以太官之鼎"④；在南畔修建应祠宇；在四北畔修建浮泽殿，有明柱、走廊，设平台观湫；在东北畔建圣水庙，庙内修水池，引湫水以入，名曰"圣水泉"，各州县取水者，皆置净瓶于泉中，取水以归。由于臣民对湫神的竞相膜拜，灵湫之上香烟不散，钟鼓之声不绝于耳。到明代，灵湫已被列为庆阳府十景之一。为了更好地观瞻此景，人们对湫畔的龙祠殿宇曾大修过多次。清初，重修浮泽殿、显圣庙，新建菩萨庙、无量庙，并在二郎山巅建造魁星楼。这样，灵湫之畔成了庙宇林立、古树参天之地。明初左金都御史景清在《题正宁县境》诗中即有"桥山唯有灵湫在，万代穹碑焕典章"之句，清乾隆年间正宁知县折遇兰的诗作中有"殿宇仿佛天中央，梵宫寂寂风雷藏"之句，都是对灵湫庙宇群壮阔景象的描述。湫滩原有一青松，高70余米，梢与塬齐，1940年代被砍伐。每年春夏时节，南塬道上人来人往络绎不绝，多

---

① 顾炎武：《肇域志》，上海古籍出版社2004年版，第69页。
② 祝穆：《方舆胜览》，中华书局2003年版，第427页。
③ 庄绰：《鸡肋编》，中华书局1997年版，第83页。
④ 《显圣庙碑》，载张维《陇右金石录·宋上》，又见光绪《甘肃新通志》卷九二。

是赴灵湫酬神献酢者、赴湫取水换水者、谒湫览景者。每当四月初八庙会期间，灵湫之畔更是人潮涌动，熙熙攘攘，热闹非常。光绪年间，庙宇多有坍塌，虽经修葺，怎奈湫水已干涸，谒湫取水者渐稀。民国时期，湫池已成一干滩，人称之为"湫头滩"，显圣庙中的香火渐趋断绝。

二、要册湫及其周围遗迹的调查与发掘

湫头滩遗址占地百余亩，遗迹西、北、东三面环山，北高南低，整体呈口袋状分布，以要册湫池为中心，根据山势大体可将遗迹分为北、中、南三区。中区主要由要册湫池遗址、雨皇庙遗址、三显圣庙遗址组成；南区主要由莲花台遗址、饮马池遗址、戏楼遗址、兴教寺碑遗址组成；北区主要由皇经台窑庙（当地人称之为生房子）遗址、娘娘坡庙遗址组成。遗址地表均为黄褐色黄绵土，整体文化层较厚。地表可见遗物，地下遗物极为丰富。

要册湫池遗址　位于湫头滩遗址东部，毗邻寺沟梁。遗址整体呈圆形，直径约86米，面积约5806平方米，湫池周围有一圈杨树将遗址与其他遗存分隔开来。湫池处于地表水平面以下2米处，西面有2米高的护坡，护坡上遗留有饰莲花纹的底座三块，自北往南一字摆列。

雨皇庙遗址　位于湫头滩遗址中部，要册湫池西面，遗址基本呈东西窄、南北宽的长方形，东西宽22、南北长45米，面积约990平方米，东面与要册湫池相邻，西面有高约5米的断壁，断壁下留存有大量的建筑遗迹，在遗址西侧断壁处还留存有赑屃石碑座一块。碑座高0.45、宽1.2、长1.55米，正中有长方形碑槽。遗址内含有大量的古代建筑材料，如砖、筒瓦、琉璃瓦等。

三显圣庙遗址　位于湫头滩遗址中部，要册湫池正南面，遗址基本呈东西方向的长方形，南北宽28、东西长58米，面积约1624平方米，在遗址南侧断壁处留存有浮泽庙碑一块（现已移至正宁县博物馆）。遗址内建筑材料种类多样。

莲花台遗址　位于遗址南区，要册湫遗址西南面。基本呈南北宽，东西窄的长方形。遗址南北长约65、东西宽约48米，面积约3120平方米。遗址高出地面约2.3米，东、南面均为高约2米的断壁，北面与要册湫相邻，西面与饮马池遗址相邻。莲花台遗址内含戏楼遗址和兴教寺碑遗址。遗址内古代建筑遗存

丰富。

饮马池遗址 位于遗迹南区，要册湫遗址西南面，基本形制与莲花台相似。遗址南北长约 63、东西宽约 45 米，面积约 2835 平方米。遗址东面与莲花台遗址相邻，低于莲花台遗址，与莲花台遗址中间有 2 米断壁分隔。遗址内遗存较少。

戏楼遗址 位于遗址南区，要册湫遗址南面，莲花台遗址北面。整体呈东西宽，南北窄的长方形；东西长 12、南北宽约 9 米，面积约 108 平方米。遗址内古代建筑遗存丰富。

兴教寺碑遗址 位于遗址最南端，莲花台遗址南端与断壁间 6 米处有石碑，碑首、碑身基本完好，无碑文。

皇经台窑庙遗址 位于湫头滩遗迹北面半山腰处，毗邻山路 10 米左右，现存窑洞 3 孔，窑洞高 3.7、宽 3.2 米，自东往西一字排列，现存有清代壁画若干和佛像供台。该窑庙为西北地区特有的形式，凿山开洞，以洞为庙，如今还陆续有群众在此处进行祭拜。

娘娘坡庙遗址 位于要册湫遗址东北方向的寺沟梁半山腰处，现存窑洞一孔，遗存仅砖瓦。

三、遗迹、遗址调查情况

为了弄清楚湫头滩遗迹的遗存情况，正宁县博物馆于 2019 年 10 月对该遗迹进行了选择性的勘探。在勘探的基础上分别在要三显圣庙遗址、雨皇庙遗址、要册湫池遗址、莲花台遗址上开挖了 2×5 米探沟各一条，标号依次分别为 T1、T2、T3、T4。

（一）三显圣庙遗址 T1 南壁地层堆积（图一）

第 1 层：经现代扰乱，腐殖层。厚约 0.5 米。

第 2 层：清代文化层。黄色土，土质紧密，厚约 0.3 米，夹杂大量碎青砖、筒瓦、琉璃瓦、石质构件和少量的瓷器碎片等，该层发现有建筑面，编号为 F1。

第 3 层：分为二小层：

第 3A 层：明清文化层。黄褐色土，土质紧密，厚约 0.06—0.2 米，包含物与第 2 层基本类似；

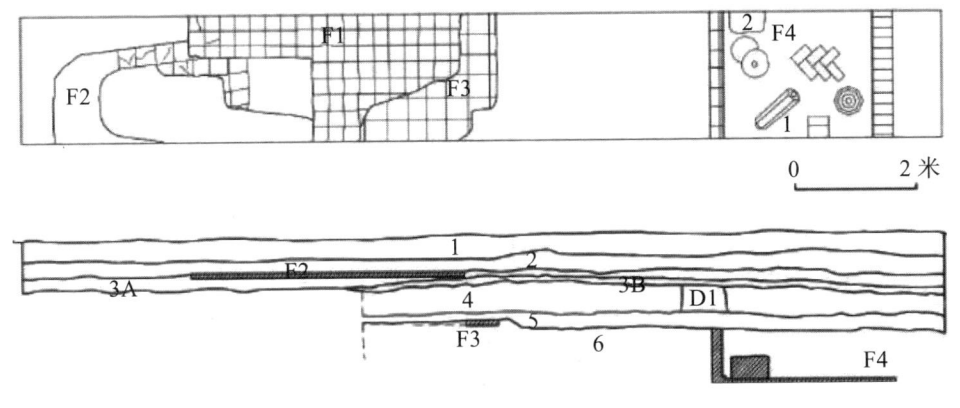

图一　三显圣庙遗址 T1 平、剖面图

第 3B 层：明代文化层。黄褐色土，土质与 3A 层类似，厚约 0.15—0.35 米，夹杂有少量瓷片和砖瓦等残片，该层发现有建筑面，编号为 F2。

第 4 层：宋代文化层。深褐色土，土质紧密。厚约 0.3—0.5 米，夹杂大量的砖、瓦、瓷器碎片、釉陶器残片等，出土一枚北宋宣和通宝钱币。发现有建筑面，编号为 F3。发现有石柱础，编号为 D1。

第 5 层：唐代文化层。深褐色土，土质紧密。厚约 0.2—0.45 米，夹杂大量的砖、瓦残片和少量的瓷器、陶器残片等。

（二）雨皇庙遗址 T2 西壁地层堆积

第 1 层：经现代扰乱，腐殖层。厚约 0.45 米。

第 2 层：清代文化层。黄色土，土质疏松，厚约 0.4 米，夹杂大量碎青砖、筒瓦、琉璃瓦、石质构件和少量的瓷器碎片等。

第 3 层：明代文化层。黄褐色土，土质疏松，厚约 0.3 米，夹杂有少量瓷片和砖瓦等残片。

第 4 层：宋代文化层。深褐色土，土质紧密。厚约 0.45 米，夹杂大量的砖、瓦、瓷器碎片、釉陶器残片等，该层发现有建筑面，编号为 F4。

第 5 层：唐代文化层。深褐色土，土质紧密。厚约 0.3 米，夹杂大量的砖、瓦残片和少量的瓷器、陶器残片等。

第 6 层：逐渐出现未扰乱过的生土层，没有继续发掘。

（三）要册湫池遗址 T3 南壁地层堆积

第 1 层：近现代扰乱、腐殖层。厚约 0.6 米。

第 2 层：池塘淤泥层。灰黑色土，土质紧密，厚约 1.5 米。夹杂有少量的宋、明、清时期瓷片和较多碎青砖、琉璃瓦、石质建筑构件等。

第 3 层：灰黑色土，土质较之第二层更加黏稠，该层有少量水渗出，未发掘到底。

（四）莲花台遗址 T4 西壁地层堆积

第 1 层：经现代扰乱，腐殖层。厚约 0.3 米。

第 2 层：清代文化层。黄色土，土质疏松，厚约 0.45 米，夹杂大量碎青砖、筒瓦、琉璃瓦、石质构件和少量的瓷器碎片等，该层发现有建筑面，编号为 F5。

第 3 层：明代文化层。黄褐色土，土质疏松，厚约 0.2—0.35 米，夹杂有少量瓷片和砖瓦等残片。

第 4 层：宋代文化层。深褐色土，土质紧密。厚约 0.3 米，夹杂大量的砖、瓦、瓷器碎片、釉陶器残片等。

第 5 层：唐代文化层。深褐色土，土质紧密。厚约 0.25—0.45 米，夹杂大量的砖、瓦残片和少量的瓷器、陶器残片等。

四、主要遗迹与遗物

（一）遗迹

本次勘探共发现房址（基址）4 处、柱洞 1 个。

F1　位于探沟 T1 中部，开口于第 2 层下。距地表约 0.5 米。F1 平面呈 T 字形，为近现代扰乱所致。平铺正方形地砖，砖边宽 24、厚 5 厘米。根据出土遗物分析，F1 为清代建筑。

F2　位于探沟 T1 东部，开口于第 3A 层下。距地表约 0.95 米。房址受近现代生产活动扰乱较严重。正方形铺地砖，边宽 29、厚 5 厘米。根据出土遗物分析，F2 为明代建筑。

F3　位于探沟 T1 中部，开口于第 5 层下。距地表约 1.4 米。仅在探沟中部有小面积出露。房址铺地砖呈正方形，边宽 32、厚 4 厘米。根据出土遗物分析，F3 为宋元时期建筑。

F4　位于探沟 T2 西部，开口于第 5 层下，房址保存状况较好，室内地面有"人"字形铺地砖，砖长约 30、宽 15、厚约 5 厘米。在房基上发现有散落的石柱础。根据出土器物、地层关系分析，F4为宋代建筑。

F5 位于探沟T4中部，开口于第2层下。距地表约0.75米。平铺正方形地砖，砖边宽22、厚6厘米。根据出土遗物分析，F1为清代建筑。

柱洞 1个（D1）。位于探沟T1南壁中部，开口于第3B层下，打破第4层。口径0.7、底径0.75、深0.45米。柱洞内土质纯净，呈浅灰色。发掘至F3铺地砖后，为了较完整地保留房址，未继续向下挖掘。用探铲下探约0.5米，发现另有更早的建筑层面。

因本次调查试掘工作以了解遗迹的大致沿革为目的，为保护发现的房址均没有继续扩大发掘面积，因而无法了解房址整体形状及分布面积。

（二）遗物

地面调查和试掘出土遗物主要有建筑构件、瓷片、釉陶片、石雕、石刻等。

1. 建筑构件

有灰陶质筒瓦、板瓦、瓦当、滴水、吻兽及琉璃瓦等。

瓦当 1件。标本T1④:2，圆形。饰虎头纹，周边饰联珠纹。直径11—11.5厘米（图二，1）。

滴水 1件。标本T1④:11，饰莲花纹，边缘呈连弧状。残高8.5厘米（图二，2）。

吻兽 3件。标本T1④:23，屋顶吻兽残件。两面刻画鱼鳞纹、弦纹。残长11、宽8.5厘米（图二，3）。标本T1④:8，屋顶吻兽尾端残件。两面各刻画有五道弦纹。末端呈鱼尾形。残长8、宽约5厘米（图二，4）。标本T1④:17，龙首形。鬃毛竖立，怒目圆睁，嘴露獠牙。残高16、宽6—10厘米（图二，5）。

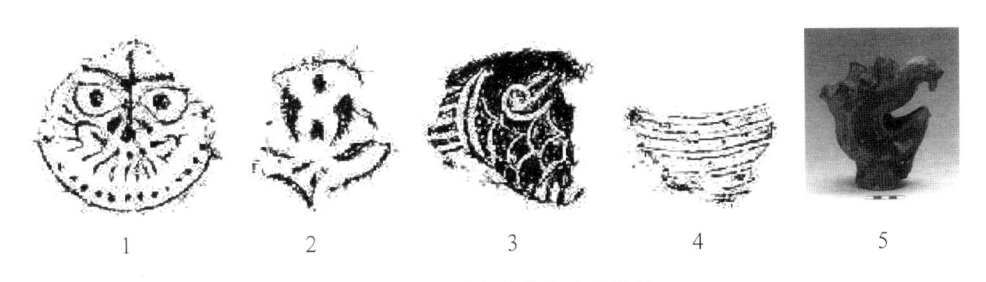

图二 湫头滩遗迹出土建筑构件

1. 瓦当 T1④:2 2. 滴水 T1④:11 3—4. 吻兽 T1④:23、T1④:8 5. 龙首形吻兽 T1④:17

2. 瓷片

标本共 107 件。瓷器较为破碎，以青花瓷为主，另有白釉、酱釉、黑釉、耀州窑青瓷、安口窑黑瓷等。

青花瓷片 57 件。可辨器型有碗、杯、钵、盆等，碗底最多。碗足主要为圈足，少量玉璧形足、卧足。圈足底涩胎，有的底部见放射形跳刀痕。纹饰有团螭纹、花卉、喜字纹、寿字纹等。部分碗底烙有明代晚期流行的寄托款。标本 T1③B:2，白胎。釉面泛青，青花发色暗淡，青中泛灰。矮圈足，足端宽平，有窑粘，足心无釉。内底双弦纹内隶书"寿"字。足径 5.8 厘米（图三，1）。标本 T1③B:5，白胎，胎质细腻，胎体较薄。杯白釉光亮，青花发色淡雅。圈足底涩胎，底心微凸，呈鸡心状。外底单弦纹内书"大明宣德年制"六字双行款。足径 3.9 厘米（图三，2）。标本 T1③B:6，白胎，胎质细腻，碗釉色泛青，青料呈青灰色。圈足底涩胎。内底双线平涂技法绘团螭纹，画风粗放。外底近足墙处饰四道弦纹。足径 4.5 厘米（图三，3）。标本 T1③B:12，白胎，胎质细

1. 青花"寿"字碗底（T1③B:2）
2. "大明宣德年制"寄托款青花瓷杯外底（T1③B:5） 
3. 青花团螭纹瓷碗（T1③B:6） 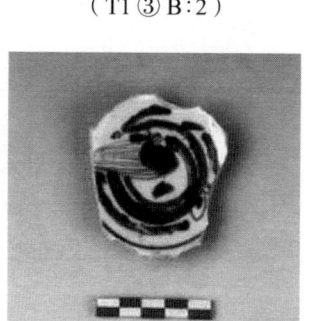
4. 青花团螭纹瓷碗外底（T1③B:12） 

图三　楸头滩遗址出土遗物

腻。碗釉色泛青，青料呈色发灰。内底双弦纹内铁线描团螭纹。足墙上饰有双弦纹。外底有一圈跳刀痕，外底单弦纹内书"大明成化年制"六字双行款。足径4.9厘米（图三，4）。

其它瓷片标本50件，可辨器型有壶、碗、盘等。这些瓷片从纹饰、釉色和形态上可知为耀州窑刻划花卉纹壶、青瓷碗、青瓷盘、黑彩花卉纹双系罐、酱釉缸、安口窑酱釉碗等。

3．釉陶片

10件。可辨器型有壶、罐等。皆为釉陶。胎质基本都为灰陶质，质地略显坚硬。

4．石雕、石刻

共5件。分别为北宋宣和三年重修孚泽庙碑、宋代兴教寺之碑、佛造像底座3块。

（1）北宋宣和三年重修孚泽庙碑（移至正宁县博物馆院内）

为红砂岩质，碑首呈半圆形，碑身为长方体，高2.2、宽0.95、厚0.22米，下有榫头，碑面文字清楚，碑文为楷体阴文，正面文字19行，每行大约35字，共计660余字，碑额篆"重修孚泽庙碑"（图四）。根据碑文可确定该碑立于北宋宣和三年（1121）八月初二。

（2）兴教寺之碑（图五）

为红砂岩质，碑首呈半圆形，碑身为长方体，高2.4、宽0.95、厚0.22米，下有榫头，碑面文字不清，残存阴文楷书为"□□□兴教寺之碑"八字，因正文已消失殆尽、未能准确确定具体年代。

（3）造像底座三块

第一块底座高0.45、宽1.35、长1.35米，正中雕刻一层圆形仰覆莲瓣纹饰，直径为0.65米，纹饰内有直径0.18米榫眼；

第二块底座高0.4、宽1.2、长1.2米，正

图四　重修孚泽庙碑

中雕刻一层圆形仰覆莲瓣纹饰，直径为 0.45 米，纹饰内有直径 0.15 米榫眼；

第三块底座高 0.35、宽 1、长 1 米，无雕刻纹饰，正中有一直径为 0.15 米的榫眼。

五、结　语

通过 2019 年 10 月湫头滩遗迹的调查和试掘，我们初步掌握了湫头滩现存文物遗址主要分布周围及时代沿革。

湫头滩遗址地面采集遗物主要有碑刻、石造像残件；T1 地层中发现了宋代至清代五个不同时期的建筑遗存。出土有宋宣和通宝、兽面纹瓦当、耀州窑刻画纹瓷片、安口窑酱釉碗瓷片、菱形纹铺地砖、筒瓦等。其中兽面纹瓦当与洛阳出土的北宋瓦当风格较相近。这些遗物的出土，无疑对湫头滩遗迹的研究提供了十分珍贵的资料。

地层中发现的不同时期建筑遗存证明湫头滩遗迹在唐、宋、元、明、清历代均有修葺，印证了地方文献关于湫头滩遗迹的相关记载。如明南宋庄绰《鸡肋编》载："原州真宁县要册湫庙中，崇宁间，众碑津润如流，独一碑否，是岁多疫，宣和中复如此。"这次发掘出最早遗存属唐代，因在 F4 下勘探发现的建筑遗存尚未发掘，是否为唐或唐之前建筑遗存，还有待进一步的探掘研究。

［附］湫头滩显圣庙四月初八庙会概况

时至今日，每年农历四月初八，正宁湫头滩显圣庙都会组织庙会，陕、甘、川等省很多群众自发前来参加，偶然还能见到四川人顶着水楼子（用木板制作

图五　兴教寺之碑

的塔形架子，形似亭台）去"要册湫"祈雨。现在庙会的形式主要是服装展销、文艺演出、唱戏等。近年来，庙会后都可以见到人们祈雨敬神后的焚香遗迹。此次调查中，我们采访了湫头镇的老年人。据他们回忆，过去的庙会，迷信活动相当盛行。祭祀"湫神"，要举行庄严的祀典仪式，有"伐马脚"、"装巫神"、替神代言、舍药、赐子、摇签、降吉等多种相应的活动，五花八门，应有尽有，吸引方圆百里甚至千里以外的善男信女纷至沓来，烧香叩头，顶礼膜拜。有求药的，有求子的，有祈福的，有祈雨的，有求财的，有还愿的，心境各异，虔诚则一。

每年四月初八庙会都要唱神戏，据说有一年没唱，死了几个人，这年天旱无雨，土地干裂，五谷绝收，草木尽死。那时祈雨有三法：一叫"洗碾子"，由一位老年寡妇带一群未婚女子，备一盆清水，拿一撮笤帚芒子（已脱粒的糜子穗），用糜子穗溅清水洗碾子，边洗边口中念念有词："碾子碾子哥哥，天干了，火着了，毛头女子无人养活了……"二叫"告天"，将清油滴入水中，观察其颜色变化，如颜色昏淡，就说明大雨在即，如呈彩虹色状，则说明天继续大旱。三叫"取雨"，由德高望重的老年人主持，参加"取雨"的人数量、婚否、年龄不限，但必须是男性。因天热，取雨者头戴柳梢编成的"柳圈帽"。取雨队伍由锣鼓开道，最前面由一人扮成"马角"，腮帮上扎有铁锥，抡起长约六七尺的大麻鞭左右甩打，后由两三人护卫，喝令行人躲避。沿路也有不少人自行尾随加入。到了"滩"里，先到"显圣庙"跌卦。卦为木质棱形，数面都有字，写有"上天无雨"、"人心不齐"、"施雨三分"、"风调雨顺"等内容。跌卦的方法：众人跪于神像前，主持人十分虔诚，双手合一，把卦夹在中间，高高举过额头，然后松手，让卦自然跌落。如果跌出前三卦内容，取雨者情绪则一落千丈，一齐叩头，一齐回奉（祈祷）。接着继续跌卦，直到跌出"风调雨顺"四字才肯罢休，然后满怀喜悦，立即到"湫"畔用细腰瓷瓶取"湫"水胜利返回。恰在途中遇雨，人们无不惊喜万分，认为是"显圣爷"显灵降雨，拯救万民。此习俗沿袭至"文革"开始方止。

秦汉祭祀玉人的发现与形制演变

张晓磊　范雯静

在秦汉时期的祭祀遗址中，普遍使用一种特殊形制的玉人。以往学者根据零星遗址出土的玉人，对其性质进行了大量讨论。[①] 随着近年来雍地秦汉祭祀遗址发掘工作的开展，玉人的出土数量大增，而且组合及出土位置有了明确信息。本文着眼于对玉人进行形制分析，并就其形制演变规律进行总结。

一、考古发现

鸾亭山遗址　位于甘肃省礼县西北鸾亭山山顶。2004年9—12月，早期秦文化联合考古队对山顶遗址进行了抢救性发掘，发掘总面积约600平方米。在祭坛上共发掘夯土墙一段、房址2处、灰坑19个、灰沟4条、祭祀坑1个、柱洞22个。在长廊式建筑F3的第二层出土5组玉器及5件零散的残玉器，其中第五组玉器由青璧1、白璧1、青玉人2、青圭1、白圭1、墨绿色圭6组成。白玉璧上斜置两玉人，头向东北。根据遗迹打破关系及出土器物的年代特征，推断F3的年代相当于武帝后期。[②]

凉泉汉墓　位于陕西省宝鸡市区渭河以南的马营镇凉泉村东。2013年陕西省考古研究院与宝鸡市考古研究所联合组队在此发掘了8座古墓葬。在M2北棺墓主的腰部随葬一件玉人俑。无明确纪年材料，根据出土遗物的时代特征及

[①] 一种观点认为，玉人属于奉献给上帝的"偶人"，如梁云《对鸾亭山祭祀遗址的初步认识》(《中国历史文物》2005年第5期)；另一种观点认为，玉人代表具有沟通人、神能力的巫师，如田亚岐、许卫红《宝鸡凉泉汉墓出土玉人分析》(《考古与文物》2013年第6期)；许卫红《再论礼县鸾亭山等地出土玉人的功用》(《中国国家博物馆馆刊》2015年第4期)。

[②] 早期秦文化联合考古队：《2004年甘肃礼县鸾亭山遗址发掘主要收获》，《中国历史文物》2005年第5期。

墓葬形制、布局分析，墓葬年代初定为西汉中期偏晚至晚期早段。[①]

翠竹园西汉壁画墓 2008年11月，西安市文物保护考古所在配合西安南郊曲江新区翠竹园小区综合楼的基建工程中，发掘西汉时期墓葬4座。在斜坡墓道竖穴土圹砖室墓M1出土玉人残片2件，青玉质，表面以单线阴刻表现眉毛、眼睛、鼻、嘴等部位，颈以下残缺。玉人残高2.4、宽2.4、厚0.4厘米。没有出土明确纪年的文字资料，根据墓葬形制与出土器物大体推断该墓的年代为西汉晚期，墓主人应是一位两千石以上的高级官吏或贵族。[②]

僖山二号汉墓 位于河南省永城市北33公里芒砀群山东端山顶，属梁王墓群。1995年8月，商丘地区文物工作队和永城县文物管理委员会进行了抢救性清理。追缴文物中有6枚琢刻人面纹和网纹，17枚双面琢刻条状网纹。其中公布的3件带阴线刻人面纹的玉衣片，尺寸均为长11.2、宽2.3、厚0.4—0.7厘米。根据出土器物推断僖山二号墓为西汉晚期梁国某代王后之墓。[③]

联志村遗址 1971年西安未央区大明宫公社联志村一坑内出土一批玉器。男玉人，长方形片状，有偏髻，有明显肩部，中部饰斜线网格纹，长7.5、宽1.5、厚0.5厘米。女玉人，长方形片状，有明显肩部，中部饰一横线。长7.4、宽1.4、厚0.4厘米。此外还有玉璧、玉琮、玉圭、玉璋、玉琥、玉璜、玉觿。[④]

芦家口遗址 1980年西安北郊芦家口村发现一祭祀坑，出土玉器100多件。其中一件偏髻玉人正面用细线阴刻出五官和胡须，腹部及背部以两条细线阴刻出腰带，为男性形象，高7.4、宽1.6、厚0.6厘米。无髻玉人2件，圆顶无髻，面部有细线阴刻而成的五官，腰部仅阴刻一条细线，背面光素，高11—12、宽2.3、厚0.5厘米。除玉人外，还有璧、璋、璜、圭、琮、琥、玉猪。[⑤]

吴山遗址 2018年，吴山祭祀遗址发掘800平方米，共发现8处车马祭祀坑。祭祀坑均驷马一车，马呈驾乘状态，驾披具，车表面髹漆彩绘，朝向东。除被盗外，每个祭祀坑均出土男女玉人、玉琮、铁锸、箭镞及大量青铜、铁质

---

① 陕西省考古研究院、宝鸡市考古研究所：《陕西宝鸡凉泉汉墓发掘简报》，《考古与文物》2013年第6期。
② 西安市文物保护考古所：《西安曲江翠竹园西汉壁画墓发掘简报》，《文物》2010年第1期。
③ 永城市博物馆：《河南永城僖山二号汉墓清理简报》，《文物》2011年第2期。
④ 西安市文物保护考古所：《西安文物精华——玉器》，世界图书出版公司2004年版。
⑤ 刘云辉：《东周秦国玉器大观》，载《中国玉文化玉学论丛续编》，紫禁城出版社2004年版。

车马器。①

TG2K1　车舆内靠前部放置片状男女玉人各一、玉琮一件。

TG3K2　车舆内放置男女玉人各一、玉琮一件、箭镞十枚。

TG4K3　车舆内放置玉琮一件，男女玉人各一件，位于四号马肢骨末端。车舆内还出土箭镞十枚与若干骨管饰。K3 出土玉人、玉琮形制较 K1、K2 出土的玉人、玉琮古拙，厚重，采用圆雕手法刻出头、颈与身躯示意，表面并不刻画人物五官，也无发髻。

TG6K6　车舆内放置男女玉人各一、玉琮一件、箭镞若干。

TG7K7　车舆左前角放置男女玉人各一、玉琮一件、箭镞若干。

TG8K8　车舆内铺编制的席垫，放置男女玉人各一、玉琮一件。

吴山出土玉人有以下特点：（1）出土玉器组合皆为男女玉人和琮；（2）出土位置皆为位于车舆内，除玉器组合外，还放置箭镞；（3）部分使用朱砂；（4）玉人分为两种形制，一种为长条形，一种为长方形片状。两者之间可能存在时代的早晚关系。

血池遗址　位于今凤翔县血池村东南侧山梁上，东南距秦都雍城遗址约 16 公里。经调查与勘探确认，遗址主要分布于三道呈东北－西南走向的黄土峁梁的缓坡地带。2016—2018 年，陕西省考古研究院联合中国国家博物馆、宝鸡市考古研究所、凤翔县文化旅游局、凤翔县博物馆和宝鸡先秦陵园博物馆组成联合考古队，开展了为期三年的持续发掘工作，发掘面积 5000 平方米。出土遗物中玉器共 124 件，其中玉人 50 件、玉琮 26 件、玉璜 22 件、玉璋 14 件、玉圭 4 件、玉器残片 8 件。② 以玉人出土位置和组合具有代表性的 T7006K11 和 T7206K3 为例：

T7006K11　位于 T7006 西南部，方向北偏西 26°，开口于②层下。坑口平面呈长方形，竖穴深坑，坑长 3.56、宽 2.54、底距现开口深 2.96—3.08 米，坑口底基本等大。坑内填土略夯。坑底及四壁均有椁板。椁箱内放置一车驷马。出土玉器组合为男女玉人和一琮一璜。男女玉人位于坑内中部偏北，车与马之间，

---

① 中国国家博物馆、陕西省考古研究院、宝鸡市考古研究所、陈仓区博物馆：《陕西陈仓区吴山祭祀遗址 2018 年发掘简报》，待刊。

② 陕西省考古研究院、中国国家博物馆、宝鸡市考古研究所、凤翔县博物馆、宝鸡先秦陵园博物馆、西北大学：《陕西凤翔雍山血池秦汉祭祀遗址考古调查与发掘简报》，《考古与文物》2020 年第 6 期。

承弓器西侧，玉人南北并列摆放，头向北，面朝上。玉琮位于玉人西南侧，玉璜位于玉琮之下。

T7206K3 位于T7206东侧偏北，方向北偏西60°，开口于②层下。坑口平面呈长方形，东西向分布，长方形竖穴坑带洞室，洞室较浅。坑长1.9、宽1.54米，东深1.46、西深1.92米，底部台阶高0.22米；西龛平面为长方形，长0.96、宽0.94、直壁高0.9米，通高1.22米。坑内黄褐色填土未经夯打。坑底为台阶式斜坡状。坑西壁底部有一洞龛。在龛内中部偏西处出土有玉人（女）一、玉珩一、玉琮一、玉人残片（男）一件。在坑内东北角处出土有圆形铜泡一件、铜镞一件。

平南遗址 位于甘肃省天水市秦州区平南镇东北部山地上。据传该遗址近年来被盗掘出大量玉人。2019年7—10月，甘肃省文物考古研究所对该遗址进行了考古勘探，勘探面积20万平方米，共发现遗迹现象188处，其中墓葬170处，马坑13处，窑址1处，井1处，灰坑3处。[①]马坑皆为近方形的东西向竖穴土坑，尺寸、方向与吴山遗址发掘的8座车马坑几乎相同。

二、形制分析

目前所见未经扰动、维持原状出土的玉人多以玉器组合的形式出现，所以本文主要选取出土玉器组合的遗迹作为典型单位。同时，对其中最常见的琮、璜一并进行形制分析。

玉人 按照胡须和发髻的有无，分为男玉人和女玉人两大类。

（1）男玉人 根据形制和厚度，可以分为A型和B型。

A型 长条形近杵状，较厚重。采用圆雕手法刻出头、颈与身躯示意，表面并不刻画人物五官，也无发髻。见于吴山遗址TG4K3、平南遗址。

吴TG4K3:2 男性玉人，长13.28、宽2.91—3.06、厚1.43—1.49厘米，重160.83克。长条形，较厚重，青玉，玉质较好，切割薄厚较为均匀。顶端雕刻出头部轮廓，表面刻画五官，线条较模糊，仅眼睛、嘴巴可见，无发髻。中部偏上阴刻两道横线，示意博带，下横线延伸至侧面斜向上。背部光滑无纹饰（图一）。

B型 长方形片状，有偏髻。根据有无肩部可分为两亚型。

---

① 甘肃省文物考古研究所：《平南镇遗址考古勘探报告》，待刊。

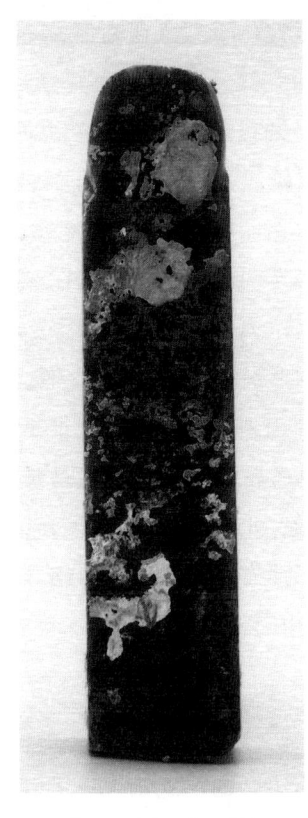

图一　男玉人A型
（吴TG4K3:2）

Ba型　无肩部。见于吴山遗址和血池遗址，根据尺寸大小分为两式：

Ⅰ式　较长。吴山遗址发现四件。造型较为统一，皆为长方形片状，一端圆弧有偏髻，无明显肩部。圆弧端阴刻面部五官，腰部饰细横线间以斜线交叉。尺寸规整，长度皆约12、宽度2.3—2.5、厚度0.4—0.6厘米。吴TG2K1:7男性玉人，长12.17、宽2.56、厚0.43—0.56厘米，发髻宽0.96、高0.48厘米，重39.95克。长条形片状，青玉，玉质不纯，切割薄厚不一，左侧较右侧厚0.13厘米。表面阴刻人像，圆弧一端刻头部五官，眉毛、眼睛、鼻子、嘴巴与脸部轮廓线均清晰可见，左侧顶端凸出象征发髻。中部刻画菱形纹博带，宽0.74厘米。背部光滑，无刻画。侧面可见红色朱砂（图二，1）。

Ⅱ式　较短。血池遗址出土的无肩男玉人，表现偏髻的手法为将一端斜切，并刻画面部五官，中部饰两细横线间以交叉斜线。与吴山遗址玉人的不同之处在于，血池遗址该形制玉人尺寸整体偏小，长短不一。宽度一般在1.7厘米左右，厚度一般在0.5厘米左右。

血T7206K3:4　青玉质料，眼睑为圆形，弯眉、大眼、三角鼻梁，横长方形阔嘴，通长7.4、宽1.8、厚0.6厘米（图二，2）。

血T6807K2:3　青玉质料，从左髻平折再向下斜切作为玉人俑的面部，制作简约。眼睑为圆形，"∧"形眉，三角眼，直鼻梁，横长方形阔嘴，通长5.5、宽1.6、厚0.4厘米（图二，3）。

Bb型　有明显肩部。根据尺寸大小，分为两式：

Ⅰ式　较长。玉人整体造型规整，刻画形象生动，尺寸较为统一。见于鸾亭山遗址、血池遗址、凉泉汉墓、吴山遗址、联志村遗址、芦家口遗址。这种形制的玉人在所有祭祀遗址当中都有出土，是目前数量最多，形制最普遍的类

图二　男玉人 Ba 型

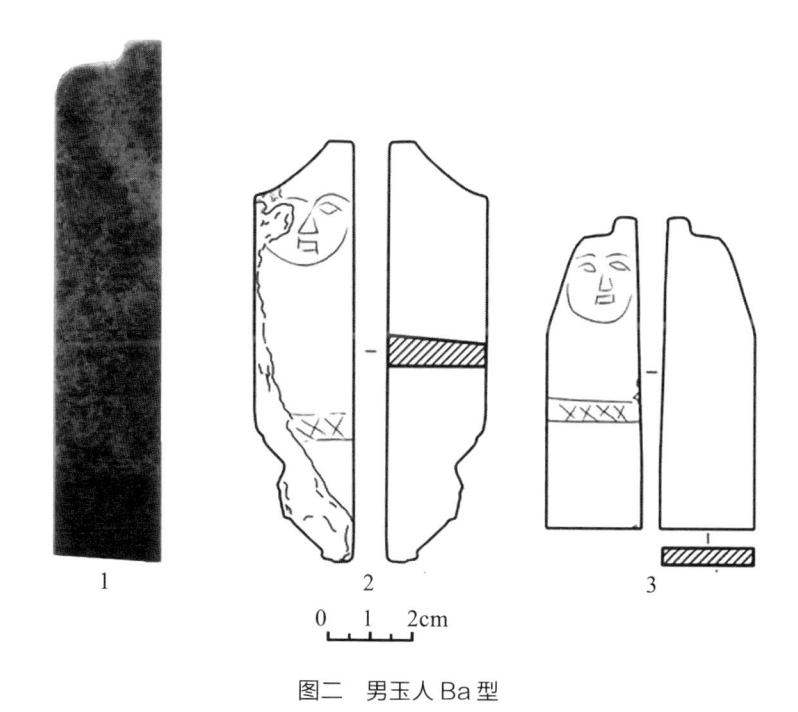

1. 吴 TG2K1:7　2. 血 T7206K3:4　3. 血 T6807K2:3

型。虽然其分布范围较广，但其外在形制、刻画形象、尺寸大小却具有普遍统一性。另外，这种形制的玉人存在由玉璧改制而成的现象。

鸾　仰身放置，长方形片状，长11.4、宽2.2厘米。头顶右侧有偏髻，面部用阴线刻出弯眉、大眼、直鼻梁，横长方形阔嘴，上唇饰八字胡，下颌有三道胡须；腰部用阴线刻出腰带，腰带内饰三角折线纹（图三，1）。

凉 M2:13　扁平长片状，墨绿色青玉质，边缘打磨光滑，浅阴线雕刻，图像为一成年男子，右椎髻高耸，面部丰腴，脸庞方正，眼睑长圆形，鼻准浑圆，口阔为横长方形，唇上两撇胡须平折下垂，下垂三滴式长须，尖须梢刻画充满动感。四肢皆省略，仅雕刻出人体的大体轮廓，却又在腰部以交叉浅细线刻画出腰带。整体形式拙朴。背面沁色遍及，推测原放置时应面部朝上。通长12.4、宽2.3、厚0.4厘米（图三，2）。

血 T7006K11:1　浅绿色偏黄，正面上身为双线阴刻圆弧，弧线上饰两道平行线，线条较粗。下身为蒲纹。玉人俑背面上部有多道弧线，弧线中间细线阴刻凤鸟纹，下部亦为蒲纹，通长12.2、宽2.4、厚0.4厘米（图三，3）。

图三 男玉人 Bb 型

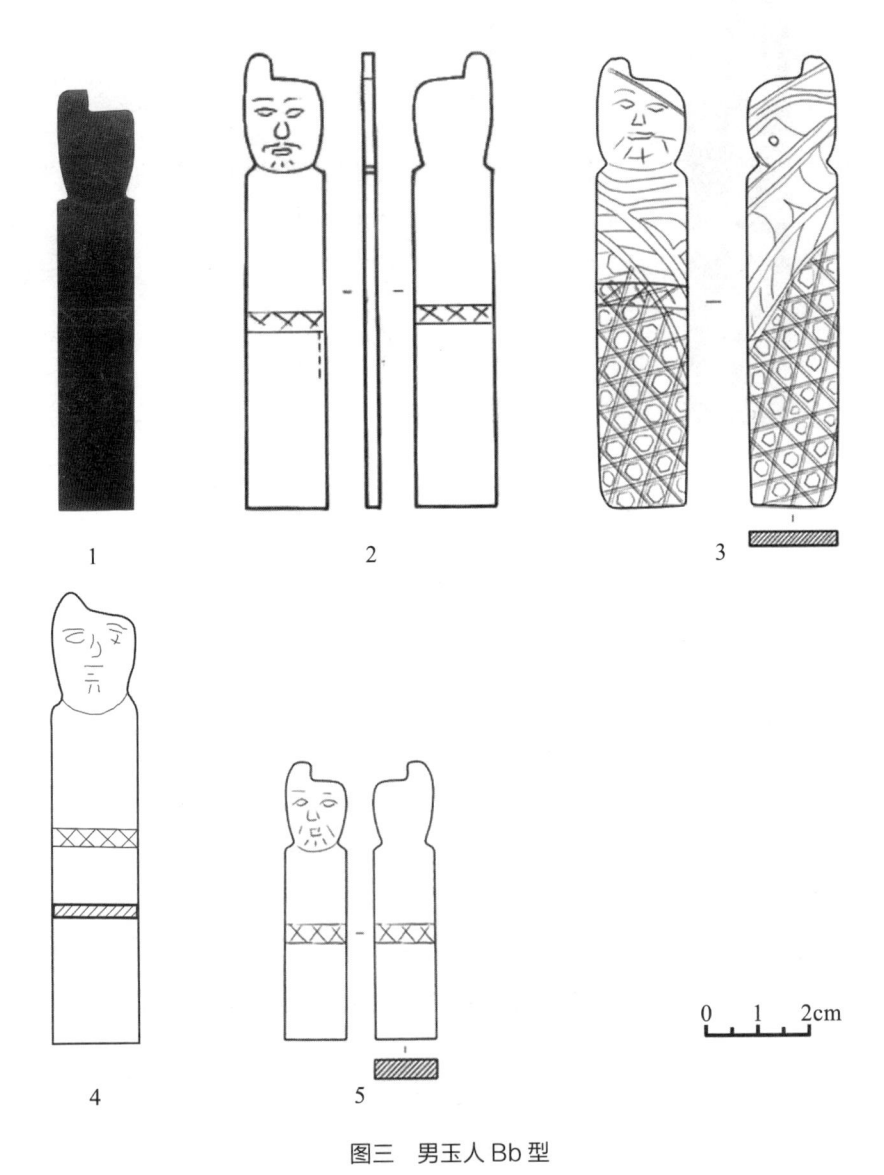

1. 鸢 2. 凉 M2∶13 3. 血 T7006K11∶1 4. 吴 TG8K8∶2 5. 血 T6907K24∶22

吴 TG8K8:2 长条形片状，表面残留朱砂。青玉，制作规整。上部雕刻出人头、颈、肩部形状，右侧高凸，象征发髻，表面刻画人脸部轮廓、眉毛、眼睛、鼻子、嘴巴和一字形胡须。中部刻画菱形纹博带，宽0.57厘米。背面中部阴刻菱形纹博带，宽0.55厘米。玉人全长12.25、宽2.43－2.48、厚0.41－0.46厘米，发髻宽0.75、高0.45厘米，重35.47克（图三，4）。

Ⅱ式 相较于Ⅰ式，此式普遍较短，长约7、宽约0.6、厚约0.5厘米。见于血池遗址、联志村遗址、芦家口遗址。血 T6907K24:22，青玉质料，通长7.5、宽1.7、厚0.5厘米。玉人头上右侧有高耸椎髻，唇上、唇下均刻有胡须，腰部用双条阴线刻出腰带，腰带内饰三角折线纹（图三，5）。

（2）女玉人 根据形制和厚度，可以分为A型和B型。

A型 长条形近杵状，较厚重。见于吴山遗址和平南遗址。吴 TG4K3:3，长10.38、宽1.43－1.58、厚0.85－1.33厘米，重47.57克。长条形，较厚重，青玉，切割薄厚不一，表面有裂纹。顶端雕刻出头部轮廓，表面刻画五官，线条模糊不清，依稀可见眼睛和嘴巴。中部偏上阴刻两道横线，示意博带，上横线延伸至侧面斜向上。背部光滑无纹饰（图四）。

B型 长方形片状。根据有无肩部分为两亚型：

Ba型 无肩部。发现于吴山遗址和血池遗址。根据尺寸差异分为两式：

Ⅰ式 较长。吴山遗址出土四件，除面部五官刻画清晰程度有差别，其它形制特点完全相同。尺寸方面，一般长约11.7、宽2.3－2.5厘米，厚度不一。吴 TG2K1:6，长11.74、宽2.38、厚0.29－0.72厘米，重46.52克。长方形片状，青玉，玉质不均，切割薄厚不一，头端较薄。表面阴刻人像，圆弧一端刻画头部五官，线条较浅。中部刻画菱形纹博带，宽0.75厘米。背部光滑无刻画（图五，1）。

Ⅱ式 较短。血池遗址与吴山遗址出土的女玉人形制上基本相似，皆为长方形片状，一端圆

图四 女玉人A型
（吴 TG4K3:3）

弧。不同之处在于血池遗址的无肩女玉人整体偏小，长度不一。

血 T7206K3:1，青玉质料，边缘打磨光滑，一侧略有残损，眼睑为椭圆形，弯眉大眼，三角鼻梁直通眉间，半月形阔嘴，通长 6.3、宽 2.1、厚 0.6～0.8 厘米（图五，2）。

血 T7306K3:8 墨玉质料，较厚，做工较粗糙，边缘略有残损，不齐整，背面上下部均有残损。浅阴线雕刻眼睑为圆形，"∧"形长眉、三角眼、三角鼻梁，倒梯形阔嘴。通长 6.0、宽 1.8、厚 0.8 厘米（图五，3）。

Bb 型 有明显肩部。该形制女玉人与 Bb 型有肩男玉人在遗址中共出，所以分布范围相同。造型规整，刻画形象生动，尺寸较为统一。根据长度可以为两式：

Ⅰ式，较长。长 11—12、宽约 2.3、厚约 0.5 厘米。见于鸾亭山、血池、吴山、联志村和芦家口诸遗址。

鸾 女性玉人，俯身放置，尺寸、造型与男性玉人同（长 11.4、宽 2.2 厘米），唯头顶无偏髻，唇上颌下无胡须，腰部用单道阴线表示腰带，颜色较男玉

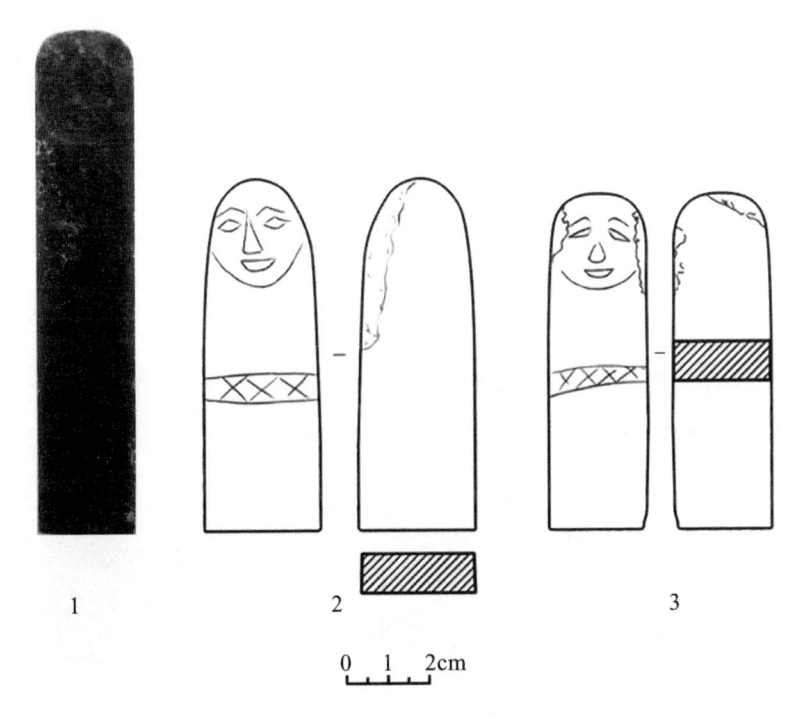

图五 女玉人 Ba 型

1. 吴 TG2K1:6　2. 血 T7206K3:1　3. 血 T7306K3:8

人浅（图六，1）。

血 T7006K11:2，浅绿色偏黄，正面上身为双线阴刻圆弧，弧线上纹饰经打磨，已模糊不清，下身为蒲纹；背面上部有多道弧线，弧线中间细线阴刻似为卷云纹，下部亦为蒲纹。通长 11.5、宽 2.3、厚 0.5 厘米（图六，2）。

吴 TG8K8:3，长 11.76、宽 2.33—2.35、厚 0.48—0.61 厘米，重 43.94 克。长条形片状，青玉，制作规整，右侧较左侧略厚。上部雕刻出人头、颈、肩部形状，表面刻画人脸部轮廓、眉毛、眼睛、鼻子、嘴巴。中部阴刻一条细线，延伸至两侧，并与背面细线相连，示意博带（图六，3）。

Ⅱ式　较短。一般长 7—8、宽约 1.5、厚 0.5 厘米。见于血池遗址和联志村遗址。血 T6906K15:36，淡青玉质料，长 7.0、宽 1.5、厚 0.5 厘米。有明显肩部，腰部饰一横细线（图六，4）。

琮　平面近正方形，中部有穿孔。根据厚度可分为 A 型和 B 型。

A 型　青玉，近方柱体，较厚，中部穿孔较大。见于吴山遗址、平南遗

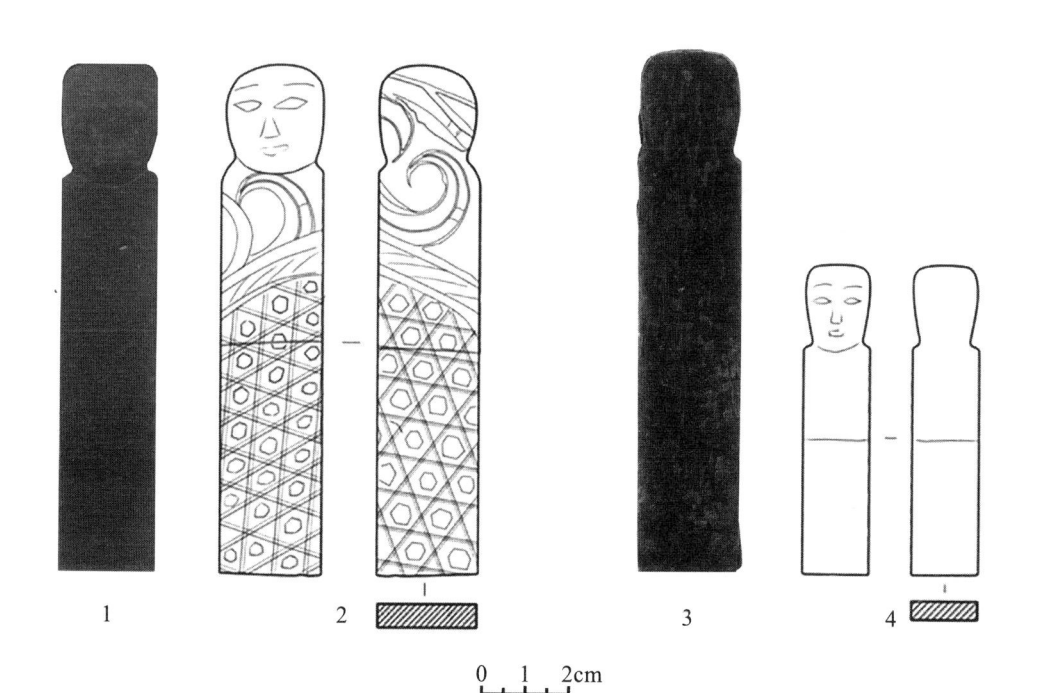

图六　女玉人 Bb 型

1. 鸾　2. 血 T7006K11:2　3. 吴 TG8K8:3　4. 血 T6906K15:36

228　历史记忆与考古发现

图七　玉琮A型（吴TG4K3:4）

址。吴TG4K3:4正面边长6.89—7.15、孔径3.48厘米，背面边长7.04—7.53、孔径3.33、厚2.37—2.89厘米，重328.06克。正方体，中部穿孔，切割薄厚不一。正面四角磨出三角形装饰，背面一角残破，与正面相同，均在四角磨出三角形装饰（图七）。

B型　近方形片状，中部有小穿孔。根据尺寸大小可以分为两式：

Ⅰ式　较大，一般与男玉人BbⅠ式和女玉人BbⅠ式成为固定组合。吴山遗址出土的片状玉琮，规格较为统一，长度在7厘米左右，中部有小穿孔，孔径在1—1.5厘米之间，厚度略有差异。血池遗址出土的此形制玉琮，除素面者之外，有的由玉璧改制而成。血T7006K11:3，青玉，玉质不均，边长7.8厘米。黄绿色质料，一角略有小残，为玉璧改制而成，双面饰双线阴刻圆弧，圆弧线外纹饰似为卷云纹，一侧云纹间有细阴线刻以树纹；圆弧内为蒲纹，弧线中间饰以等距离的细弧线，孔径1.0厘米（图八，1）。吴TG2K1:8　边长7.04、厚0.36—0.54、穿孔直径1.05厘米，重67.14克。正方形片状，中间圆形穿孔，切割薄厚不一。表面光滑无纹饰，沁蚀较为严重（图八，2）。

Ⅱ式　较小，尺寸差异较大，没有统一规制。一般与男玉人BbⅡ式和女玉人BbⅡ式作为固定组合出土于遗址中。该形制主要见于血池遗址，部分为玉璧改制而成。血T6908K15:5　青玉质料，素面，长2.8、宽2.8、厚0.6厘米（图八，3）。血T6808K10:34　墨玉质料，为旧玉器改制，正面阴刻纹饰似为一只小鸟头部，尖长喙，大圆眼，头部用细线刻出两排竖线做羽毛，颈下部亦有羽毛。背面有三条曲线，上下似为卷云纹。长2.8、宽2.5、厚0.6厘米（图八，4）。

玉璜　一般为素面，中部有小穿孔。其尺寸大小与其固定组合中的玉人和琮的尺寸有对应关系。玉璜与男女玉人、琮以固定组合的方式出现在血池、联志村、芦家口等遗址中，但不见于吴山遗址的玉器组合中。根据纹饰分为两型：

A型　素面。血T6908K15:2，青玉质料，单面钻孔，通体素面，长9.5、

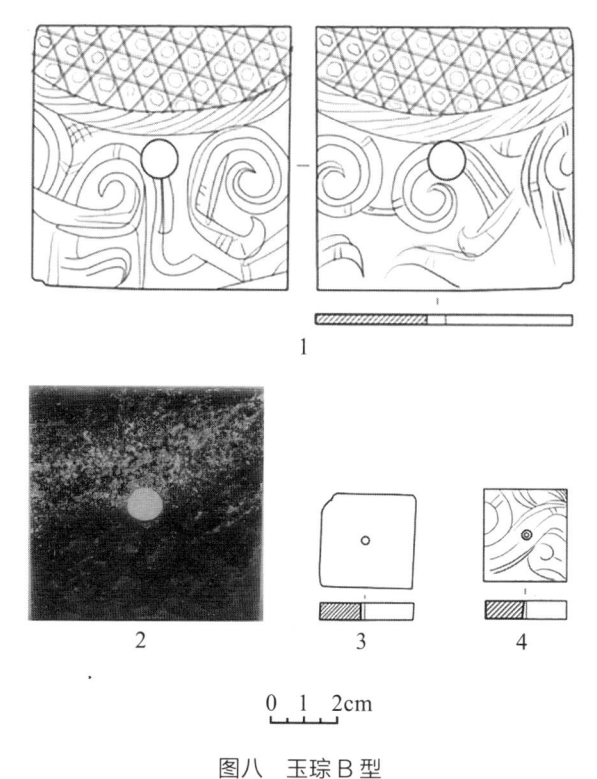

图八 玉琮 B 型

1. 血 T7006K11:3 2. 吴 TG2K1:8
3. 血 T6908K15:5 4. 血 T6808K10:34

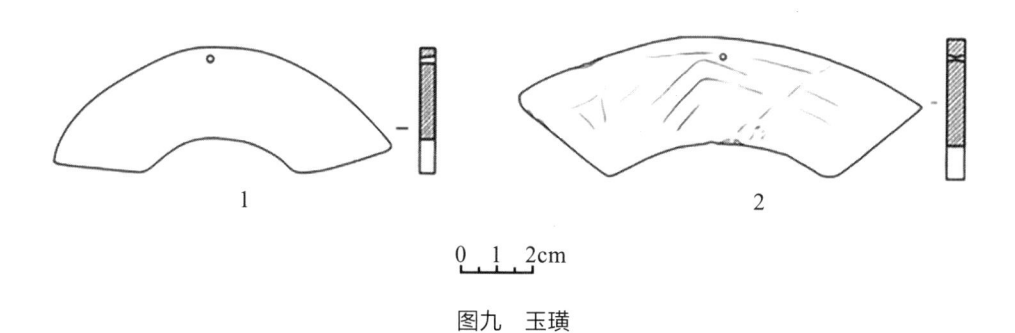

图九 玉璜

1. 血 T6908K15:2 2. 血 T7006K11:4

宽 2.5、厚 0.5 厘米（图九，1）。

B 型　有纹饰。血 T7006K11∶4 墨青玉质料，正面中间饰三道"∧"形折线纹，两端不清晰。背面一侧饰"∧"形折线纹。长 11.3、宽 3.0、厚 0.6 厘米。叠置于玉琮之下（图九，2）。

三、相关认识

从以上对玉人组合进行的形制分析，可以得出以下几点认识：

第一，从玉人形制与组合统计表（表1）看，玉人在不同遗址的组合方式不一，主要有以下几种：（1）男女玉人和琮，见于吴山遗址；（2）男女玉人和琮、璜，见于血池遗址；（3）男女玉人和璧、圭，见于鸾亭山遗址；（4）男女玉人和璜、圭、璋、琥、觿等，见于联志村遗址和芦家口遗址。

第二，目前所见的男玉人的形制以 B 型长方形片状玉人为主。无肩的 Ba 型玉人主要见于吴山遗址和血池遗址，而有肩的 Bb 型男玉人则见于吴山、血池、鸾亭山、联志村、芦家口等遗址和凉泉汉墓，可见这种形制的玉人分布于目前所知的所有祭祀遗址中。女玉人的形制分布特点与男玉人基本相同。玉琮除目前吴山遗址 K3 发现的 A 型玉琮，其它遗址出土的玉琮形制较为统一，只是有大小和厚薄之分。玉璜与男女玉人、琮的固定组合方式出土于血池遗址，在联志村遗址、芦家口遗址也有发现。

第三，吴山遗址 K3 出土的玉器组合形制特点与该遗址的其它祭祀坑迥然有别，玉人皆为长条形，较为厚重，造型古拙；玉琮较厚，中间有大穿孔。而其它坑出土的玉人则是较为普遍的长方形片状玉人。吴山遗址出土的这种长条形玉人及玉琮目前不见于血池遗址和联志村遗址，而大量出现于甘肃天水的平南祭祀遗址。这说明这种形制的玉人、玉琮的源头可能来自于甘肃东部。这应当是秦人东进过程中畤随都移传统的反映。

第四，鸾亭山出土玉人组合的 F3 的年代发掘者定为武帝后期。[①] 凉泉汉墓出土玉人的 M2 的时代为西汉中期偏晚－晚期早段。[②] 同样形制的玉人还见于血

[①] 早期秦文化联合考古队：《2004 年甘肃礼县鸾亭山遗址发掘主要收获》，《中国历史文物》2005 年第 5 期。

[②] 陕西省考古研究院、宝鸡市考古研究所：《陕西宝鸡凉泉汉墓发掘简报》，《考古与文物》2013 年第 6 期。

池、吴山、联志村、芦家口诸遗址。这说明在西汉中期偏晚这一时期同样形制的玉人出现在目前所知的所有祭祀遗址当中，而且尺寸规整，一般长约 11—13、宽约 2.3、厚约 0.4—0.6 厘米。从形制看，这一时期的玉人皆有肩部明显、玉质较好、形象生动、刻画精致的特点。

第五，长方形片状玉人无论是有无肩部，都存在长、短两式。根据血池遗址的遗迹打破关系规律：2016 年和 2018 年两次发掘的祭祀坑类型基本相同，均为车马坑，整体朝向为西北-东南向。祭祀坑在规模上呈现出大、小之分，表现在出土器物上也有着实用器与模型明器的区别，大坑往往近方形，长约 3、深约 3 米，埋有较为完备的车马，并出土较多车马器；小坑多为窄长方形，深约 1.5 米，无车马，仅有部分车马器模型。在打破关系上存在小坑打破大坑的普遍规律，即大坑年代较早，规模庞大，祭祀程序复杂，小坑则形制简单，祭祀流于形式，体现出祭祀行为逐渐衰落的发展趋势。[①] 实际发掘中，肩部明显尺寸较长的 Bb Ⅰ 式多出土于大坑中，年代较早。由此可知，肩部明显尺寸较长的 Bb Ⅰ 式玉人要早于尺寸较短的 Bb Ⅱ 式玉人。而且从整体形制看，Bb Ⅰ 式的男女玉人制作规整，尺寸较长且统一，刻画形象生动。而 Bb Ⅱ 式的男女玉人制作草率，尺寸较短且差异较大，刻画简单。出现这种转变的原因很有可能与西汉中晚期的祭祀制度改革有关。武帝时期是秦汉祭祀的鼎盛时期，确立了甘泉泰畤、汾阴后土祠、雍五畤三大祭祀中心进行更祠的制度。宣、元时期基本延承武帝时期的祭祀格局与制度。成帝建始元年十二月，作长安南、北郊，罢甘泉、汾阴祠。建始二年春正月，罢雍五畤。几乎是在同一时间废止了武帝时期的三大郊祀主要场所。同时接受匡衡的建议，减省祭祀的设施和瘗埋之物。后因无继嗣，复甘泉泰畤、汾阴后土及雍五畤、陈宝祠。平帝元始五年，王莽奏言复长安南北郊如故，又颇改祭礼。至此，南、北郊祀制度得以最终确立，武帝时期的三大祭祀中心彻底走向衰落。玉人形制由规整到不规整，尺寸由统一到差异较大，刻画由精致到草率，很可能受此影响。

---

① 陕西省考古研究院、中国国家博物馆、宝鸡市考古研究所、凤翔县博物馆、宝鸡先秦陵园博物馆、西北大学：《陕西凤翔雍山血池秦汉祭祀遗址考古调查与发掘简报》，《考古与文物》2020 年第 6 期。

表 1　玉人形制与组合统计表

遗址	出土单位	男玉人 A型	男玉人 B型 Ba型	男玉人 B型 Bb型	女玉人 A型	女玉人 B型 Ba型	女玉人 B型 Bb型	琮 A型	琮 B型 Ba型	琮 B型 Bb型	璜 A型	璜 B型	璧	圭	璋	琥	觿	玉猪
平南		√			√			√					√					
吴山	TG4K3	√			√			√										
吴山	TG8K8		√			√		√										
吴山	TG2K1		√			√		√										
吴山	TG3K2		√			√		√										
吴山	TG6K6		√			√		√										
吴山	TG7K7		√			√		√										
血池	T7206K3	√			√			√	√									
血池	T7006K11		√			√			√	√								
鸾亭山	F3第五组玉器		√			√							√	√				
联志村	1971年联志村一坑内		√			√		√			√	√	√	√	√			
芦家口	1980年芦家口村一祭祀坑		√			√		√			√	√	√		√			
凉泉汉墓	M2:13		√															

秦汉祭祀玉人的发现与形制演变　233

表2　玉人与其它器物组合统计表

遗址名称	遗迹及遗物组合	编号	形制	尺寸（厘米）			时代	备注
甘肃礼县鸾亭山遗址	F3的第五组玉器由青玉人男女各1、青璧1、白璧1、青圭1、白圭1、墨绿色圭6组成		长方形片状，有偏髻，有肩	11.4	2.2	?	武帝后期至王莽时期	《中国历史文物》2005年第5期
			长方形片状，无偏髻，有肩	同上	同上	?	同上	同上
吴山遗址（陈仓区新街镇后村北侧山前缓坡）	K1车舆内部靠前位置，琮1、玉人2	TG2K1:7	长方形片状，有偏髻，无肩	12.17	2.56	0.43—0.56	战国晚期至汉	侧面可见红色朱砂，男性
		TG2K1:6	长方形片状，无偏髻，有肩	11.74	2.38	0.29—0.72	同上	女性
	车舆肉放置男女玉人1、玉琮1、箭镞10'	TG3K2:3	长方形片状，有偏髻，无肩	12.25	2.48	0.57—0.62	同上	男性
		TG3K2:4	长方形片状，无偏髻，无肩	11.91	2.51	0.27—0.66	同上	女性
	车舆肉放置玉琮一件，男女玉人则移位至四号马肢骨末端，车舆内还出土箭镞10枚与若干骨管。	TG4K3:2	长条形，无发髻，无肩	13.28	2.9—3.06	1.43—1.49	同上	K3出土玉人较厚重，古拙，有别于其它祭祀坑
		TG4K3:3	长条形，无发髻，无肩	10.38	1.43—1.58	0.85—1.33	同上	
	车舆内放置男女玉人1、玉琮1、箭镞若干	TG6K6:2	长方形片状，有偏髻，无肩	12.09	2.37	0.33—0.62	同上	
		TG6K6:3	长方形片状，无偏髻，无肩	11.71	2.28—2.36	0.37—0.58	同上	

续表

遗址名称	遗迹及遗物组合	编号	形制	尺寸（厘米）			时代	备注
吴山遗址（陈仓区新街镇后缓坡侧山前缓坡）	车舆左前角放置男女玉人各1，玉琮1，箭镞若干。	TG7K7:1	长方形片状，有偏锋，无脊	12.12	2.27—2.34	0.45—0.54	战国晚期至汉	背面光滑无纹饰，残留有朱砂
		TG7K7:2	长方形片状，无偏锋，无脊	11.69	2.43—2.52	0.38—0.52	同上	表面残留朱砂
	车舆内铺编制的席垫，放置男、女玉人各一，玉琮一件。	TG8K8:2	长方形片状，有偏锋，有脊	12.25	2.43—2.48	0.41—0.46	同上	
		TG8K8:3	长方形片状，无偏锋，有脊	11.76	2.33—2.35	0.48—0.61	同上	
宝鸡凤翔血池遗址		T6907K24:22	长方形片状，有偏锋，较短	7.5	1.7	0.5	同上	现存雍城考古队
		T6906K15:36	长方形片状，无偏锋，较短	7.0	1.5	0.5	同上	同上
	坑内中部偏北，车马之间，承弓器西侧，玉人南北并列摆放，头向北，面朝上。	T7006K11:1	长方形片状，有偏锋，有脊，较长	12.2	2.4	0.4	同上	同上
		T7006K11:2	长方形片状，无偏锋，有脊，较长	11.5	2.3	0.5	同上	同上
	在龛内中部偏西处出土有玉人（女）1，玉琮1，玉人残片（男）1件。	T7206K3:4	长方形片状，有偏锋，无脊	7.4	1.8	0.6	同上	同上
		T7206K3:1	长方形片状，无偏锋，较短	6.3	2.1	0.6—0.8	同上	同上
		T6807K2:3	长方形片状，有偏锋，无脊	5.5	1.6	0.4	同上	同上
		T7306K3:8	长方形片状，无偏锋，较短	6.0	1.8	0.8	同上	同上

秦汉祭祀玉人的发现与形制演变　235

续表

遗址名称	遗迹及遗物组合	编号	形制	尺寸（厘米）			时代	备注
西安未央区联志村遗址	1971年在联志村地表0.8厘米的坑内共出土玉器85件。		长方形片状，四件有椎髻，一件无	7.4—12.2	1.4～2.5	0.4—0.5		《西安文物精华—玉器》
西安北郊芦家口村遗址	1980年芦家口村地下也发现一祭祀坑，出土玉器100多件。		有偏髻	7.4	1.6	0.6		《东周秦国玉器大观》
			无偏髻	11—12	2.3	0.6		同上
宝鸡市渭河以南凉泉汉墓	M2北棺男性墓主腰部。	M2:13	长方形片状，有偏髻	12.4	2.3	0.4	西汉中期偏晚至晚期偏早	《考古与文物》2013年第6期
西安南郊曲江新区翠竹园西汉壁画墓	2008年11月，斜坡墓道竖穴土圹砖室墓M1出土玉人残片两件。		残存头部	残2.4	2.4	0.4	西汉晚期	《文物》2010年第1期
河南永城北汉梁王墓群僖山二号汉墓	1995年8月，河南永城北33公里芒砀群山东端的僖山山顶西汉梁王墓群M2，为西汉晚期梁国某代王后的墓穴。		长方形玉衣片	11.2	2.3	0.4—0.7	西汉晚期	《文物》2011年第2期

吴越国钱氏银简考释

王宣艳

吴越国投龙银简是反映统治者按道教斋醮科仪往洞府、水府等投龙、投简祷请祈求的实物。道教投龙投简，基本形成于东晋南北朝时期，流行于民间。唐代帝王崇道，投龙奠简始成为国家斋醮祭祀大典。史籍、碑刻多有唐代帝王投龙的记载[①]，以武则天、唐玄宗的为最多，迄今发现的实物中，最早的帝王投简就是唐武则天投于中岳嵩山的金简，其后是唐玄宗投于南岳衡山的铜简。现存历代统治者投简实物中，最大宗的是吴越国钱氏诸王所投银简。

现存五代吴越时期统治者钱氏的银简实物共 11 件，其中钱镠 6 件：62 岁杭州简、62 岁越州简、63 岁杭州简、66 岁杭州简、75 岁简、77 岁越州简，其余为：钱元瓘 53 岁杭州简、钱弘佐 15 岁杭州简、钱弘俶 21 岁简和 23 岁杭州简、钱俶 45 岁简。钱镠 62 岁杭州简现藏中国国家博物馆[②]、62 岁越州简和 77 岁越州简现藏绍兴博物馆，75 岁简现藏上海博物馆[③]，其余 7 件藏于浙江省博物馆。据浙江省博物馆文物登记总册记载：钱弘俶 21 岁简为疏浚西湖时出土，1955 年浙江省人民银行收购[④]，由浙江省文物管理委员会移交浙江博物馆；钱镠 62 岁简、63 岁简、66 岁简，钱弘佐 15 岁简，钱俶 45 岁简为 1955 年杭州疏浚西湖时出土，杭州建设局疏浚西湖工程处移交浙江博物馆；钱元瓘 53 岁简为 1957 年杭州疏浚西湖时出土，浙江博物馆赵人俊征集；钱弘俶 23 岁简为西湖出土，1959 年党华向文物管理委员会借来。钱镠 62 岁越州简和 77 岁越州简为 1977 年绍兴

[①] 周西波在《敦煌写卷 P.2354 与唐代道教投龙活动》(《敦煌学》第二十二辑，1999 年 12 月) 一文中列表详述文献中记载的唐代帝王投龙活动。

[②] 原藏浙江博物馆，1959 年 4 月调拨中国历史博物馆 (今中国国家博物馆)，本文据浙江省博物馆文物登记总册。

[③] 上海博物馆：《春风千里——江南文化艺术展特集》，上海书画出版社 2020 年版，第 128-129 页。

[④] 黄涌泉、王士伦：《五代吴越文物——铁券与投龙简》，《文物参考资料》1956 年第 12 期，第 57 页。

禹陵乡望仙桥村挖掘河道时出土。

《五代吴越国王投简》还抄录钱镠77岁苏州简告文[1]，未见实物，可能录自罗振玉藏玉简拓本。这种正反两面连续刻文投于苏州王梁里太湖的玉简拓本，与传世另一种单面刻文投于苏州东皋里太湖的银简拓本，投简时间都是宝正三年三月二十六日。将两种拓本与绍兴出土的钱镠77岁银简实物相较，简制规格、字体书法、行文排布、雕刻龙纹等方面都相去甚远，可以断定两种传世拓本均是清人根据录文创作的，而银简原件于清代初年苏州太湖出水后已被熔铸。[2]

一、银简的形制格式

（一）形制

从现存11枚吴越国钱氏银简看，可以分为窄长和宽短两种形制。吴越前期钱镠的投简是窄长条状，中后期钱元瓘、钱弘佐、钱（弘）俶的投简变得略宽短（表1）。

表1　吴越钱氏银简的形制区别

序号	银简	纵（厘米）	横（厘米）	厚（厘米）	纵横比例	重量（克）	字数
1	钱镠62岁（杭州）	38	8.5		4.47:1		302
2	钱镠62岁（越州）	38.2	8.5	0.3	4.49:1	1280	308
3	钱镠63岁	38.2	8.2	0.3	4.74:1	1407	242
4	钱镠66岁	38.4	8.2	0.3	4.68:1	1219	253
5	钱镠75岁	36.1	9.8		3.68:1	1230	183
6	钱镠77岁	31.9	6.8	0.3	4.69:1	830	194
7	钱元瓘53岁	32.8	13.8	0.1	2.38:1	487	223

---

[1] 王士伦：《五代吴越国王投简》，《浙江省文物考古研究所学刊》，科学出版社1993年版，第291页。

[2] 黎毓馨主编：《吴越胜览——唐宋之间的东南乐国》，中国书店2011年版，第7页。

续表

序号	银简	纵（厘米）	横（厘米）	厚（厘米）	纵横比例	重量（克）	字数
8	钱弘佐 15 岁	32.8	12.8	0.1	2.56∶1	507	247
9	钱弘俶 21 岁	33	14	0.1	2.36∶1	517	273
10	钱弘俶 23 岁	33.6	14.3	0.1	2.35∶1	496	281
11	钱俶 45 岁	残，推测约 33	14.4	0.1	推测约 2.3∶1	残 273	残 192

由于钱镠 62 岁杭州简、钱镠 75 岁简、钱俶 45 岁简数据不全，将其他 8 枚银简的尺寸、重量制作变化图如下：

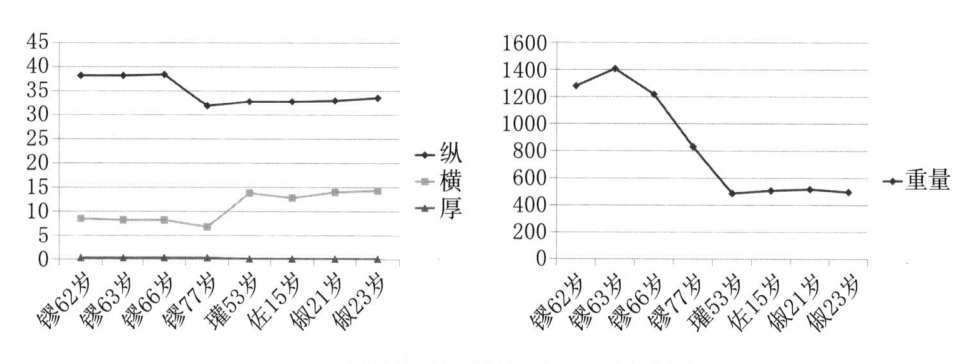

图一　吴越钱氏银简的尺寸、重量变化图

钱镠银简尺寸纵横比例较钱元瓘、钱弘佐、钱（弘）俶的为大。钱镠银简的厚度三倍于钱元瓘及以后诸王银简，重量为两倍余（除钱镠 77 岁简），可见用银分量之足。从二世吴越国王钱元瓘开始，银简的形制规格有了明显变化。或许与三代钱王不同的政治地位、军事力量、国内形势等因素有关。钱镠自唐末群雄争霸中立足两浙以来，逐步积攒了雄厚的实力，对中原王朝外勤贡举的同时，虽未称帝，但私行年号于境内，仪卫所居用天子之制。钱镠病逝前传位于子传瓘（即位后更名元瓘，钱氏诸子均改）时，交代"子孙善事中国，勿以易姓废事大之礼"。钱元瓘"以遗命去国仪，用藩镇法"（《资治通鉴·后唐纪六》长兴三年）。此后诸王都未再私行年号。

钱镠银简自身也有变化。5 枚上端圆弧，下端平直。与洛阳隋唐东都遗址出土天宝十二载（753）杨国忠进奉五十两银铤颇为相似，或许最初吴越投龙所用银简的银料来源与银铤有相似之处。77 岁银简上下两端皆平直，尺寸变小，重量减少。钱镠 62 岁越州简右侧面中部刻一"宾"字（图三，2），钱镠 66 岁银简的左侧面下部刻一"素"字（图五，1）、右侧面下部刻一"滕"字（图五，3），或许是制作银简的刻工的名字。

唐末五代杜光庭《太上黄箓斋仪·投龙璧仪》记载，简"法长一尺二寸，象十二辰。广二寸四分，法二十四真气。厚二分，法二仪"[①]，则投简尺寸纵横比例是 5∶1，基本与吴越国早期钱镠银简窄长条状一致。从迄今发现的唐代金简、宋代玉简尺寸来看，也多为窄长条状，此种形制或为投简的基本规制。

（二）格式、内容

吴越国银简告文有一定的程序，基本都是上述五段论：简主（道家称号、官爵、姓名、年龄、生日、本命）+ 个人履历业绩 + 告祈内容 + "金龙驿传"等敬语 + 落款（投简时间、地点），就是一封写给神祇的书信。简主的自我介绍颇为详细，履历业绩和告祈内容具体而微，富于个性化，占较大篇幅，是告文的主体（表 2）。

唐代投简告文尚未形成统一的格式，而北宋投简告文已程式化，由简主（名）、告求事由、斋醮地点及规模、投简套语、告文时间地点组成，是官方道书编辑统一规范的结果。五代吴越国的投简正处于唐宋之间发展的过程中，已显现出较强的格式化，但具体行文则不同统治者因人、因事、因时而异。告文祈祷事项是结合实际的，涉及国家、家庭、个人各个层面，与告祈者面临的困难和当下时局紧密相关。

---

① 《道藏》，文物出版社 1988 年版，第 9 册，第 361 页。

240　历史记忆与考古发现

表2　吴越钱氏银简告文的格式、内容

	简主（道家称号、官爵、姓名、年龄、生日、本命）	个人履历、业绩	告祈内容	敬语	落款（投简时间、地点）
1	大道弟子，启圣匡运同德功臣，淮南、镇海、镇东等军节度使，浙江东西等道观察、处置、营田、安抚兼盐铁、制置，发运等使，开府仪同三司，尚父，守尚书令，食邑一万七千户，食实封一千五百户，吴越王，臣钱镠，年六十二岁，二月十六日生，本命壬申。	臣统领三藩，封崇两国，廓清吴越，获承玄恩，皆荷黎元，敢忘灵祐。昨者当使所发应援湖湘兵土及讨伐犯境凶徒，制置，遂沥恳情，仰告名山洞府，果蒙潜加警卫，继参斋醮。己于中元之辰，普陈斋醮。	今／则散投龙，简，上诣诸洞仙籍，水府真官，备罄丹诚，用酬灵贶，敢希广借阴功，共资平泰，早清逆氛，以泰／江南。其次，愿两府封疆永无灾难，年和俗阜，军庶康宁，兼缪履历年庚不逢衰厄，至子孙暨并乙平安，永托真源，常蒙道荫。	谨诣水府，金龙驿传。／	太岁癸酉八月庚午朔十三日壬午杭州钱唐县履泰乡霸湖水府告文。
2	大道弟子，启圣匡运同德功臣，淮南、镇海、镇东等军节度使，浙江东西等道观察、处置、营田、安抚兼盐铁、制置，发运等使，开府仪同三司，尚父，守尚书令，食邑一万七千户，食实封一千五百户，吴越王，臣钱镠，年六十二岁，二月十六日生，本命壬申。	自统领三藩，封崇两国，廓清吴越，获承黎元，皆荷玄恩，敢忘灵祐。昨者当使所发应援湖湘兵土及讨伐犯境凶徒，制置，遂沥恳情，仰告名山洞府，果蒙潜加警卫，继参斋醮。己于中元之辰，普陈斋醮。／	今／则散投龙，简，上诣诸洞仙籍，水府真官，备罄丹诚，用酬灵贶，敢希广借阴功，共资平泰，早清逆氛，以泰江南。其次／，愿两府封疆永无灾难，年和俗阜，军庶康宁，兼缪履历年庚不逢衰厄，至子孙暨并乙平安，永托真源，常蒙道荫。	谨诣水府，金龙驿传。／	太岁癸酉八月庚午朔二十日己丑于越州会稽县五云乡的潭帆里射的湖水府告文。
3	大道弟子，启圣匡运同德功臣，淮南、镇海、镇东等军节度使，浙江东西等道观察、处置、营田、安抚兼盐铁、制置，发运等使，开府仪同三司，尚父，守尚书令，食邑一万七千户，食实封一千五百户，吴越王，臣钱镠，年六十三岁，二月十六日生，本命壬申。	臣受任六朝，叨荣氏老，道真时康，仰自号安，常垂景祐。	今陈醮礼，武谢忿怨，俾使越吴都永袤清泰，三军万姓常保欢／荣；兼愿淮海封疆速讫两浙，用泰生灵。其次，感深藩之中或有礼尘灾诊。今则散投龙，简，上诣诸／洞仙籍，水府真官，兼乙家眷已身常蒙道荫。	谨诣洞府，金龙驿传。／	太岁甲戌二月戊辰朔廿七日甲午于杭州钱唐县履泰乡霸湖水府告文。

续表

	简主（道家称号、官爵、姓名、年龄、生日、本命）	个人履历、业绩	告祈内容	敬语	落款（投简时间、地点）
4	大道弟子，启圣至王运同德功臣，准南、镇海、镇江东西等军节度使，淮南、浙江东西等道观察、处置、营田、安抚兼盐铁、发运等使，开／府仪同三司，尚父，守尚书令，食实封一千七百户，吴越王，臣钱镠，食邑二万户，年六十六岁，二月十六日生，本命壬申。	臣受任／六朝，拥戴三镇，民安俗阜，道泰时康，是物和平，遐迩清晏，仰自今受降祐，众圣垂恩。	今则特诣洞府名山，／遍投龙简，用陈醮谢，上答玄恩，永销灾诊，吴越两藩，三军强盛，万姓安康，兵革不兴，封境宁谧。／时当春季，合具启祈，兼乞臣行年庚申，履历四时，克固山河，无有衰厄，云来增庆，道力护持。	谨诣水府，金龙驿传。	太岁丁丑三月庚戌朔二十日己巳于杭州钱唐县履泰乡钱唐湖水府告文。
5	大道弟子，天下都元帅，尚父，守尚书令，吴越国王钱镠，年七十五岁，二月十六日生。	伏自统制山河，／主临吴越，道泰时康，是物和平，仰自今受降祐，大道垂恩。	今则特诣／洞府名山，遍投龙简，武陈醮谢，上答玄恩，风调雨顺，禾稼邦畿，灾殃不起，万／姓安康，六军辑睦，今当春季，合具告祈，乞隆鸿业，永霸玉图，寿算时履历，子孙蕃盛。	谨诣水府，金龙驿传。	太岁丙戌二月戊子朔十八日乙巳于东都乾元府射的潭水府告文。
6	大道弟子，天下都元帅，尚父，守尚书令，吴越国王钱镠，年七十七岁，二月十六日生。	自统制山河，／主临吴越，道泰时康，是物和平，仰自今受降祐，大道垂恩。	今则／特诣洞府名山，遍投龙简，武陈醮谢，上答玄恩，丕图显霸，景／祚光延洪，风雨顺时，军民乐业，今当春季，合具告祈，寿／龄延远，兼乞镠身甲庚年，四时履历，眼目光明，家国兴隆，子孙繁盛。	志祈玄贶，允叶投诚，谨诣水府，金龙驿传。	宝正三年太岁戊子三月丁未朔□日□于吴越国□州□县□乡□里水府射的水府告文。

续表

	简主（道家称号、官爵、姓名、年龄、生日、本命）	个人履历、业绩	告祈内容	敬语	落款（投简时间、地点）
7	大道弟子，天下兵马都元帅，吴越国王钱⬜，年五十三岁，十二月十一日生，本命丁未。	伏自显承眷命，克绍丕图，恩降/大朝，身登宝位，上荷昊穹辅助，圣护持，获致兴隆，敢忘精敬。唯以省刑贷法，恤老矜孤，念彼羸则并咸，思谪军则蠲恩宥，所冀上符天道，下契淳和，三元不阙，朝修四序，每陈醮奏。	今以时当春季，特诣/灵踪，乞保斗牛分野，烽烟不起，龙、简、咸安，永无水旱，常乐衣桑；次愿家国兴霸，寿算延/长，宫庭眷属清宁，内外子孙隆盛。	请以丹简盟真仙，谨诣水府，金龙驿传。/	太岁己亥二月癸酉朔十七日己丑于西都钱唐县钱唐府钱唐乡钱唐湖唐水府告文。
8	大道弟子，起复昊越国王，臣钱⬜，年一十五岁，七月二十六日生，本命戊子。	伏自显承眷命/，光绍霸图，遵奉大朝，缵绍基构，上荷昊穹辅助，克致安宁。唯以崇奉真玄，/度诚裓请，而又广行贷民，优伽军民，全放租苗，牵复贬谪，所冀上符天道，下顺坤仪，四序/朝修，三元关奏。	今以时当春季，特诣灵踪，乞保斗牛分野，吴/源，陈词洞府，长集祯祥，永消灾沴，兵越封疆，军俗乂安，水潦开通，火戈偃息，衣桑有望，烛沉影，愿臣统御山河，不逢灾厄，家国/无忧。然寿，进益官资，将校忠良，宫闱庆泰，招延/符瑞，驱斥坡凶。	请以丹简盟真仙，谨诣水府，金龙驿传。/	太岁壬黄三月乙卯朔二十二日丙子于西都钱唐府钱唐县钱唐乡钱唐湖唐水府告文。
9	大道太上三五正一明威弟子，都元帅，昊越国王，臣钱弘俶，年二十一岁，八月二十五日生，本命己丑。	臣伏自祗膺眷命，光绍霸图，修宗祖之风，每奉梯航之贡，上荷昊穹辅助，克致乂宁/，仰酬灵贶。爰有一临大宝，两易炎凉，着言去去其去者，励心志则不荒不急，念黎䌷则频行赦宥，抚烝黎则每缓征征，用符上帝之心，克叶下民之望。	今以临秋仲，遍投灵踪，展投效龙设醮之信规，申行漆簧污之薄礼，乞保斗牛分野/，吴越封疆，常集祯祥，不生灾沴，宫闱之温静长安，统治/成，辜辅之增长，兵戈偃戢，辨稼熟无爽，辜辅忠贞，军庶乐康，山河增壮，王之咎悲迹，足咏歌之乐。	请/以丹简关盟真官，谨诣水府，金龙驿传。	太岁己酉八月壬申朔二十九日庚子钱唐县钱唐乡吴山里钱唐湖水府告文。

242　历史记忆与考古发现

续表

	简主（道家称号、官爵、姓名、年龄、生日、本命）	个人履历、业绩	告祈内容	散语	落款（投简时间、地点）
10	大道上清玄都大洞三景弟子、诸道兵马都元帅、守尚书令、吴越国王、臣钱弘俶，年二十三岁，八月二十五日生，本命己丑。	臣伏自祗膺眷命，光绍霸基，丰修宗祖之风，每奉梯航之贡，上荷曼辅助，克致乂宁，唯以遵禀教科，仰酬灵贶。而目一临大宝，屡改星霜。子去甚去甚/着言／念缦缃而顾行教育，爱黎庶／而每缦征徭，冀符／上帝润下民之望。	今则律钱南吕，时及杪秋，辄持银简，金龙，遍诣／名山福地，保斗牛分野，吴越封疆，常集祯祥，不生灾沴，兵戈偃戢，耕稼丰成，宫闱之温清获安，军庶乐康，山河增壮，宰辅忠赤，王之咨若，起咏歌之韵。	请以丹简关盟真官，谨诣／水府，金龙驿传。	太岁辛亥八月庚寅朔二十八日丁巳吴越国钱唐府钱唐县钱唐乡吴山里钱唐湖水府告文。
11	大道上清玄都大洞三景弟子……钱俶，年四十五岁，八月二十五日生，本命己丑。	臣伏自继祖承……衣旰食，惕励若／初，四郊之远肃／迩安，始终若……之门，恒结香花之会，所祈／多福，用荅两都，又伽彼蒸黎，累放通慈，冀上合于玄穹，庶少倾于素愿。	今则……羽客陈辞，凭龙负简，俾乙／真灵垂鉴，福祐斯臻，吴越……序无灾，风雨顺节以均调／将相输忠而朔戴，以臣尊临……于乔松，储至位坚于磐石，克昌风历，唯仰洪休。	谨以丹……金龙水府，驿传。	太岁癸酉九月辛亥朔八日戊午吴山里钱唐湖水府告文。

二、刻在银简上的历史

迄今所见吴越钱氏所投 11 枚银简刻有诸王诚心向神灵祈祷告文，因此文中所反映的个人信息和历史事件较为真实，可以视为刻在银简上的历史。

1—2. 钱镠 62 岁杭州银简、越州银简（913）

杭州、绍兴（时称越州）出土的两枚钱镠 62 岁银简，形制相同，上端圆拱，下端平直，尺寸相近，字体相似，或为同一人所刻写。除投简时间、地点不同外，告文内容几近相同（图二、图三）。但是前后仅隔 7 天，杭州简上没有"吴越王"称号，越州简上却有，尚需探究，毕竟钱镠在梁太祖即位当年（907年）已被封为吴越王。

两简提到了当年发生的两个重要事件。[①] 其一，"昨者当使所发应援湖湘兵士"表明在 913 年中元节前，钱镠发兵应援湖湘，湖湘是楚国马殷的统治范围。此事史书无载。乾化二年（912）十一月，吴军袭楚岳州，次年八月，楚军侵吴鄂州，吴楚之间正进行着长江中游的边境争夺。自唐末以来，钱镠与杨行密在江淮之间混战经年，当吴楚之争时，发兵援楚符合其连横诸藩对抗淮南的军事政策，可信。此条文字可补史之阙。

其二，"讨伐犯境凶徒"是指吴越国面对吴军进犯，开展反击并获胜的千

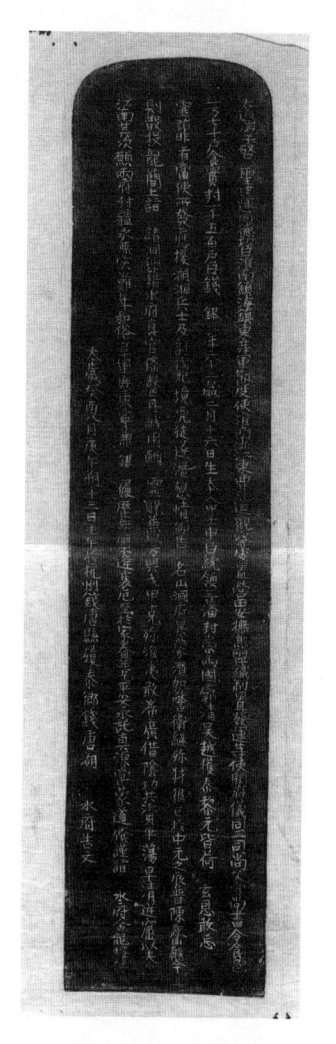

图二　钱镠 62 岁杭州银简拓片

[①] 王士伦：《五代吴越国王投简》，《浙江省文物考古研究所学刊》，第 290 页。

图三 钱镠62岁越州银简
1. 正面 2. 右侧面

秋岭之役。乾化三年（913）三月，"吴行营招讨使李涛帅众二万出千秋岭，攻吴越衣锦军。吴越王镠以其子湖州刺史传瓘为北面应援都指挥使以救之，睦州刺史传璙为招讨收复都指挥使，将水军攻吴东洲以分其兵势"。四月，"千秋岭道险狭，钱传瓘使人伐木以断吴军之后而击之，吴军大败，虏李涛及士卒三千余人以归。"五月，"吴遣宣州副指挥使花虔将兵会广德镇遏使涡信屯广德，将复寇衣锦军。吴越钱传瓘就攻之"。六月，"吴越钱传瓘拔广德，虏花虔、涡信以归"（《资治通鉴·后梁纪三》"乾化三年"）。

将以上二事"仰告名山洞府"后，"果蒙潜加警卫继殄豺狼"，取得了千秋岭、广德两次战役的胜利。八月中旬"散投龙简"之时，吴越国"方兴戈甲"，备战的目的是"克殄淮夷"。九月，钱镠派儿子传瓘、传璙、传瑛率兵攻吴常州，本欲乘胜进取，不料却在潘葑之役中大败。十月，钱传瑛卒，推测与潘葑之役有关（《资治通鉴·后梁纪三》"乾化三年"）。

3. 钱镠63岁银简（914）

潘葑之役失利后，钱镠在翌年二月投简时继续祈盼对吴战争取得胜利，"兼愿淮海封疆速归两浙"。但是，两国之间军事力量相当，主动进攻的一方均告失败（图四）。

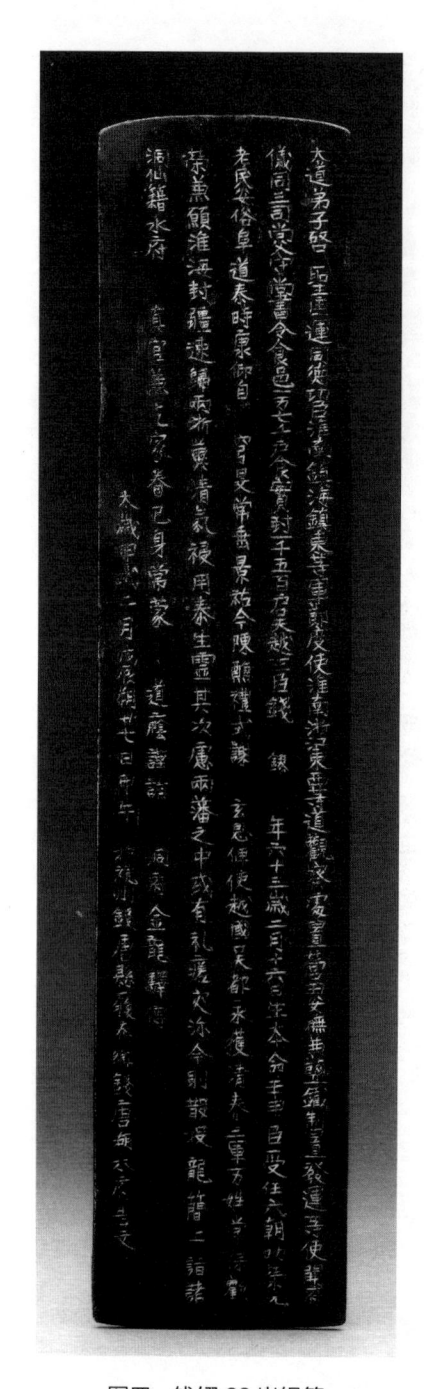

图四　钱镠63岁银简

4. 钱镠 66 岁银简（917）

从官爵来看，主要是食邑数量的变化，食邑增三千户，食实封增二百户。上次增加食邑是乾化三年（913）授尚父册礼后，增食邑三千户，实封二百户。此次增加食邑史书未载，应缘于贞明二年（916）七月被授诸道兵马元帅。五月，钱镠遣皮光业取道迂远数千里入贡后梁，七月，因故受后梁末帝朱瑱嘉奖而受封。但是"朝议多言镠之入贡，利于市易，不宜过以名器假之"（《资治通鉴·后梁纪四》"贞明二年"），或许忌于舆论，钱镠并未在次年三月所投银简上署"诸道兵马元帅"（图五）。

5. 钱镠 75 岁银简（926）

钱镠 75 岁银简的官爵与前四简不同（图六）。贞明三年（917）十月，梁加钱镠天下兵马都元帅。因此当年三月所投银简并无此变化，75 岁银简署"天下都元帅"。与前简相较，删去"启圣匡运同德功臣，淮南、镇海、镇东等军节度使，淮南、浙江东西等道观察、处置、营田、安抚兼盐铁、制置、发运等使，开府仪同三司"等官衔。龙德三年（923），"唐庄宗入洛，镠遣使贡献，求玉册……乃赐镠玉册、金印。镠因以镇海等军节度授其子元瓘，自称吴越国王，更名所居曰宫殿、府曰朝，官署皆称臣"（《新五代史·吴越世家》），翌年改元宝大。身份的增荣导致银简告文的行文语气也大不同。与 66 岁银简比较，"主绾吴越两藩"变为"所主两国邦畿"，"众圣垂恩"改为"大道垂恩"。祈愿也是立足国王身份的"克隆鸿业，永霸丕图"。

从凿刻痕迹判断，"戊子""十八""乙巳"等告文日期、时辰为后刻，当是根据投简实际情况现场填刻的。钱镠 77 岁银简在告文日期、时辰、地点（州、县、乡、里）等处空缺未填，应是相同情况。

文末落款为"东都乾元府射的潭水府告文"，与同样投入"射的潭水府"的钱镠 62 岁越州简参看，可知"射的潭水府"地点位于"越州会稽县五云乡石帆里"。据此，"东都乾元府"即指越州。钱镠为镇海、镇东两藩节制时，称杭州为西府，越州为东府；为吴越国王后，称杭州为西都，越州为东都。此简为东都称乾元府的重要物证。

248　历史记忆与考古发现

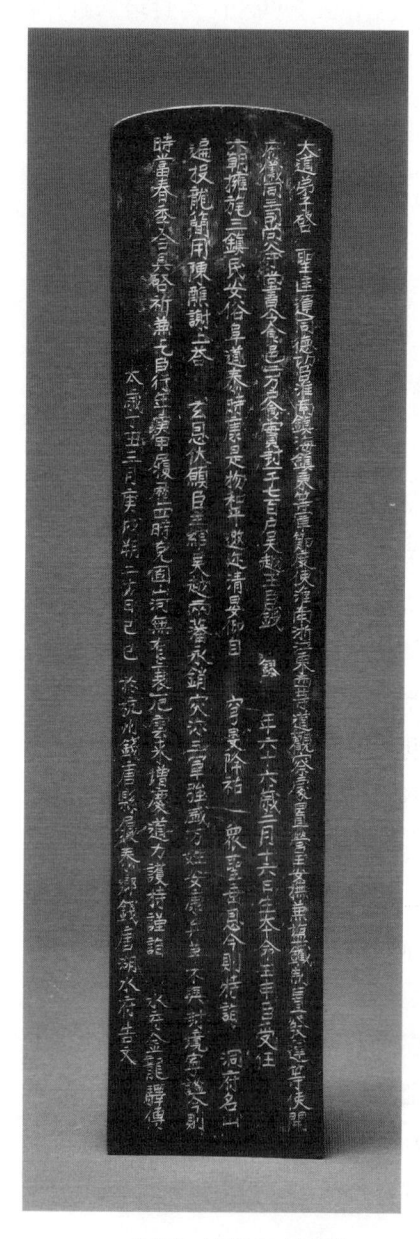

图五　钱镠66岁银简

图六　钱镠75岁银简

6. 钱镠77岁银简（928）

文末署"宝正三年"的年号及"吴越国"的国号。此件银简是钱镠私立年号的重要物证（图七）。

宝正三年（928）二月，后唐遣使赐钱镠汤药、国信等（《吴越备史》卷一），可见此时77岁的钱镠已患较重的疾病，故而三月投简上有"寿龄延远，眼目光明"的祈祷。钱镠晚年罹患眼疾，从翌年钱弘俶出生后，"襁入府中时，武肃王方病目，摩其顶曰：眼大小？左右曰：眼小"（《十国春秋·吴越四·忠逊王世家》），亦可佐证。

7. 钱元瓘53岁银简（939）

长兴三年（932），钱镠亡，钱元瓘继位。936年，后唐明宗之婿石敬瑭以割让幽云十六州为条件换取契丹的支持，夺得帝位，改国号晋，后唐亡。天福二年（937）四月，后晋遣使封钱元瓘吴越国王。次年十一月五日，行册礼（《吴越备史》卷二）。告文中"恩降大朝，身登宝位"指的就是三个月前刚刚举行的后晋赐钱元瓘吴越国王玉册之事。《吴越备史》记钱元瓘复建国，如同光故事（钱镠于后梁后唐易主之际称吴越国王）。钱元瓘仿效父亲，于后唐后晋易主之际称吴越国王，只是未行年号。

关于加封钱元瓘为天下兵马都元帅的时间，史书记载不一。[①]《新五代史》失载，《吴越备史》《十国春秋》《资治通鉴》记加封时间为天福五年（940），《旧五代史》《钱文穆王神道碑》为天福六年（941）。《吴越史事编年》认为《钱文穆王神道碑》比《十国春秋》晚一年，是因为《十国春秋》书颁赐诏、敕之日，而《钱文穆王神道碑》据吴越自呈行状，书使至杭州之时。[②] 然而，己亥年（939）二月十七日所投银简上已有天下兵马都元帅的封号，比《吴越备史》《十国春秋》记载还要早一年。文末落款为"西都钱唐府"，说明钱元瓘在位时，虽未行年号，但一如天子之制，所在称都，称杭州为西都、越州为东都。

钱弘佐15岁银简落款也是"西都钱唐府"。钱俶45岁银简有"用泰两都"一语，说明入宋后吴越国后期仍在称都（图八）。

---

① 《吴越备史》记天福五年（940）三月"壬申，敕遣右谏议大夫高延赏、兵部郎中李元龟授王天下兵马都元帅。"《十国春秋》记载时间相同。《资治通鉴》记"（天福五年）十月，丁酉，加吴越王元瓘天下兵马都元帅、尚书令。"《旧五代史》记"（天福）六年（941），授天下兵马都元帅。"《钱文穆王神道碑》记"辛丑岁（941），命右谏议大夫高延赏、兵部郎中李元龟充天下兵马都元帅并尚书令官告使。"

② 诸葛计、银玉珍：《吴越史事编年》，浙江古籍出版社1989年版，第259页。

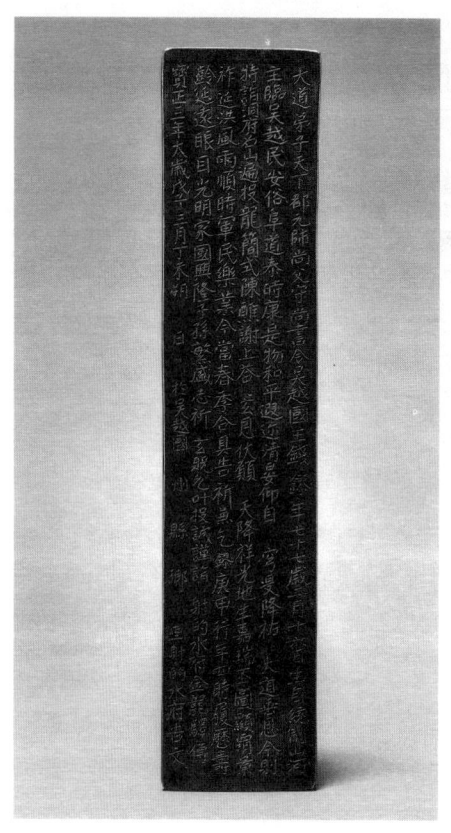

图七　钱镠77岁银简　　　　　　　　图八　钱元瓘53岁银简

8. 钱弘佐15岁银简（942）

迄今发现的吴越（国）王投简，时间都在春秋两季。钱弘佐自941年九月即位以来，经历守丧，壬寅（942）三月二十二日投简当为钱弘佐作为吴越国王首次举行投龙简。告文自称"起复吴越国王"（图九），《吴越备史》卷三载天福六年（941）十一月，"敕授王起复镇国大将军、右金吾卫上将军、员外置同正员、领镇海镇东等军节度、检校太师兼中书令、吴越国王，食邑一万户，实封一千户，仍赐保邦宣化忠正功臣。"则告文此处是简化。

告文云："年一十五岁，七月二十六日生，本命戊子"，可证《新五代史》"立时年十三"之误，《资治通鉴·后晋纪三》"时年十四"为确，《吴越备史》记载"天成三年七月二十六日己巳生"，则更准确。《吴越备史》为吴越王室私家著述，中性事件的记述相对丰富准确。

钱弘佐年少初登宝位，自然要遵照前朝旧例行事，这从告文对钱元瓘53岁简的亦步亦趋可见一斑。两简规格尺寸接近，文句格式相同。开头简主部分，钱元瓘银简"钱"字后留空，未刻名字，钱弘佐银简亦如是，在四位钱王的银简中，只有这两枚只刻姓不刻名。但在告祈内容中，有两点不同值得注意：首先，国家方面，钱弘佐"水潦开通，火烛沉影"较钱元瓘"永无水旱"增加了祈求不起火灾的愿望，是为八个月前丽春院那场大火太过惨烈，不仅宫室府库几被焚尽，他父亲还因此病逝，不由得人不惊心于火烛之祸。其次，个人方面，钱弘佐比其父多了"将校忠良"一词，表露出对将校忠心顺良与否的担忧，揭示了少主面临的另一隐患。钱元瓘去世时，留下十个年幼的亲生儿子与一群桀骜不驯的内牙将领，"自忠

图九　钱弘佐15岁银简

献王时诸将校骄慢""将校兢陆梁之志"（《吴越备史》卷三）。天福六年（941）八月，钱元瓘刚去世，钱弘佐在即位前诛杀内衙指挥使戴恽，罪名是欲谋钱弘侑篡位，并幽黜钱弘侑。钱弘侑是钱元瓘养子，时任内牙军最高统帅，戴恽与其有姻亲关系，是内牙军掌握实权的大将。这个事件反映了王室与军队、亲子与养子之间的矛盾。[①] 投简前11日，钱弘佐世父、中吴节度使钱元璙卒，丧失了手握重兵的钱氏王室重要军事力量牵制，内牙宿将更为跋扈。之后的阚璠之狱、胡进思废钱弘倧都是内牙军势力过大，与王室矛盾的体现。

---

① 何勇强：《钱氏吴越国史论稿》，第172—174页。

9. 钱弘俶21岁银简（949）

中间断裂。诸王银简中，钱弘俶首次具明道家法位阶次。钱弘俶21岁银简自称"大道太上三五正一明威弟子"，钱弘俶23岁和钱俶45岁银简则为"大道上清玄都大洞三景弟子"（图十）。宋初刘若拙口授、孙夷中编撰《三洞修道仪》排列道士阶位，自初入道仪，从低到高依次为白简道士、正一部道士、洞神部道士、高玄部道士、升玄部道士、中盟洞玄部道士、三洞部道士、大洞部道士。白简道士受《正一盟威箓》后称"太上正一盟威弟子"，即正一

图十　钱弘俶21岁银简

部道士，21岁的钱弘俶即在此阶位。两年后，钱弘俶迅速升为大洞部道士。大洞部道士称"上清玄都大洞三景弟子无上三洞法师"，这是道教徒的最高品位。① 钱弘俶在即位初期二十多岁时，修持道法，获得法位，大约是在母亲吴汉月的影响下，《吴越备史》载吴汉月"颇尚黄老学，居常被道士服"。钱弘俶赐天台桐柏崇道观金银字经二百函及铜三清像。后周广顺二年（952），道士朱霄外建藏殿收藏道经。②

乾祐二年（949）三月，后汉授钱弘俶东南面兵马都元帅、吴越国王，则告文中的"都元帅"实为"东南面兵马都元帅"的省称。同年十月，后汉遣使持节备礼对钱弘俶进行册封（《吴越备史》卷四）。

10. 钱弘俶23岁银简（951）

乾祐三年（950）二月，南唐查文徽攻福州，钱弘俶发兵擒查文徽，献捷（《宋史》卷四百八十），因此，三月，后汉加钱弘俶尚书令。辛亥广顺元年（951）正月周太祖即位。三月，后周授钱弘俶诸道兵马都元帅，仍降尚书令册礼（《吴越备史》卷四）。故辛亥年（951）八月二十八日投简告文自称"诸道兵马都元帅""守尚书令"（图十一）。

钱弘俶21岁、23岁两简，仅两年之隔，告文句式文风相似，当出自一人之手。该作者擅作四六文，文辞藻饰骈俪优美。

11. 钱俶45岁银简（973）

残存首尾两块，因与23岁银简

---

① 丁培仁：《求实集：丁培仁道教学术研究论文集》，巴蜀书社2006年版，第356—359页。
② 陈耆卿：《嘉定赤城志》卷三十，《宋元方志丛刊》本，第7512页。

图十一　钱弘俶23岁银简

同宽，可知原长度应大致相同，则中段约残缺三分之一。告文内容不能通读，所幸基本信息尚存（图十二）。

建隆元年（960）正月，宋太祖赵匡胤建立北宋。钱弘俶以名犯宋宣祖赵弘殷讳去弘，以俶单行。因此，银简署名为"钱俶"，是避讳的实物证据。同年四月，授天下兵马大元帅。① 开宝元年（968）三月，宋封钱俶为吴越国王（《十国春秋·吴越六·忠懿王世家下》）。因此，告文"大道上清玄都大洞三

图十二　钱俶45岁银简

1、2.银简　3.银简拓片

---

① 钱俨《吴越备史》卷四，《续资治通鉴长编·太祖卷一》。《吴越备史》"乾德二年（964）三月，起复天下兵马都元帅"，应是"天下兵马大元帅"之误。

景弟子"与"钱俶"之间缺失的文字当为"天下（兵马）大元帅吴越国王臣"。在现存实物中，965年梵天寺经幢末即署"天下大元帅吴越国王钱俶"，开宝八年（975）刻本《宝箧印经》卷首题"天下兵马大元帅吴越国王钱俶"，故可佐证开宝六年银简钱俶的系衔。

"臣敢不日慎一日……之门，恒结香花之会"当指钱俶奉道之诚，文首也以最高道阶"大道上清玄都大洞三景弟子"自称，但这只是作为统治者投龙设醮恒规使然，并非钱俶个人崇奉真玄程度的体现。自广顺二年（952）母亲吴汉月卒后，钱弘俶奉道之举鲜闻，而崇佛行为日增。太平兴国二年（977）雷峰塔落成，钱俶自书"于万机之暇，口不辍诵释氏之书，手不停披释氏之典"。

三、吴越国投龙简制度

唐代帝王崇奉道教，将道教与国家祭祀结合起来，故而投龙祈福的教俗上升为国家行为便具有了神权与王权的统一性，统治者投龙被赋予了统治的正统性与合法性。这种做法在武周革命时已采用，《岱岳观碑》有武则天缘大周革命遣人往五岳四渎投龙作功德的记载。吴越承袭唐代传统，每位统治者都自称"大道弟子"，以投龙为家国祈福，同时彰显统治的合法性。

钱弘俶21岁银简中"展投龙设醮之恒规"一语说明投龙是吴越国的规制，每任统治者都要举行。钱镠《天柱观记》有"三元八节，斋醮同修"之语。钱元瓘53岁银简告文"三元不阙，朝修四序，每陈醮奏"和钱弘佐15岁银简告文"四序朝修，三元关奏"，说明道教的上元、中元、下元节和春夏秋冬四节都要设斋醮。三元八节都要修斋醮是历代吴越统治者的传统，但是否都同时举行投龙尚不确定。吴越国投银简金龙的地点从文献记录和实物发现来看，有杭州钱唐湖，越州射的潭，苏州太湖、投龙潭、林屋洞等，即是将银简金龙投于吴越国境内的岳渎水府、名山洞府。

吴越国举行投龙简，一般先陈斋醮，再投龙简，有一套完整的科仪程序。与宋代帝王投简告文写明做道场几昼夜不同，吴越国投简没有注明斋醮的时长。从钱镠62岁杭州简看似乎时间不短，中元节斋醮后，到八月十三日才于钱唐湖投简。一次斋醮后往往于吴越国境内洞府、水府多处投放银简、金龙。杭州、绍兴发现两枚钱镠62岁银简,一枚为癸酉年(913)八月十三日投于杭州钱唐湖,另一枚为八月二十日投于越州射的潭。两次投简属于同一次斋醮后散投各处的投简活动。另一个例子是钱镠77岁投简有苏州、越州两处。多处投放龙、简是承袭唐代帝王的投龙传统。

吴越国投简承唐启宋,独具吴越地域特色。从纵向比较,五代吴越国之前,唐代帝王投金简、金龙、玉璧,五代吴越国之后,宋、金、蒙、元、明时期统治者投玉简、金龙、玉璧,唯独钱氏吴越(国)王用银简、金龙。帝王投简的历史从早期投金属简转变为晚期投玉简,吴越国投简正处在这一转变过程中。根据银简告文,吴越国投银简同时投送金龙,"凭龙负简",但金龙实物不能完全确定。1955年杭州疏浚西湖出土一条铜龙(图十三),表面似有鎏金,具有唐代兽体龙的特征,或为吴越国早期钱镠在西湖投龙的遗物。

从横向比较,与同时代邻国南唐统治者的投龙形式不同。2016年浙江黄岩南宋赵伯澐墓出土昇元四年(940)南唐李昪的投龙玉璧。玉璧正面镌刻49字铭文,由外而内按顺时针排列成三圈:"大唐皇帝　昇　谨于东都内庭修金箓道场设醮谢土上仰玄泽修斋事毕谨以金龙玉璧投诣　西山洞府　昇元四年十月　日告闻"①。由刻铭而知此玉璧为南唐李昪在扬州宫内修金箓斋设醮后派人投入西山洞府的。杜光庭《洞天福地记》列三十六小洞天,第十二洞西山在洪州(今南昌),恰在南唐境内,应是玉璧所投的西山洞府。

唐代投龙开始出现玉璧。最早见于《茅山志》记载,贞观九年(635)赐润州道观金龙玉璧为国祈恩。现存石刻中,泰山《岱岳观碑》有唐长安年间武则天遣使投龙的题刻,有"金龙玉璧并投山讫""于名山大川投龙璧""投龙荐璧"等;河北响堂山西天宫殿残存唐代"投金龙

图十三　西湖出土铜龙

---

① 张良:《宋服之冠——黄岩南宋赵伯澐墓文物解读》,中国文史出版社2017年版,第21页。

玉璧"的题记①。唐玄宗时道士张万福《传授三洞经戒法箓略说·金龙玉璧简文》记载："简者求事之词，璧乃质诚之信，龙即传奏之驿"，说明了简、璧、龙各自的作用。李昪投龙玉璧是迄今为止发现的唯一一件刻铭投龙玉璧实物。李昪显然沿袭了唐代帝王投龙璧的方式。

综上所述，五代吴越国具有自身的投龙简制度。与之前唐代、之后宋代的帝王投简相比，吴越国银简具有特定的内容格式和风格特征；同时代而言，与邻国南唐的投龙玉璧相较，也有不同的地域风格。

本文原载浙江省博物馆编《东方博物》第七十二辑。收入本书时略作修改，增加上海博物馆藏丙戌岁（926年）钱镠75岁银简。

---

① 朱建路、刘佳：《响堂山天宫殿建筑年代考》，《文物》2014年第11期。

浙江省博物馆藏北宋帝王金龙玉简考释

——兼谈北宋时期帝王投龙简

王宣艳

龙、简是帝王道教投龙仪中的两种重要信物。投龙仪，又称投简仪、投龙简，是在举行斋醮科仪祈福禳灾之后，将满载祈者愿望的简，与龙一起投入岳渎名山，龙为驿骑，负载简文上达神灵。

道教投龙活动基本形成于东晋南北朝时期[①]，流行于民间。唐代帝王崇道，投龙活动始走入宫廷，成为法定的国家大典。史籍、碑刻多有唐代帝王投龙的记载[②]，尤以武则天、唐玄宗为最多，在实物资料中也有所反映。目前所知实物中，最早的帝王投简是唐武则天投于中岳嵩山的金简，是为求长生、削罪名。其后是唐玄宗投于南岳衡山的铜简，亦为求长生之法。五代沿袭唐制，吴越国钱氏诸王尤盛，他们所投银简为历代帝王投简之大宗。吴越（国）王钱镠、钱元瓘、钱弘佐、钱（弘）俶先后在杭州、越州、苏州等地水府山洞中投送大量金龙、银简。[③] 宋帝信奉道教，热衷修建宫观、章醮投龙，还命人编辑道藏。宋代投龙简为金龙、玉简。目前见诸报道的宋代帝王玉简有：苏州林屋洞出土三枚玉简，其中一枚为宋真宗天禧二年（1018）玉简[④]；浙江仙居括苍洞出土两枚

[①] 刘昭瑞：《考古发现与早期道教研究》，文物出版社2007年版，第249页。
[②] 周西波在《敦煌写卷P.2354与唐代道教投龙活动》（《敦煌学》第二十二辑，1999年12月）一文中列表详述文献中记载的唐代帝王投龙活动。
[③] 黎毓馨主编：《吴越胜览——唐宋之间的东南乐国》，中国书店2011年版，第7、38—48页。
[④] 北宋真宗天禧二年玉简，长37.9、宽9.9、厚2厘米，大理石磨制而成。正面刻六行楷书："嗣天子臣恒，上为宗庙，下为群生，请福祈恩，消灾散咎，谨就/玉清昭应宫太初殿，命道士二十一人开启金箓大斋二七日，伏冀和天安地，保屋宁民，恭祷/真灵，别陈大醮。今以告祈已毕，斋事周圆，谨依旧式诣/苏州林屋洞投送金龙玉简，愿神愿仙，飞行上清，五岳真人，至圣至真，鉴此丹悃，上闻/九天，□□□，金龙驿传。/天禧二年岁次戊午九月庚申朔十日己巳于斋坛内告文。"背刻"入内内侍省内西头供奉官臣王从政"。简文参考苏州博物馆：《苏州博物馆藏出土文物》，文物出版社2009年版，第176—177页；程义、姚晨辰、严建蔚：《苏州林屋洞出土道教遗物》，《东南文化》2010年第1期，并略有进一步释读。

玉简①，惜已完全风化；浙江省博物馆藏宋英宗治平元年（1064）玉简②；2003年济源市济渎庙小北海龙池出土宋神宗熙宁元年（1068）玉简③；丁辅之曾藏宋神宗赵顼熙宁□年玉简④，实物不知今在何处；浙江省博物馆藏宋哲宗元祐五年（1090）玉简⑤；中国国家博物馆藏宋徽宗崇宁四年（1105）玉简⑥（表1）。浙江省博物馆藏1955年杭州疏浚西湖出土宋真宗天禧四年（1020）玉简未见著文。

表1 历代帝王投简实物汇总

时间	简主	材质	尺寸（厘米）	出土（发现）时间地点	收藏单位
太岁庚子（700）七月七日	武则天	金简	长36.3、宽8.2	1982年河南省嵩山峻极峰发现	河南博物院
太岁戊寅（738）六月二十七日	唐玄宗李隆基	铜简	长35.5、宽11.8、厚0.8	清道光年间湖南衡山县	贵州省博物馆
太岁癸酉（913）八月十三日	钱镠（62岁）	银简	长37.2、宽8.72	1955年杭州疏浚西湖出土	中国国家博物馆
太岁癸酉（913）八月二十日	钱镠（62岁）	银简	长38.2、宽8.5	1977年绍兴禹陵乡望仙桥村挖掘河道出土	绍兴博物馆
太岁甲戌（914）二月二十七日	钱镠（63岁）	银简	长38.4、宽8.1	1955年杭州疏浚西湖出土	浙江省博物馆
太岁丁丑（917）三月二十日	钱镠（66岁）	银简	长38.4、宽8.1	1955年杭州疏浚西湖出土	浙江省博物馆
太岁丙戌（926）二月十八日	钱镠（75岁）	银简	长36.1、宽9.8		上海博物馆

---

① 张珣：《括苍洞文物遗迹考论》，《东方博物》第42辑（2012年）。
② 施蛰存：《北山集古录》，巴蜀书社1989年版，第240页。
③ 玉简下部残断，残存告文："大宋嗣天子臣顼……/三七人开启同天节金箓道场一……/水府投送金龙玉简，愿神愿仙，三元同存，九府水帝……/奏，上闻/九天，谨诣/水府，金龙驿传。/熙宁元年太岁戊申四月……"参考济源博物馆官网。
④ 施蛰存：《北山集古录》，第240页。
⑤ 施蛰存：《北山集古录》，第240页；刘昭瑞：《考古发现与早期道教研究》，文物出版社2007年版，第245页。
⑥ 北宋徽宗崇宁四年玉简，长37.7、宽8厘米，刻文七行，其文为："大宋嗣天子臣佶伏以月临仲夏，时乃炎蒸，保佑眇躬，祝延万寿，于明威观崇禧殿建功德前，命道士三七人开启保夏金箓道场一月，罢散日设周天大醮一座，二千四百分位，闻/天告地，请福延龄，恭祷/真灵，特陈大醮。今者祈已毕，斋事周圆，谨依旧式诣/水府，投送金龙玉简，愿神愿仙，三元同存，九府水帝，十二河源，江河淮济，溟泠大神，鉴此丹悃，乞为腾奏，上闻/九天。谨诣水府，金龙驿传。/大宋崇宁四年太岁乙酉六月丙寅朔三日戊辰于道场内吉时告闻。"简文参考王育成：《考古所见道教简牍考述》，《考古学报》2003年第4期。

续表

时间	简主	材质	尺寸（厘米）	出土（发现）时间地点	收藏单位
宝正三年（928）太岁戊子三月	钱镠（77岁）	银简	长31.9、宽6.8	1977年绍兴禹陵乡望仙桥村挖掘河道出土	绍兴博物馆
太岁己亥（939）二月十七日	钱元瓘（53岁）	银简	长32.8、宽13.8	1957年杭州疏浚西湖出土	浙江省博物馆
太岁壬寅（942）三月二十二日	钱弘佐（15岁）	银简	长32.8、宽12.8	1955年杭州疏浚西湖出土	浙江省博物馆
太岁己酉（949）八月二十九日	钱弘俶（21岁）	银简	长33.5、宽14.2	1955年浙江省人民银行收购	浙江省博物馆
太岁辛亥（951）八月二十八日	钱弘俶（23岁）	银简	长33.6、宽14.3	1957年杭州疏浚西湖出土	浙江省博物馆
太岁癸酉（973）九月八日	钱俶（45岁）	银简	残，推测复原后长约33、宽14.4	1955年杭州疏浚西湖出土	浙江省博物馆
天禧二年（1018）九月十日	宋真宗赵恒	玉简	长37.9、宽9.9、厚2	1982年苏州林屋洞出土	苏州博物馆
天禧四年（1020）正月二十三日	宋真宗赵恒	玉简	残长20.5、宽8.3、厚1.5	1955年杭州疏浚西湖出土	浙江省博物馆
治平元年（1064）闰五月十日	宋英宗赵曙	玉简	残长19.7、宽8.4、厚2		浙江省博物馆
熙宁元年（1068）四月	宋神宗赵顼	玉简	残长17.5、宽8、厚1.6	2003年济源市济渎庙小北海龙池出土	济源市博物馆
元祐五年（1090）七月	宋哲宗赵煦	玉简	残长16.2、宽7.5、厚1.6		浙江省博物馆
崇宁四年（1105）六月三日	宋徽宗赵佶	玉简	长37.7、宽8、厚1.8	传清末杭州西湖出水，罗振玉先生旧藏	中国国家博物馆

由上表可知，现存道教帝王投简半数以上保存于浙江省博物馆，其中吴越国时期银简七枚，北宋玉简三枚。吴越（国）王银简已有专文论述，下文试论浙江省博物馆收藏的北宋金龙、玉简。

一、北宋真宗天禧四年（1020）玉简

1955年杭州疏浚西湖出土。玉简呈长方形，下部残缺。玉呈石质，有铁锈色沁和黑迹。双面刻文，正面阴刻楷体简文七行，残存125字（图一）：

浙江省博物馆藏北宋帝王金龙玉简考释　261

1　　　　　　　　2　　　　　　　　3

图一　真宗天禧四年玉简

1. 玉简正面　2. 玉简背面　3. 简文拓片

大宋嗣天子臣　　恒

上为　宗庙下为黔黎郊祀聿成法筵昭谢谨就大内天安……

金箓大斋一月日更冀和天安地保国宁民恭祷

真灵别陈大醮今已告祈事毕斋法周圆谨依旧式诣

西湖水府投送金龙玉简愿神愿仙飞行上清九府水帝溟泠大神……

九天谨诣　水府金龙驿传

大宋天禧四年岁次庚申正月癸丑朔二十三日乙……

背面居中阴刻一行文字，残存 11 字：

　　　入内内侍省内西头供奉官……

由玉简告文可知，因"郊祀聿成，法筵昭谢"，宋真宗赵恒命众道士在大内天安殿举行了为期一个月的金箓大斋，祈求和天安地、保国宁民。金箓斋罢散后，遣入内内侍省内西头供奉官往西湖投送金龙玉简。此处"郊祀"是指天禧三年十一月辛未，祀天地于圜丘（《宋史·真宗本纪三》）。

天安殿是宫城内主殿，为皇帝受朝、册封之所，大中祥符八年（1015）改朝元殿曰天安殿，明道二年（1033）改天安殿曰大庆殿。宋真宗曾多次在天安殿建道场：大中祥符九年奉宝册、仙衣，安于文德殿，乃斋于天安殿后室；天禧元年（1017）在天安殿行宣读天书之礼，建金箓道场三昼夜（《宋史·礼志七》）；天禧三年大会道释于天安殿，凡万三千八十六人，亦建道场（《续资治通鉴长编》卷九十四）。

根据苏州林屋洞出土天禧二年玉简落款"天禧二年岁次戊午九月庚申朔十日己巳于斋坛内告文"，可知"大宋天禧四年岁次庚申正月癸丑朔二十三日乙"下缺失的文字为"亥于斋坛内告文"。天禧四年正月二十三日，是斋坛内告文的日期，而非投简的时间。投简时间尚需加上从大内到西湖路程所需时间。

根据天禧二年玉简背刻"入内内侍省内西头供奉官臣王从政"，以及天禧四年三月《阳明洞投龙简记》"命入内内侍省内西头供奉官王从政赍持金龙玉简"[①]的记载，可知此天禧四年玉简背面"入内内侍省内西头供奉官"下缺失的文字是"臣王从政"。入内内侍省是内庭宦官署，宋真宗景德三年合并内东门都知司、入内都知司、内侍省入内内侍班院为入内内侍省。[②]由中使驱驰各处代投龙简是唐以来的惯例。

此次西湖投简与天禧四年三月二十三日会稽山阳明洞天、射的潭投简是相同事由、多地投龙的同一批活动。"郊祀聿成"和"东封之一十二年，□事于南郊"表明两次投龙的事由都是郊祀，从大内赍持金龙玉简往西湖和会稽山投送的使者都是入内内侍省内西头供奉官王从政。西湖水府和阳明洞天、射的潭均为道教传统投龙之所，913 年吴越王钱镠就曾先后于钱唐湖（西湖）水府、射的潭水府投送银简金龙。

---

① （清）杜春生：《越中金石记》卷二。
② 龚延明：《宋代官制辞典》，中华书局 1997 年版，第 46 页。

二、北宋英宗治平元年（1064）玉简

清末王福庵曾收藏。[1]玉简呈长方形，上下部均残缺。石质白，表面遍布黑迹。正面阴刻楷书，残存文字三行，共52字，其中48字字形完整（图二）：

……□谨于　大内龙图天章宝文阁太晖殿命道士二……
……周圆别陈大醮爰依旧式诣
……
……治平元年闰五月丙寅朔十日乙亥于道场内吉时告闻

简文文首因玉简上端残缺而失确切人名，然皇帝居所称殿，总称"大内"，能在大内龙图、天章、宝文阁命道士修斋则非皇帝莫属。末行落款时间"治平元年"的"治"字虽不完整，但在所有带"平"字的年号中为字形最符合，且当年确为闰五月丙寅朔，可知简文为"治平元年"不误。"治平元年"是北宋英宗赵曙的年号，则知此简的主人是宋英宗赵曙。

"龙图天章宝文阁"是宋代皇帝殁后建阁收藏其生前御笔、御制的地方。龙图阁建于咸平四年（1001），阁主是宋太宗；天章阁建于天禧四年（1020），阁主是宋真宗；宝文阁建于嘉祐八年

图二　英宗治平元年玉简

---

[1]　施蛰存：《北山集古录》，第240页。

（1063），阁主是宋仁宗和英宗。①此玉简刻写之时，大内只有上述三阁，且宝文阁是英宗为收藏仁宗御书、御集而建。王珪《龙图天章宝文阁开启年交道场疏》可旁证北宋确有在大内龙图天章宝文阁做道场之举。"道士"下从残存字形看似为"二"字，参考宋真宗天禧二年玉简"命道士二十一人开启金箓大斋"和宋徽宗崇宁四年玉简"命道士三七人开启保夏金箓道场"，此次在龙图、天章、宝文阁太晖殿修斋的道士人数可能也是二十一人。

第二行残存首字不完整，参考宋真宗天禧二年玉简"别陈大醮，今以告祈已毕，斋事周圆"，可知"圆"字前为"周"字，则简文当为"斋事周圆，别陈大醮"。"爰依旧式诣"后当另起一行刻写"洞天（水府）投送金龙玉简"等，惜已佚而无法得知玉简投送的地点，也无从辨别山简还是水简。

宋英宗是濮安懿王赵允让之子，明道元年（1032）正月三日生，四岁过继给宋仁宗为嗣。景祐三年（1036），赐名赵宗实，授左监门卫率府副率，累迁右羽林军大将军、宜州刺史。嘉祐七年（1062），立为皇子，改名赵曙。嘉祐八年（1063），仁宗崩，夏四月32岁的赵曙即帝位，是北宋第五位皇帝。即位之初，赵曙就得了较严重的疾病，需要请曹皇后垂帘听政，六七月间甚至有四十天不御殿。汤药之余，赵曙在五月"以疾未平，命宰臣祈福于天地、宗庙、社稷及寺观，又祷于岳渎名山"。"祷于岳渎名山"可能就是举行投龙仪式，将写有祈求病愈的玉简投到了灵山水府以求天助。治平元年（1064）五月，赵曙病体恢复，曹太后撤帘还政。久病一年而愈，赵曙欣喜万分，相信是神灵和祖宗的保佑让他病愈，五月"壬戌，以病愈，命宰臣谢天地、宗庙、社稷及宫观"（《宋史·英宗本纪》）。玉简上刻铭闰五月的投简活动虽然未见于史书记载，然而很有可能是以病愈而谢神所进行的投龙仪式。相较于前一年五月"祈福于天地、宗庙、社稷及寺观，又祷于岳渎名山"，翌年五月"谢天地、宗庙、社稷及宫观"，唯独未及"岳渎名山"，那么在接下来的闰五月投简谢岳渎名山则显得合理了。

---

① 龚延明：《宋代官制辞典》，第18页。

三、北宋哲宗元祐五年（1090）玉简

清末丁辅之曾收藏[①]。玉简呈长方形，下部残缺。乳白色石质。玉简正面阴刻楷体简文七行，残存77字（图三）。简文为：

  大宋嗣天子臣煦伏为诞节俯临恭陈……
  坤成节金箓道场七昼夜罢散日设……
  天告地请福延龄恭祷　真灵特陈……
  洞天投送金龙玉简愿神愿仙飞行上清……
  九天谨诣
  灵仙金龙驿传
  太岁庚午元祐五年七……

玉简文首"大宋嗣天子臣煦"即是北宋哲宗赵煦。赵煦，原名赵傭，宋神宗第六子，生于熙宁九年十二月七日（1077年1月4日），曾被封为延安郡王。元丰八年（1085）二月，神宗病，赵煦被立为太子。三月戊戌，神宗崩，登基为皇帝，是为宋哲宗，在位15年，得年24岁。

第一行"诞节"和第二行行首"坤成节"指的都是高太后的诞辰。《宋史·礼志十五》云："哲宗即位，诏以太皇太后七月十六日为坤成节。"《续资治通鉴长编》曰："诏以太皇太后七月十六日生辰为坤成节。"（卷三百五十四"元丰八年"）。这里的太皇太后是指哲宗赵煦的祖母、英宗宣仁圣烈高皇后，与英宗同岁，生于明道元年（1032）七月十六日。哲宗年幼登基，由高太后执政九年。元祐八年（1093），高太后去世后哲宗才亲政。

"金箓道场"是金箓斋的俗称，是道教诸斋之一，用于皇家。"金箓为国主帝王镇安社稷，保佑生灵，上消天灾，下禳地祸，制御劫运，宁肃山川，摧伏妖魔，荡除凶秽。"[②]

[①] 施蛰存：《北山集古录》，第240页。
[②] 任继愈主编：《道藏提要》，中国社会科学出版社1995年版，第356页。

图三 哲宗元祐五年玉简
1. 玉简 2. 简文拓片

"罢散日设"后缺失原文,应是设醮一座,某分位。宋代有上中下三等九种结坛法,上三坛为国家设,中三坛为臣寮设,下三坛为士庶设。上三坛其上称顺天兴国坛,设3600星位,为普天大醮;其中称延祚保生坛,设2400星位,为周天大醮;其下称祚谷福时坛,设1200星位,为罗天大醮。①

第三行"恭祷真灵,特陈"后缺失原文,根据崇宁四年玉简当为"大醮。今者告祈已毕,斋事周圆,谨依旧式诣"。

第四行"洞天投送金龙玉简",又第五、六行"谨诣灵仙,金龙驿传",说明此简是山简。由于投送地点不同,投龙仪式使用的玉简有山简、土简、水简之分:为天所送之简投于山称"山简",为地所送之简埋于土称"土简",为水

---

① 张泽洪:《唐宋元明时期斋醮述略》,《中华文化论坛》1994年第2期。

所送之简沉于水称"水简"。这种以"嗣天子"名义开首的山简简文格式，见于北宋末年张商英奉旨删定《金箓斋投简仪》的"山简式"："嗣天子臣伏为迎祥集福祗建冲科，谨赍龙璧信币之仪，命道士几人于某宫观某殿，开启金箓道场几昼夜，罢散日设普天大醮一座，三千六百分位，告盟天地，纪箓延釐，斋事周圆，恭陈大醮，谨依旧式，诣洞天投送金龙玉简，愿神愿仙，飞行上清，五岳真人，至圣至真，鉴此丹恳，乞为腾奏，上闻九天。谨诣灵山，金龙驿传。某年太岁某甲子几月某朔几日某甲子于道场内吉时告闻。"[1]此简与《金箓斋投简仪》中记载的文句殊为相似。有学者认为以"嗣天子"开首的皇帝投龙用玉简简文，是在神宗（1067—1085年在位）时期兴用的[2]。此宋哲宗元祐五年玉简基本沿袭了神宗时期的投简仪轨，因此刻文与《金箓斋投简仪》中所载相类。根据熙宁元年玉简、崇宁四年玉简、《金箓斋投简仪》，此简"飞行上清"与"九天"之间的阙文很有可能是"五岳真人，至圣至真，鉴此丹恳，乞为腾奏，上闻"。

末行落款并用干支纪年和帝王年号，"七"字略模糊，"月"字已缺，然"七月"的时间正与高太后七月十六日生辰相合。道场内告文日期可能是金箓道场七昼夜结束后，即七月二十三日。

根据文意可知，此简为北宋元祐五年（1090）七月，哲宗赵煦在太皇太后五十九岁诞辰之际为其请福延龄而投放到灵山洞府中的。先举行了七昼夜的金箓道场，紧接着设醮，最后到洞天投送金龙玉简。此时哲宗年方十四，尚由高太后执政，用道教科仪的方式为高太后祝寿，孝心可鉴，却更能说明乃高太后的崇道信仰。

四、西湖疏浚出土北宋金龙

浙江省博物馆藏有一件金龙，1955年杭州疏浚西湖时出土，曾被认定为五代吴越国钱王投龙简时所投金龙。金龙通长11厘米，重78.1克，三爪，呈昂首行走状，张口吐舌，须发飞扬，齿脊麟尾，通体錾刻鳞纹（图四）。浙江仙居括苍洞出土的金龙（图五），与此式样几近相同，尺寸、重量一致，使我们对西湖

---

[1]《道藏》，文物出版社1988年版，第9册第133页。
[2] 王育成：《考古所见道教简牍考述》，《考古学报》2003年第4期。

图四　西湖出土金龙　　　　　图五　仙居括苍洞出土金龙

出土的金龙有了新的认识。

2009年，浙江仙居括苍洞一处坎穴内出土一条金龙和两枚玉简[1]。金龙长11、高7厘米，采用纯金分次浇铸而成，两角向上张开，齿状背鳍，身带两翼，三爪，通体鳞纹。玉简两块，一件长22.5、宽8、厚1厘米，另一件长12.5、宽8、厚1厘米，可惜表面风化较严重没有文字保存。通过伴出的青瓷碗时代特征，特别是《嘉定赤城志》"括苍洞"条有"国朝天禧二年，投金龙白璧"的文献记载，可以基本断定金龙、玉简的年代为北宋真宗时期。

另外，浙江省博物馆藏金龙的形制与宋太宗永熙陵东列望柱基部的团龙纹（图六）、宋仁宗永昭陵西列望柱的龙纹相似，基本可以推断这条金龙是北宋投龙的产物。

杭州西湖，五代吴越国时期为吴越（国）王投送银简金龙之地。入宋后，西湖仍是帝王钟爱的投龙地点。真宗天禧四年玉简有"诣西湖水府投送金龙玉简"之语，徽宗崇宁四年（1105）玉简据传是清代

图六　宋太宗永熙陵东列望柱基部团龙纹

---

[1] 张珺：《括苍洞文物遗迹考论》，《东方博物》第42辑（2012年）。

末年在杭州西湖发现的。[①]浙江省博物馆藏杭州西湖出土的金龙,有可能就是与上述两枚玉简之一一同投入西湖水府的,以宋真宗天禧四年玉简的可能性为大。因此,同为1955年杭州疏浚西湖出土的宋真宗天禧四年玉简和金龙,很有可能是天禧四年春宋真宗派王从政投入西湖水府的一套金龙玉简。

五、北宋时期帝王投龙简

唐玄宗铜简是迄今发现帝王投简中最早龙简并投的例子,简文中有"赍信简以闻,惟金龙驿传"之句,说明当时同时投送金龙、铜简。吴越国银简简文有"遍投龙简"、"请以丹简关盟真仙"、"金龙驿传"、"辄持银简、金龙,遍诣名山福地"等词句(图七),可知五代吴越国时期是金龙、银简并投,且银简表面刻文涂朱,故称丹简。宋代玉简简文中常见"投送金龙玉简"的文辞,则同时投送的是金龙、玉简。

北宋时期的帝王投龙制度是金龙、玉简并投,玉简是投龙的主要信物,记载告天的信息,金龙是"驿传",负责传送简文。金龙唐以来一直沿用。唐杜光庭删编的《太上黄箓斋仪》卷五五《投龙璧仪》说:"龙者,乘云气,御阴阳,合则成体,散则成章,

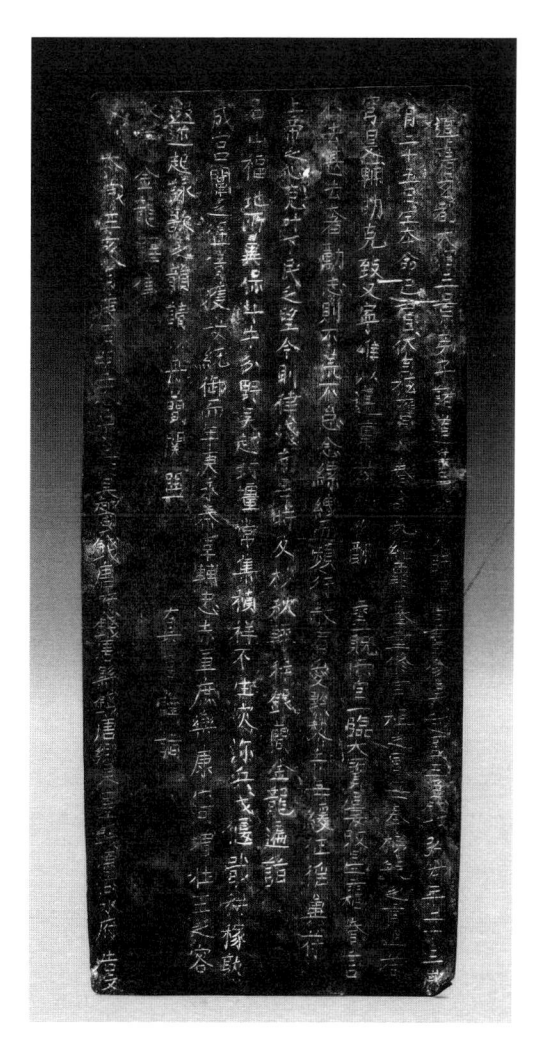

图七 吴越国钱弘俶23岁银简

[①] 刘昭瑞:《考古发现与早期道教研究》,第243页。

变化不测，入地升天，故三十六天极阳之境，可以驿传信命，通达玄灵者，其惟龙乎？是以上天以龙为驿骑，往来人间矣。"① 道教视龙为助人升仙上天之灵兽，以龙为驿骑，驰骋翱翔于天界、人间，这就是道教投简时需要同时投龙的原因。又"五金之最坚刚不渝，天地所宝，通灵合神，故以上金铸之，取法龙形"，则是以金铸龙为最佳选择。

唐、五代投简实物发现以金、银、铜等金属简为主，宋简为玉。北宋帝王投简用玉，符合"国家以玉为之，玉有九德，可以为礼天地神祇之信。故用玉焉"②之说。从质地看，天禧二年玉简、天禧四年玉简、括苍洞玉简为石质，治平元年玉简、熙宁元年玉简、元祐五年玉简的质地较接近玉质，然皆非真玉。宋范镇《东斋记事》里记载："予尝于学士院取金龙玉简视之，金龙以铜制，玉简以阶石制"（卷一）。以似玉之珉为简，因简投于山、沉于水、埋于土，易为人所得，且宋帝乐好道真，逢正朔、册立、寿辰、疾疴、水旱等大小诸事动则斋醮投简，量大次繁，自不必用真玉。

玉简基本形制是纵长横窄的细长条形。综合来看，纵约35—37厘米，横约7—9厘米，厚约1—2厘米。与《投龙璧仪》所述玉简"法长一尺二寸，象十二辰，广二寸四分，法二十四真气，厚二分，法二仪"基本一致。唐武则天、唐玄宗、五代吴越国钱镠的投简窄长，吴越国中后期钱元瓘、钱弘佐、钱（弘）俶的银简变得略宽略短，宋代玉简的长宽比更接近前者。

考古发掘中，宋代金龙与玉简同出的情形目前仅见两例报道。一例就是前述浙江仙居括苍洞内出土一条金龙和两件玉简。括苍洞金龙、玉简的出土状况揭示了宋代投山简的埋藏方式：于生土岩基凿一坎穴，口径约0.7、底径约0.5、深1.2—1.3米。穴底置一短玉简，上置金龙，再上覆一长玉简。另一例是1982年苏州林屋洞出土八条金属龙（四条金龙、二条鎏金铜龙、二条铜龙）和三件玉简（其一为天禧二年玉简）。其中一件金龙，长15、高5.2厘米，重9.78克，锤打剪裁成型，片状，腹身粗壮，虎尾上扬，四瓣兽足，有学者认为是与北宋真宗天禧二年玉简同时投送的金龙。③ 林屋洞出土金龙比括苍洞所出更多保持兽

---

① 《道藏》，第9册，第361页。
② 同上。
③ 程义：《宋真宗天禧二年林屋洞道教投龙遗物简介》，《中国道教》2010年第1期。作者认为金龙一件、金钮三只、玉简一枚，是一套完整的北宋真宗时期的投龙遗物。

体龙的特征，时代特征更早，可能难以确定为同时投送。浙江省博物馆藏1955年杭州疏浚西湖出土的宋真宗天禧四年玉简和金龙，为宋代金龙、玉简的同出增加了资料。

迄今发现北宋帝王玉简中，有六枚保存情况较良好，文字清晰可辨，内容相对完整（表2）。

表2 北宋帝王玉简简文内容简表

时间	简主	事由	道场（地点、人数、天数）	设醮	投简地点	简式
天禧二年（1018）九月十日	宋真宗赵恒	请福祈恩，消灾散咎	玉清昭应宫太初殿 道士二十一人 金箓大斋二七日	大醮	苏州林屋洞	山简
天禧四年（1020）正月二十三日	宋真宗赵恒	郊祀聿成，法筵昭谢	大内天安殿 金箓大斋一月日	大醮	西湖水府	水简
治平元年（1064）闰五月十日	宋英宗赵曙		大内龙图、天章、宝文阁太晖殿	大醮		
熙宁元年（1068）四月	宋神宗赵顼	诞节	道士三七人 同天节金箓道场一（月？）		济渎	水简
元祐五年（1090）七月	宋哲宗赵煦	诞节	坤成节金箓道场七昼夜	大醮	洞天	山简
崇宁四年（1105）六月三日	宋徽宗赵佶	保夏	明威观崇禧殿道士三七人 保夏金箓道场一月	周天大醮	水府	水简

唐代帝王投简祈求的内容单一，多为削罪名、求长生。五代吴越国王投简所求繁多，从疆土安宁、风调雨顺，到家庭和谐、个人健康，事无巨细，不一而足。北宋帝王投简的内容复归于单纯，祷告的目的明确，如增寿、保夏等，一事一祷。

北宋玉简告文格式由简主（名）、告求事由、斋醮地点及规模、投简套语、告文时间地点组成，较前代更程式化、更规范化。吴越国银简简文虽也有一定的程式：简主（头衔、姓名、年龄、出生日期、履历业绩）+告求内容+投简时间地点，但简主的自我介绍颇为详细，履历业绩和告求内容是具体而微、富于个性化的，占较大篇幅，是告文的主体。然北宋时期玉简告文则是填空式的，几乎都是程式化的语言，特别是投简套语，山简则是"诣洞天投送金龙玉简，愿神愿仙，飞行上清，五岳真人，至圣至真，鉴此丹恳，乞为膳奏，上闻九天。谨诣灵山，金龙驿传"，如天禧二年玉简；水简则是"诣水府投送金龙玉简，愿神愿仙，三元同存，九府水帝、十二河源、江河淮济、溟泠大神，至圣至真，鉴此丹恳，乞为膳奏，上闻九天。谨诣水府，金龙驿传"，如崇宁四年玉简；土简则是"诣灵坛投送金龙玉简，愿仙飞行上清，中黄九土，戊巳黄神，土府五帝，鉴此丹恳，乞为膳奏，上闻九天，金龙驿传"，实物尚阙如。对比六枚玉简和文献，投简套语经历了由简到繁的过程，如天禧四年玉简"九府水帝，溟泠大神"到崇宁四年玉简则为"九府水帝，十二河源，江河淮济，溟泠大神"。一些词句进行了调整、规范，并最终固定下来，如天禧四年玉简为水简，用"愿神愿仙，飞行上清"，崇宁四年玉简也是水简，用"愿神愿仙，三元同存"，最终统一的简式里水简则用"三元同存"，山简才用"飞行上清"。北宋玉简简文的程式化是道书编辑统一规范的结果。宋代金龙玉简制度也为后世所仿效，明代建文元年湘王朱柏玉简告文[①]即与北宋告文内容大同小异。

北宋时期是中国道教帝王投龙发展史上的高峰，形成了成熟规范的科仪制度，并通过道书固定下来，成为北宋以降的典范。可惜规范带来整齐统一的同时，也使简文丧失了唐五代时期自由天真的表达语言。

原载《收藏家》2014年7月总213期。之后略作修改，增加馆藏宋真宗天禧四年玉简，收入浙江省博物馆编《浙江省博物馆论文特辑（2010—2019）》，浙江人民美术出版社2019年版。

---

① 玉简告文为："今谨有上清大洞玄都三景弟子湘王，以今上元令节，开建太晖观太晖三景灵坛，启修无上洞玄灵宝崇真演教福国裕民济生度死普天大斋，计一千二佰分，通五昼宵。今则行道事竟，投简灵山，愿神愿仙，长生度世，飞行上清，五岳真人，至圣至灵，乞削罪录，上名九天，请诣灵山，金龙驿传。建文元年岁次己卯正月壬申朔十五日丙戌，上清大洞经箓法师周思礼于武当山福地告闻。"